智能会计人才培养新形态系列教材

智能财务管理综合实训

张　燕　徐晨歌　姜　茜　主　编
陈　威　谢　莹　张玉新　副主编

清华大学出版社
北京

内容简介

本书是财会类专业"互联网+"课、岗、训融合新形态一体化教材。本书按照"强化基础、提升技能、突出综合应用"的思路，依托网中网财务决策平台，设置财务总监、成本管理、资金管理、运营管理4个角色，模拟制造企业的经营过程，培养财会类专业学生综合运用企业管理、财务管理、会计、税法等理论知识及实际运营企业的能力。本书共分8章，包括财务决策平台简介、运营管理实践、资金管理实践、财务总监实践、成本管理实践、稽查、会计业务实践、教学设计实施等内容，操作步骤翔实，内容详尽，简单易学，实用性强。本书提供丰富的教学资源，包括但不限于教学课件、操作视频、教学计划、教学大纲。

本书适合作为高等院校会计学、金融学、国际贸易、管理学、财务管理等专业的教学用书，也可作为企业管理人员的参考书。

本书封面贴有清华大学出版社防伪标签，无标签者不得销售。

版权所有，侵权必究。举报：010-62782989，beiqinquan@tup.tsinghua.edu.cn。

图书在版编目(CIP)数据

智能财务管理综合实训 / 张燕，徐晨歌，姜茜主编．
北京：清华大学出版社，2025.3.--（智能会计人才培养新形态系列教材）．-- ISBN 978-7-302-66558-8

Ⅰ．F232

中国国家版本馆CIP数据核字第2024PN6759号

责任编辑：高 屾
封面设计：周晓亮
版式设计：方加青
责任校对：马遥遥
责任印制：刘海龙

出版发行：清华大学出版社
网　　址：https://www.tup.com.cn，https://www.wqxuetang.com
地　　址：北京清华大学学研大厦A座　　邮　编：100084
社 总 机：010-83470000　　邮　购：010-62786544
投稿与读者服务：010-62776969，c-service@tup.tsinghua.edu.cn
质 量 反 馈：010-62772015，zhiliang@tup.tsinghua.edu.cn

印 装 者：天津安泰印刷有限公司
经　　销：全国新华书店
开　　本：185mm×260mm　　印　张：18.25　　字　数：422千字
版　　次：2025年3月第1版　　印　次：2025年3月第1次印刷
定　　价：69.00元

产品编号：104165-01

前　　言

　　财务管理是企业为达到特定的经济目标，对资产进行有效管理和运用的过程，涉及资金的筹集、投资、运作和分配等方面。有效的财务管理能确保资产的保值增值，同时对风险进行合理的控制。随着科技日新月异的发展，现代信息技术的融合应用，传统行业与互联网已实现深度融合，促使各行各业转型升级，以提高效率，优化服务，创造新的商业模式和市场机会。面对不断变化的市场环境，财务管理也要不断地进行改良和变革，逐步实现与社会发展趋同。

　　党的二十大报告指出："从现在起，中国共产党的中心任务就是团结带领全国各族人民全面建成社会主义现代化强国、实现第二个百年奋斗目标，以中国式现代化全面推进中华民族伟大复兴。"中央经济工作会议提出，必须把推进中国式现代化作为最大的政治，在党的统一领导下，团结最广大人民，聚焦经济建设这一中心工作和高质量发展这一首要任务，把中国式现代化宏伟蓝图一步步变成美好现实。我国正处于全面建设社会主义现代化国家的关键时期，面临诸多挑战，也蕴藏无限机遇。财务管理创新和数智化转型有助于提高经济体系的效率、稳定性和可持续性，在推进中国式现代化进程中发挥着重要的作用。

　　智能财务管理是现代企业财务管理发展的趋势，是一门建立在人工智能(AI)、大数据分析、云计算、区块链等前沿技术上的应用学科，是对财务活动进行自动化和智能化管理的过程。它旨在提高财务决策的效率、准确性和质量，降低管理成本，以及增强企业的风险防控能力。在这样的背景下，厦门网中网软件有限公司面向财会类专业学生开发了一款仿真模拟企业运营实务的教学软件。本书以网中网财务决策平台为蓝本，编写相关案例教程，以达到将理论运用到实践的目的。

　　教材建设是智能财务管理教学的基础，建立一套体系科学、结构合理、内容新颖、贴合实际的智能财务管理的教材，既是财务管理智能化转型的要求，也是财务管理应用型人才培养的需要。本书是我们在充分酝酿和比较已有教材的基础上，结合长期的教学实践经验和网中网财务决策平台后集体创作的结果。

　　全书共分8章，先介绍财务决策平台的要求、规则及评分系统，然后结合各个阶段的实践案例，详述各个职能角色的实际操作过程，最后提供教学实施步骤，便利教学。其中：

- 第1章主要介绍财务决策平台的概况、基本要求、相关规则及评分系统；
- 第2章主要介绍运营管理实践，涉及企业的生产、物流、人力资源、市场营销、客户服务等；
- 第3章主要介绍资金管理实践，涉及企业资金的筹集、使用、调度和监控等；
- 第4章主要介绍财务总监实践，涉及财务规划与战略制定、财务决策与风险管理、财务报告与分析、资金管理、成本控制等；
- 第5章主要介绍成本管理实践，涉及对企业在生产经营过程中所发生的成本进行有效的规划、计算、控制和业绩评价等；
- 第6章主要介绍稽查相关内容，通过一系列的稽查活动来保证财务报告的真实性和完整性，保证资产的安全，提高经营效率和效果，以及预防和避免错误和舞弊；
- 第7章主要介绍会计业务实践，通过仿真业务实践，对比各项业务的进度和财务指标，以判断财务决策的可行性；
- 第8章主要介绍教学实施战略，提供了教学设计和教师操作指南。

与其他智能财务管理实训教材相比，本书具有如下特点。

(1) 实现真正的仿真实训。通过利用财务决策平台模拟企业真实的经营环境和财务操作，学生能够在接近真实的情况下进行财务决策。学生在实训中扮演不同的角色，可以更好地理解不同岗位的职责和决策需求，培养团队协作能力；同时，平台可以提供即时的反馈，让学生在做出决策后立即看到决策结果，从而及时调整策略。

(2) 结构创新。在章节的排列上打破了常规的理论框架，注重培养学生的全局观念。在整个实训过程中，学生需要考虑的不仅是财务部门的问题，还要关注整个企业的运营情况。因此，本书从介绍平台规则开始，从业务发生顺序的角度，先介绍运营和资金管理，让学生顺利建立公司并投入生产，再介绍财务管理和成本管理，从而培养学生的全局观念和战略思维。

(3) 适用性广。本书不仅可用作高等院校会计学、金融学、国际贸易、管理学、财务管理等专业的教学用书，也可作为企业管理人员的参考书。

(4) 案例真实易懂。本书选择的案例与教学内容紧密相关，确保学生通过案例分析，将理论知识应用到实际工作中。

本书系2021年广东省质量工程项目"数智财会校企联合实验室"、广东省重点建设学科科研能力提升项目(2021ZDJS123、2022ZDJS143)、2022年广州工商学院会计学重点学科项目、广州工商学院实验教学示范中心项目"数智财会校企联合实验教学中心"(SYJXSFZX202402)、2024—2025学年广州工商学院质量工程项目(SYKC2024091、SYKC2024092、SYKC2024084、ZSXSYXM2024112)和2024年广州工商学院教材建设项目"智能财务管理综合实训"(2024JC-15)成果。

本书提供的配套教学资源包含以下内容：
- 教学课件(PPT格式)、教学计划、教学大纲等，可扫右侧二维码获取；
- 拓展资源，可扫文中二维码阅读；
- 教学视频，可扫文中二维码观看。

教学资源

本书由广州工商学院张燕、徐晨歌、姜茜担任主编，广州工商学院陈威、谢莹及厦门网中网软件公司张玉新担任副主编，广州工商学院周丹妮、石玉萍参与编写。张燕提出全书的整体规划；徐晨歌、姜茜编写大纲并负责全书的总撰、定稿；陈威、谢莹、张玉新、周丹妮和石玉萍共同讨论写作的具体内容，对本书的编写提供了很多有价值的建议，给予了本书编写工作极大的支持。第1章、第2章、第8章由张燕执笔，第3章、第4章由徐晨歌执笔，第5章、第6章、第7章由姜茜执笔。陈威、谢莹、张玉新、周丹妮和石玉萍辅助对各章节内容进行修改完善。

本书在编写的过程中参考了已有的专著、教材和相关信息化的文献，以及厦门网中网软件公司的相关资料，在此向有关作者表示感谢。本书的编撰在内容安排上有新的尝试，如有不妥之处，敬请专家、学者和读者提供宝贵意见。

编者

2025年1月

目　　录

第 1 章　财务决策平台简介 ·· 1

    1.1　财务决策平台概况 ··· 1
    1.2　财务决策平台的基本要求 ·· 2
    1.3　财务决策平台的相关规则 ·· 2
    1.4　财务决策平台的评分系统 ·· 10

第 2 章　运营管理实践 ·· 13

    2.1　购买或租赁房产 ·· 13
    2.2　购买或租赁生产线 ··· 16
    2.3　采购原材料 ·· 19
    2.4　人员招聘入职业务 ··· 22
    2.5　购买其他资产 ··· 25
    2.6　生产线安装调试 ·· 28
    2.7　投放广告 ··· 30
    2.8　承接订单 ··· 32
    2.9　产品生产 ··· 35
    2.10　产品销售及发货 ·· 38
    2.11　产品研发 ··· 38
    2.12　出售原材料 ·· 41
    2.13　非货币性资产交换业务 ··· 43

第 3 章　资金管理实践 ·· 47

    3.1　会计政策 ··· 47
    3.2　确认注册资金到账 ··· 48
    3.3　申请贷款 ··· 48
    3.4　提现 ·· 52
    3.5　股票投资 ··· 53
    3.6　录入凭证 ··· 56

第 4 章　财务总监实践 ·· 59

    4.1　凭证审核 ··· 59
    4.2　凭证检查 ··· 60

4.3 凭证过账 ·· 61
4.4 结转损益 ·· 61
4.5 期末结账 ·· 62
4.6 生成财务报表 ·· 63
4.7 财务指标分析及杜邦分析图 ·· 64

第 5 章 成本管理实践 ··· 71
5.1 发票管理 ·· 71
5.2 成本核算 ·· 76
5.3 企业纳税申报 ·· 85
5.4 平台纳税申报流程 ·· 107

第 6 章 稽查 ··· 113
6.1 税务稽查概述 ·· 113
6.2 税务稽查操作 ·· 116
6.3 增值税及其他税费稽查 ·· 119
6.4 现金银行存货稽查 ·· 121
6.5 成本费用稽查 ·· 124
6.6 财务报表稽查 ·· 126

第 7 章 会计业务实践 ··· 131
7.1 综合项目一 ·· 131
7.2 综合项目二 ·· 168
7.3 综合项目三 ·· 214

第 8 章 教学设计实施 ··· 267
8.1 平台教学设计 ·· 267
8.2 平台教学实施 ·· 268
8.3 平台教师操作指南 ·· 270

第1章 财务决策平台简介

1.1 财务决策平台概况

1. 财务决策平台概述

财务决策平台是厦门网中网软件有限公司面向财会类专业学生开发的一款仿真模拟企业运营实务的教学软件。本决策平台围绕财务决策和账务处理两个核心环节,模拟企业经营内外部环境,设计了企业运营、账务处理、电子报税、税务稽查四大操作模块,要求学生以团队形式,通过人机对抗方式分角色虚拟运营一家工业企业。本决策平台着重培养学生从首席财务官(CFO)的视角,综合运用企业管理、财务管理、会计、税法、市场营销等理论知识及实际运作企业的能力。

在决策平台的操作中,系统创建的公司为有限责任公司,公司名称可自拟,可设置运营管理、资金管理、成本管理和财务总监4个角色,各个角色除了完成自己的操作工作以外,还需与其他角色密切配合沟通,树立全局观念,并关注关乎企业生产运营的各个环节。例如,在采购环节,要考虑价格波动及供应商的状况;在生产环节,要考虑产能匹配;而在研发、广告投放,以及人员招聘等环节,要考虑企业的实际需要等。学生通过完成角色任务,实践企业运营管理的全过程,将所学的多学科知识综合运用到虚拟的企业运营中。

财务决策平台的概念图,如图1-1所示。

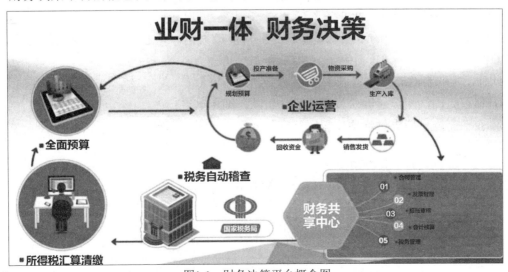

图1-1　财务决策平台概念图

2. 财务决策平台的特色

财务决策平台具有以下特色。

(1) 每个环节都体现资金成本、时间成本、企业信誉、机会成本。

(2) 从CFO的角度进行企业运营，充分体现财务决策的重要地位。

(3) 引入市场机制，体验市场调控功能和市场风险。

(4) 加入企业风险，体验风险控制对决策的影响。

(5) 模拟企业运营的真实环境，精准还原会计核算全过程。

(6) 真实再现企业纳税申报场景，培养学生纳税筹划意识。

(7) 建立稽查平台，提供企业税务自查功能，多角度审核企业账务，提高学生审计技巧和查账能力。

1.2 财务决策平台的基本要求

1. 对使用者的基本要求

在参与本次课程前，学生需要具备基础会计、财务会计、成本会计、税务会计、财务管理、会计电算化、管理学基础、市场营销学、金融学等相关知识。

2. 对企业经营活动的基本要求

企业是指从事商品生产、流通和服务等活动，为满足社会需要，以营利为主要目的，进行自主经营、自负盈亏、具有法人资格的经济组织。本平台对企业经营的基本要求主要包括生存、发展、盈利三个方面。

(1) 生存。企业经营的基本要求是生存，在财务决策平台中，企业以生产经营为主，以其他业务为辅，并根据企业的经营状况进行合理的投融资。如果企业无法偿还到期债务，或没有足够的资金持续经营，企业将会破产。

(2) 发展。企业在生存的基础上，应当努力寻求发展，包括开拓新市场，积极投入研发，扩大生产规模，投资其他业务。

(3) 盈利。企业经营的本质就是实现企业价值最大化。企业盈利的主要途径是扩大销售和降低成本。

此外，本平台对破产做出以下规定：

① 债权人向法院提起诉讼，企业无法付款，即刻破产；

② 企业有当日应支付款项，无银行存款或现金支付，即刻破产。

1.3 财务决策平台的相关规则

在财务决策平台中，企业需要遵守以下规则。

1.3.1 产品规则

1. 原材料采购及出售

在本平台中,企业可以在"采购管理"模块中采购原材料,采购时自主选择供应商、采购数量及付款方式。

1) 产品品种与原材料配比

本平台中的企业只生产抽油烟机、电视机和微波炉三种产品。产品品种与原材料配比具体如下。

(1) 一台抽油烟机所需要的原材料:抽油烟机电机、抽油烟机辅料各一套。

(2) 一台电视机所需要的原材料:电视机显示屏、电视机辅料各一套。

(3) 一台微波炉所需要的原材料:微波炉发热材料、微波炉面板和微波炉辅材各一套。

2) 折扣

企业采购原材料可获得商业折扣和现金折扣,原材料采购完5天内到货。

(1) 商业折扣。具体标准如下。

- 采购数量满1 000套享受货款总额1%的商业折扣。
- 采购数量满2 000套享受货款总额1.5%的商业折扣。
- 采购数量满3 000套享受货款总额2%的商业折扣。
- 采购数量满5 000套享受货款总额2.5%的商业折扣。

(2) 现金折扣。在本平台中,企业采取"货到付款"的方式时,如果选择一次性付款可享受现金折扣,标准为2/10,1/20,n/30。

3) 付款方式

"付款方式"有货到付款和款到发货两种。

(1) 在企业信誉值>60分的情况下,可以选择货到付款方式。货到付款又分为以下三类。

- 一次性付款。①滞纳金计算:一次性付款可享受现金折扣。须在30日内付清货款,付款期过后10天内应支付滞纳金(合同总金额的0.05%/天),每天扣减信誉值0.2分,直至付清货款为止。②违约金计算:滞纳金罚期10天后仍未付款,有30天违约期,应一次性支付违约金(合同总金额的30%),并加扣信誉值0.2分/天。违约期到期日仍未支付,进入到法院程序,在法院的诉讼期内可支付相应款项(包括货款、滞纳金、违约金),如企业不支付,法院会出具最终的判决书,强制执行。

- 首三余七。①滞纳金计算:首付30%,10天内付清,超过付款期19天内,应支付滞纳金(合同一期金额的0.05%/天),每天扣减信誉值0.2分;二期付款70%,30天内付清,超过付款期10天内,应支付滞纳金(合同总金额的0.05%/天),每天扣除信誉值0.2分。②违约金计算:超过最终付款期限未付款的,滞纳金罚期10天后,按合同金额(不含税金额)的30%支付违约金,并加扣信誉值0.2分/天,不支付违约金的,进入到法院程序,在法院的诉讼期内可支付相应款项(包括货款、滞纳金、违约金),如企业不支付,法院会出具最终的判决书,强制执行。

- 首六余四。①滞纳金计算:首付60%,10天内付清,超过付款期19天内,应支付滞纳金(合同一期金额的0.05%/天)，每天扣减信誉值0.2分；二期付款40%，30天内付清，超过付款期10天内，应支付滞纳金(合同总金额的0.05%/天)，每天扣减信誉值0.2分。②违约金计算：超过最终付款期限未付款的，滞纳金罚期10天后，按合同金额(不含税金额)的30%支付违约金，并加扣信誉值0.2分/天，不支付违约金的，进入到法院程序，在法院的诉讼期内可支付相应款项(包括货款、滞纳金、违约金)，如企业不支付，法院会出具最终的判决书，强制执行。

(2) 在企业信誉值≤60的情况下，只能选择款到发货的方式。

4) 运费

采购运费分为固定部分运费和变动部分运费。固定部分运费与供应商所在地区的远近有关，变动部分与采购原材料数量有关。

5) 原材料供应商类型

供应商分为一般纳税人和小规模纳税人。选择不同类型的供应商可能影响企业当期缴纳的增值税税额。

6) 原材料库存

原材料库存下限为10套，生产和研发领料不可使库存低于库存下限。多余的原材料可以按照当时的市场价格进行销售。

2. 产品生产

企业承接了主营业务订单后，厂房、生产线、原材料、生产人员、生产线管理人员配备齐全即可投入生产。生产周期(工时)与生产线、生产人员有关。计算公式为

$$生产耗用实际工时 = 生产耗用标准工时 \div 实际生产人员数量$$

$$生产耗用标准工时 = 生产数量 \times 单位耗时$$

其中，"单位耗时"(生产线信息中查看)是指生产一件产品，在生产人员为一人的情况下所需耗用的天数；"实际生产人员数量"是指企业实际投入到一条生产线上进行生产的人员数量。"生产线信息"中的"人数上限"是指一条生产线可容纳的"生产人员"最多人数，但企业投入生产的实际生产人员数量可以低于人数上限。

3. 产品成本

产品成本由直接材料、直接人工及制造费用构成。产品成本在月末计算和结转。完工产品出库时成本结转采用全月一次加权平均法。完工产品和在产品的成本分配采用约当产量法。在平台界面右上角单击"业务信息"，进入生产信息界面，根据产成品比例计算约当产量，如图1-2所示。

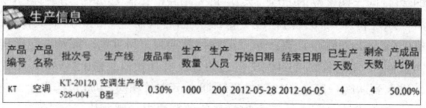

图1-2　生产信息界面

(1) 直接材料：由投入生产的原材料构成，其费用计算公式为

$$直接材料费用=投入生产的原材料领用数量×移动加权平均单价$$

原材料入库成本采用实际成本法计算。原材料领用成本采用移动加权平均法核算，原材料在生产开始时一次性投入，完工产品与在产品所耗原材料成本是相等的，原材料成本按照完工产品和在产品数量分配。

(2) 直接人工：由员工工资薪酬构成。工资薪酬归集到各类产品中，并在完工产品及在产品中分配。按照月底获得的工时汇总表、工资汇总表和薪酬类费用表计算并填写工资费用分配表。

(3) 制造费用：包括低值易耗品、生产用电费、生产用水费、生产设备及厂房租金(折旧)、维护费、生产线管理人员的工资薪酬等。月末根据工时汇总表，归集各类产品的制造费用，计算并填写制造费用分配表，并在完工产品及在产品中分配。当月生产用电费和水费的计算公式为

$$当月生产用电费=当月完工产品数量×单位用电金额(含税)$$
$$当月生产用水费=当月完工产品数量×单位用水金额(含税)$$

低值易耗品每月采购一次，劳保用品每季度采购一次，采用一次性计入当期制造费用的会计处理方式。

本平台无须购买或租赁仓库，没有库存上限。每月15日支付上月15日至当月14日的仓储费用(初始月份支付当月1—14日的仓储费用)，计算公式为

$$仓储费用=日仓储费用×结算期天数$$

$$日仓储费用=原材料数量×单位原材料日仓储费用+完工产品数量×单位完工产品日仓储费用$$

原材料数量和完工产品数量根据当日留存数计算，当日入库又出库则不计算。

4. 产品销售

产品销售的相关要求如下。

(1) 订单单价为不含税价格，平台会自动根据研发等级进行单价加成。

(2) 付款方式为货到付款和款到发货。

(3) 货到付款的规则有三种：一次性付款、首三余七、首六余四。

(4) 付款天数根据订单的付款规则而有所区别。

(5) 订单承接后应在发货期内按时发货。应根据订单中的产品数量进行发货，禁止部分发货。发货期到期前，如果预期库存数量无法达到订单中的产品数量，可选择终止发货，合同即终止。合同终止后，应扣减信誉值(终止发货日到发货期到期日的天数×0.2分)，如选择款到发货的方式，应退还已收取的款项。

(6) 款到发货：模拟企业根据销售订单选择结算方式，系统随机付款。企业如在收到钱后不发货，超过发货时间20天内，系统扣减企业的信誉值，每天扣0.2分，20天后还未发货的，按违约处理。企业需要缴纳的违约金为合同总金额的30%，违约金作为当天的待办事项，必须支付。待办事项可以申请延期，延期天数为10天，延期内扣除信誉值，每天扣0.3分。支付违约金的同时，退回收到款项，合同终止。不退款不支付违约金的，交法院处理，法院判决后由系统自动扣除违约金和货款(诉讼费先由原告垫付，败诉者最终承

担；受理日至判决日期间，继续履行合同发货及支付违约金的，法律程序终止，并支付诉讼费)，金额不足扣除的做破产处理(现金流中断)。

(7) 先发货后收款：包括分期收款和一次性收款两种方式。

① 分期收款。合同签订后，企业在合同规定发货期间内先发货。系统根据合同所选客户信誉值付款，客户信誉值低于50的，系统可随机不付款(不付款的概率为5%)，企业做坏账处理。

分期收款方式为首六余四、首三余七两种，具体如下。

- 首六余四：第一期10天内收60%，第二期30天内收40%。
- 首三余七：第一期10天内收30%，第二期30天内收70%。

② 一次性收款。合同签订后，企业在合同规定发货期内先发货。超过发货时间20天内，系统扣减信誉值，每天扣0.2分；20天后还未发货的，按违约处理。企业需要缴纳的违约金为合同总金额的30%，违约金作为当天的待办事项，必须支付。待办事项可以申请延期，延期天数为10天，延期内扣减信誉值，每天扣0.3分。

系统根据合同所选客户信誉值付款，客户信誉值低于50的，系统可随机不付款(不付款的概率为5%)，企业做坏账处理。

5. 产品研发

产品研发的相关要求如下。

(1) 本平台中可根据不同的产品分别进行立项研发。

(2) 当累计投入研发费用达到一定的研发等级后，能相应提高产品的技术含量，主营业务订单中的产品单价会相应上涨，如图1-3所示。

级别	阶段类型	研发等级	投入费用（¥）	单价上涨（%）
一级	研究阶段	研究调研	500000.00	1.00
二级	开发阶段	开发一级	1000000.00	2.00
三级	开发阶段	开发二级	2000000.00	3.00
四级	开发阶段	开发三级	3000000.00	4.00

图1-3　产品研发信息

(3) 研发"投入费用"由"投入材料经费"和"工资薪酬"构成。"投入材料经费"根据原材料领用数量及移动加权单价相乘计算。研发和生产同类产品所需的原材料及其配比关系相同。"工资薪酬"根据研发人员的工资汇总计算。

(4) "投入费用"计算节点。原材料领用日就是计算"投入材料经费"的时点。次月15日计算上月研发人员的工资费用。每月1日系统自动将上月研发人员工资薪酬计入"投入费用"。

(5) 研发人员在同一研发等级内不可解聘。

(6) 研发可以中途停止，无须连续投入，不影响累计投入研发费用，投入费用在下次再进行研发的时候继续累加。每月15日之前才能投入研发，每月20日之后才能终止研发。

(7) 开发阶段投入的研发费用全部形成无形资产。

(8) 研发项目累计投入费用占年销售收入6%以上(年收入5000万元以内)，研发人员数量达到当年员工总数的10%，可以申请高新企业资格。

1.3.2 投资规则

1. 生产线、房产、其他资产投资

(1) 购买。在本平台中，企业可以根据需要购买生产线、房产和其他资产。购买生产线和其他资产必须一次性付款，购买房产可以选择一次性付款或者按揭贷款。需要为管理人员和销售人员购置笔记本电脑，一人一台；必须购买打印机和复印机各一台。

【注意】笔记本电脑、打印机和复印机需要在初始月份10日内购买。

(2) 租赁。在本平台中，企业可以根据需要选择租赁形式获得生产线和房产。

- 租赁周期：一般为一年。
- 租金：租赁开始日支付4个月的租金，从第4个月开始，之后每个季度的第一个月支付一次租金，第二、三季度支付3个月租金，第四季度支付2个月租金。租赁合同未到期可退租，退回的租金系统自动支付，由资金管理确认。
- 退租规则：退租的前提是固定资产为空闲状态，随时可以退租。
- 退租的范围：生产线、厂房、办公用房。
- 退租的原则：将一个月的租金作为违约金。月租金计算节点为租赁合同签订后满一个月的第二天。第一个月多交的押金，若提前退租，则不予退还。每个季度付款当天须选择是否季度续租，若续租，即要支付季度租金；若不续租，即可退租。退租后，不用支付季度租金。被退租的资产不可再用，租赁合同终止。

(3) 到货及安装。生产线购买或租赁后第二天到货，生产线的安装时间是10天。房产购买或租赁时可马上投入使用，无须安装。其他资产购买后5日内到货，无须安装。占用面积是影响生产线安装的重要因素。

(4) 维护。无论生产线是否在用，企业每个季度必须支付5万元左右的维修费用。房产和其他资产无须支付维修费用。

(5) 折旧。在本平台中，企业拥有的生产线、房产和其他资产应当采用直线法按月计提折旧，折旧年限及净残值率根据企业具体情况设置，超过税法规定的标准，年终应当进行纳税调整。

(6) 处置。在本平台中，企业拥有的生产线、房产和其他资产只有在"空闲"状态才能被处置，"按揭"状态的房产不可处置。处置时的供应商与初始购买时的供应商为同一家企业，按照处置时的市场价做固定资产清理，并缴纳相关税费。

2. 股票投资

股票投资上限为10万手，每手100股。股票在月初才可购买，在资金管理角色操作界面会提示购买信息。每个月月末需调整公允价值变动损益。

1.3.3 筹资规则

在本平台中，企业筹资方式有短期贷款和按揭贷款两种。短期贷款3天内到账，按揭贷款5天内到账，具体时间随机。

(1) 短期贷款规则如下。
- 信誉值在80~100分可以进行短期贷款，相关计算公式为

$$贷款最高限额 = 实收资本 \times 信誉值比例$$
$$信誉值比例 = 信誉值 \div 100$$

- 贷款利率每年变动，已贷款项不受影响，贷款期限不超过1年。
- 按月支付利息，到期一次还本。
- 可以提前还贷，利息按照使用资金天数计算。提前还款，借款合同终止。
- 利息需当期支付，不能延迟支付。

(2) 按揭贷款规则如下。
- 按揭贷款只适用于购买房产，贷款最高限额为房产价值的70%。
- 贷款利率每年变动，已贷款项不受影响，贷款期限为1~3年。
- 按月归还固定本息。
- 按揭贷款应缴纳保险费，计算公式为

$$保险费 = 贷款金额 \times 0.5\%$$

1.3.4 其他规则

1. 市场营销规则

在本平台中，企业通过投放广告来获取一定的市场份额，市场份额体现为可选的"主营业务订单"数量。

市场分为国内初级市场、国内中级市场及国内高级市场，投入的广告费从50万元到500万元不等。平台初始设置的"市场范围"为"一类低级"。具体市场分类信息，如图1-4所示。

市场管理			
市场级别	市场类型	市场范围	营销费用（¥）
一级市场	国内初级市场	一类低级	0-500000
二级市场	国内初级市场	一类高级	500000-1000000
三级市场	国内中级市场	二类	1000000-2000000
四级市场	国内高级市场	三类	2000000-5000000

图1-4　市场分类信息

2. 日常费用规则

本平台中涉及的日常费用包括差旅费、办公费、招待费、办公用水、办公用电、通信费等。费用的发生额由系统自动生成。

(1) 差旅费按月支付，每月40 000元。
(2) 办公费按月支付，每月10 000元。
(3) 招待费按月支付，根据当月收入总额的2%计算。
(4) 办公用水费按月支付，每月2000元。
(5) 办公用电费按月支付，每月1400元。
(6) 通信费按月支付，每月6000元。

固定费用系统会随机波动，每月固定费用值有所不同。

3. 或有事项规则

本平台中企业需按主营业务收入额的2%～4%预提产品质量保证金，计入预计负债。每个月月末计提，每个季度末支付。质量保证金由资金管理角色计提，手动录入凭证。

4. 非货币性资产交换规则

非货币性资产交换规则具体如下。

(1) 在本平台中，企业可以进行易货贸易，用企业生产的完工产品在交易市场交换所需的原材料，但不可用原材料交换完工产品。

(2) 允许用完工产品交换生产该产品的原材料。

(3) 所支付的补价不能超过交换总金额(含税)的5%(该比率为系统设置)。

(4) 双方结算方式为非货币资产交换，互开发票，其中一方支付补价。

5. 人力资源规则

人力资源规则具体如下。

(1) 员工的工资薪酬由工资、福利费、工会经费、职工教育经费构成。员工在同一个月中无论哪天入职都要支付全月工资薪酬。员工工资的计算公式为

员工工资=固定工资+绩效工资(只有销售人员根据收入提成绩效工资)

(2) 生产每种产品需要生产线管理人员5人，每人每月工资4 000元，系统自行配置，无须招聘。

(3) 生产人员每人每月工资3 000元，研发人员每人每月工资5 000元，需自行招聘。

(4) 销售人员10人，每人每月工资为2 000元(底薪)加销售提成(根据销售收入确定)；管理人员5人，每人每月工资4 000元，系统自行配置，无须招聘。

(5) 生产人员和生产线管理人员不占用面积。销售人员、管理人员和研发人员需占用办公用房面积，每人占用3平方米。若移入办公用房的员工所占面积总数超过房屋面积，则不能完成入职。

(6) 公司招聘的生产人员和研发人员总人数的上限是600人。

(7) 生产人员和研发人员在一定条件下可以解聘。生产人员在生产过程完成后，研发人员在跨越研发等级后并处于"闲置"状态下可以解聘。解聘需多支付一个月工资作为补偿。

6. 信誉规则

信誉规则具体如下。

(1) 本平台中企业的初始信誉值为100分。

(2) 采购原材料时，在应付滞纳金期间，每天扣减信誉值0.2分；在违约期内，每天扣减信誉值0.2分。

(3) 销售发货期到期前可选择终止发货，合同即终止。合同终止后，应扣减信誉值(终止发货日到发货期到期日的天数×0.2分)。

超过发货时间20天内，系统扣减企业的信誉值，每天扣0.2分，20天后还未发货的，按违约处理。企业需要交纳的违约金为合同总金额的30%，违约金作为当天的待办事项，必须支付。待办事项可以申请延期，延期天数为10天，延期内扣减信誉值，每天扣0.3分。

(4) 供应商、客户的信誉值会对经营产生相应的风险。

7. 工作规则

工作规则具体如下。

(1) 决策流程：运营管理角色申请→财务总监或成本管理角色审批→运营管理角色执行。

(2) 付款流程：运营管理角色执行→财务总监或成本管理角色审批→资金管理角色付款，如果待审批的金额≥100万元，须经过财务总监审批。

(3) 运营管理角色、资金管理角色、成本管理角色和财务总监需关注"审批单"和"待办事项"选项卡中显示的事项。

(4) "审批单"选项卡中的决策需当天进行审批。"待办事项"不都需要当天完成，但选项卡中红字部分标注的事项必须当天完成。

(5) 运营管理角色、资金管理角色、成本管理角色单击"下班"按钮后，财务总监才可单击"下一天"按钮完成下班任务，进入下一天的操作。财务总监在下班前可根据工作需要单击"加班"按钮，要求其他角色当天返回工作。其他角色下班后也可单击"加班"按钮自行加班。财务总监可一次性连续多日下班，如图1-5所示。

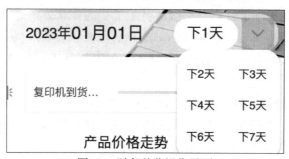

图1-5 财务总监操作界面

1.4 财务决策平台的评分系统

1. 评价指标

评价指标包括销售净利率、流动比率、净现金流、评估收益、总资产报酬率、总资产周转率、现金毛利率、信誉值、存货周转率等。每个指标所占权重不同，分值随权重而变化，满分为100分。通过这些指标的设置，学生所在小组可以每个月看到自己的成绩，并看到总成绩排行榜，从而激发学生的竞争意识，提高平台的对抗性。

2. 评价指标说明

(1) 销售净利率，计算公式为

$$销售净利率=净利润÷主营业务收入$$

每月系统根据企业出具的财务报表，计算该指标。

(2) 流动比率，计算公式为

$$流动比率=流动资产÷流动负债$$

每月系统根据企业出具的财务报表,计算该指标。

(3) 净现金流,计算公式为

$$净现金流=银行存款期末余额+库存现金期末余额$$

每月系统根据银行对账单中提取的数据计算该指标。

(4) 评估收益。每月系统根据银行对账单中提取的数据计算该指标。该指标根据系统中的市场价格,评估企业全部资产和负债,计算出净资产市值,并扣除其净增加额应缴纳的企业所得税,得出税后净资产与企业注册资本的比值。该比值越大,分数越高。

(5) 总资产报酬率,计算公式为

$$总资产报酬率=(利润总额+利息支出)\div 平均资产总额$$

(6) 总资产周转率,计算公式为

$$总资产周转率=营业收入\div 平均总资产$$

(7) 现金毛利率,计算公式为

$$现金毛利率=经营活动净现金流量\div 经营活动现金流入量$$

(8) 信誉值。该指标从企业运营界面取数,考核企业信用情况。根据每个指标所占的权重不同,最终得出企业的成绩总分。

(9) 存货周转率,计算公式为

$$存货周转率=营业成本\div 平均存货$$

【注意】系统针对销售净利率、流动比率、净现金流、评估收益、总资产报酬率、总资产周转率、现金毛利率、信誉值、存货周转率9个指标进行评分。除净现金流、评估收益、信誉值以批次结束前一天作为取值时点外,剩余几个指标取值时点均为季度末最后一天。

第 2 章　运营管理实践

在财务决策平台中,运营管理角色负责企业采购、人员招聘、生产、承接订单、研发投入、广告费投入等日常生产运营工作,以及业务数据收集与分析、日常业务职业判断等工作。

2.1 购买或租赁房产

本平台中涉及的房产包括厂房和办公用房,取得房产的方式有购买和租赁。购买又可分为一次性购买和按揭贷款。按揭贷款是指以按揭方式进行的一种贷款业务。在实训平台中,按揭贷款首付款为资产总价的30%,按揭贷款利率随市场变动而变动。租赁是一种经济活动,是指在约定的期间内,出租人将资产使用权让与承租人以获取租金的行为。房产需在1月1日购买。

视频:运营管理-租赁房产

购买或租赁房产的操作流程具体如下。

(1) 运营管理角色依次选择"业务管理""采购管理""购买租赁房产",如图2-1所示。

图2-1　选择"购买租赁房产",开始相关工作

(2) 在购买租赁房产界面,运营管理角色选择合适的办公用房或厂房,单击"购买"

或"租赁"按钮，如图2-2所示。

图2-2 购买租赁房产界面

(3) 运营管理角色填写租赁单，单击"下一步"按钮，如图2-3所示。

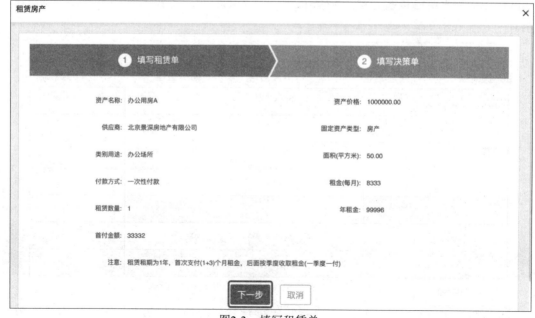

图2-3 填写租赁单

(4) 运营管理角色填写决策单,单击"提交"按钮,提交给财务总监审批,如图2-4所示。

图2-4　填写决策单

(5) 财务总监审批单据,如图2-5所示。若审批不通过,则运营管理角色需重新提交方案;若审批通过,则运营管理角色选择"审批单"选项卡,单击"执行"按钮,如图2-6所示。

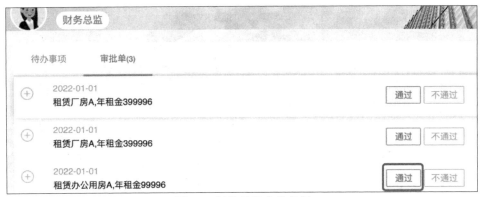

图2-5　财务总监审批单据

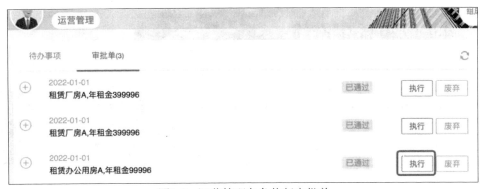

图2-6　运营管理角色执行审批单

(6) 成本管理角色选择"待办事项"选项卡进行审批,若付款金额超过100万元,需要财务总监审批,如图2-7所示。

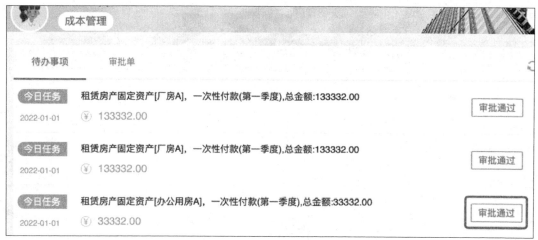

图2-7　成本管理角色审批待办事项

(7) 资金管理角色选择"待办事项"选项卡,并单击"银行支付"按钮,如图2-8所示。

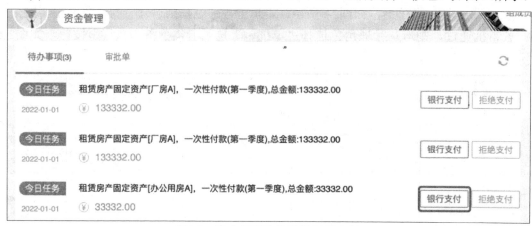

图2-8　资金管理角色进行银行支付

【提问】购买和租赁,哪种方式划算?

2.2　购买或租赁生产线

工业制造企业的生产离不开生产线,为企业配置产品生产线是必不可少的。因此,生产线的购买或租赁是运营管理中的重要环节。在实际企业经营过程中,生产线的选择直接影响工作效率,不同生产线给企业带来的效益是不一样的,这不仅体现在成本支出上,还反映到企业的业务层面。

视频:运营管理-租赁生产线

购买或租赁生产线的操作流程具体如下。

(1) 运营管理角色依次选择"业务管理""采购管理""购买租赁生产线",如图2-9所示。

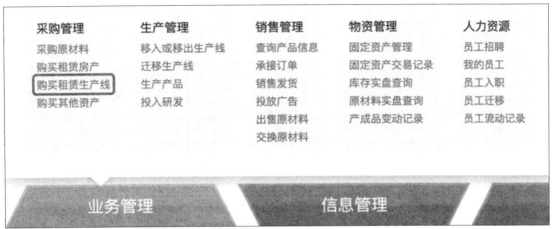

图2-9 选择"购买租赁生产线",开始相关工作

(2) 运营管理角色选择合适的生产线,单击"购买"或"租赁"按钮,如图2-10所示。

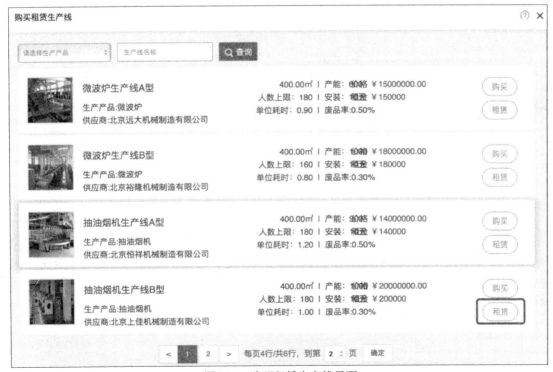

图2-10 购买租赁生产线界面

(3) 运营管理角色填写租赁单,单击"下一步"按钮,如图2-11所示。

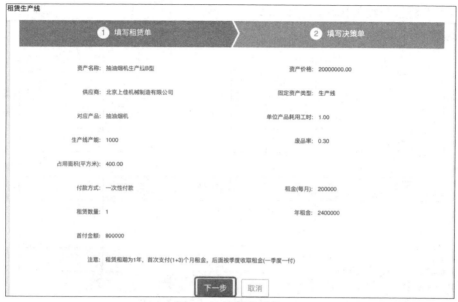

图2-11 填写租赁单

(4) 运营管理角色填写决策单,单击"提交"按钮,提交给财务总监审批,如图2-12所示。

图2-12 填写决策单

(5) 财务总监审批单据,如图2-13所示。若审批不通过,则运营管理角色需重新提交方案;若审批通过,则运营管理角色选择"审批单"选项卡,单击"执行"按钮,如图2-14所示。

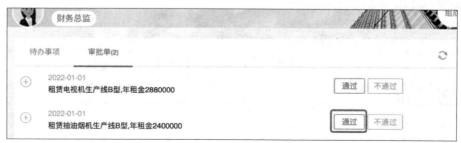

图2-13 财务总监审批单据

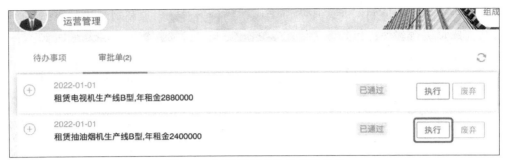

图2-14　运营管理角色执行审批单

(6) 成本管理角色选择"待办事项"选项卡进行审批，若付款金额超过100万元，则需要财务总监审批，如图2-15所示。

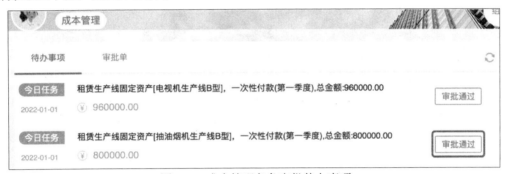

图2-15　成本管理角色审批待办事项

(7) 资金管理角色选择"待办事项"选项卡，单击"银行支付"按钮，如图2-16所示。

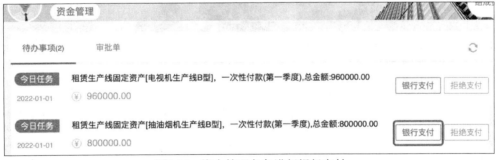

图2-16　资金管理角色进行银行支付

2.3　采购原材料

　　企业存货请购前应根据仓储计划、资金筹措计划、生产计划、销售计划等制订采购计划，并对存货的采购实行预算管理，合理确定材料、在产品、产成品等存货的比例。对于存货的采购时机和采购数量，应结合企业需求、市场状况、行业特征、实际情况等做综合考虑。具体采购时要在供应商选择、采购方式选择、验收程序及计量方法选择等方面进行平衡。

视频：运营管理-采购原材料

运营管理角色采购原材料时，应充分考虑市场价格波动对原材料价格的影响、供应商的信誉值、纳税人规模等，以权衡企业的采购风险和成本。在采购原材料的时候，要注意查看购买信息中的供应商信息、原材料价格走势图、材料与产品配比、现金折扣条件、商业折扣条件、付款方式的选择、运费等相关信息，根据需求选择原材料。

采购原材料的操作流程具体如下。

(1) 运营管理角色依次选择"业务管理""采购管理""采购原材料"，如图2-17所示。

图2-17　选择"采购原材料"，开始相关工作

(2) 选择合适的原材料，单击"购买"按钮，如图2-18所示。

图2-18　选择所需购买的原材料

(3) 依次填写"购买数量""发货方式""付款方式"，单击"下一步"按钮，如图2-19所示。

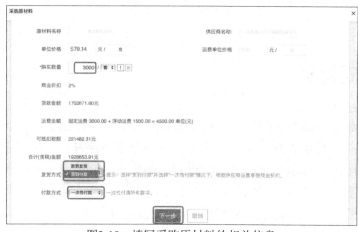

图2-19　填写采购原材料的相关信息

(4) 填写决策单，单击"提交"按钮，将审批单提交给财务总监，如图2-20所示。

图2-20 填写并提交决策单

(5) 财务总监进行审批，如图2-21所示。若审批不通过，则运营管理角色需重新提交方案；若审批通过，则运营管理角色选择"审批单"选项卡，单击"执行"按钮，如图2-22所示。

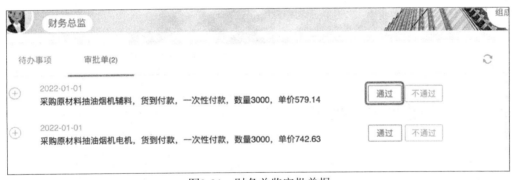

图2-21 财务总监审批单据

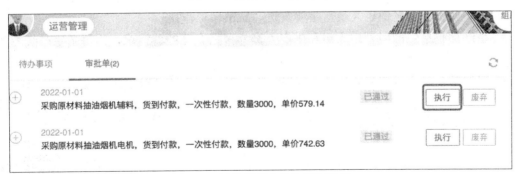

图2-22 运营管理角色执行审批单

(6) 5天内原材料到货后，运营管理角色选择"待办事项"选项卡，单击"收货确认"按钮，如图2-23所示。

图2-23　运营管理角色确认收货

(7) 成本管理角色选择"待办事项"选项卡，审批相关事项，若付款金额超过100万元，则需要财务总监审批；若采购原材料时的"发货方式"选择"货到付款"，则成本管理角色可暂时不审批，30天后审批即可，如图2-24所示。

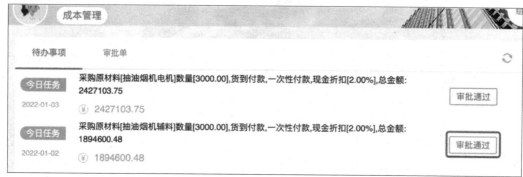

图2-24　成本管理角色审批待办事项

2.4 人员招聘入职业务

在实训平台中，企业下设管理部、销售部、生产部和研发部，其中：
- 管理部拥有5名管理人员，负责企业日常的行政工作；
- 销售部拥有10名销售人员，主要负责产品销售工作；
- 生产部包括生产线管理人员和生产人员，根据企业经营情况，为每条生产线配备5名生产线管理员；
- 研发部主要负责产品的论证、开发、设计工作，并且组织实施相应的研发计划。

管理人员、销售人员及生产线管理人员已由系统自动设置，无须进行招聘，生产人员和研发人员则需要在人才市场进行招聘。

1. 员工招聘

员工招聘的操作流程具体如下。

(1) 运营管理角色依次选择"业务管理""人力资源""员工招聘"，如图2-25所示。

视频：运营管理-员工招聘

第 2 章 运营管理实践 | 23

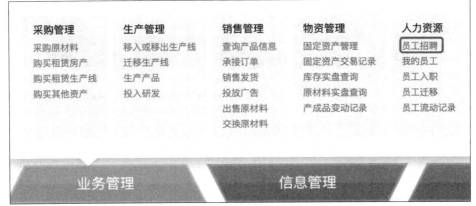

图2-25 选择"员工招聘",开始招聘工作

(2) 选择所需招聘的员工,单击"招聘"按钮,如图2-26所示。

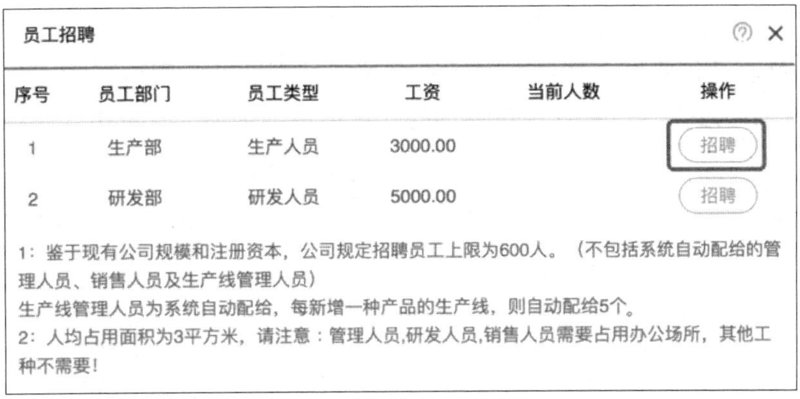

图2-26 选择所需招聘的员工

(3) 填写招聘人数后,单击"确认招聘"按钮,如图2-27所示。

图2-27 填写招聘单

(4) 填写决策单,单击"提交"按钮,将审批单提交给财务总监,如图2-28所示。

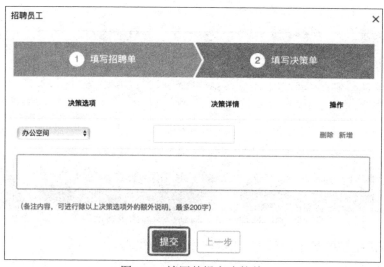

图2-28 填写并提交决策单

(5) 财务总监进行审批,如图2-29所示。若审批不通过,则运营管理角色需重新提交方案;若审批通过,则运营管理角色选择"审批单"选项卡,单击"执行"按钮,如图2-30所示。

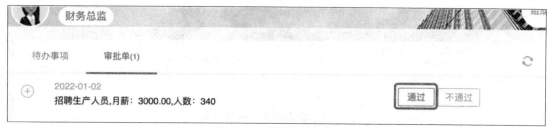

图2-29 财务总监审批

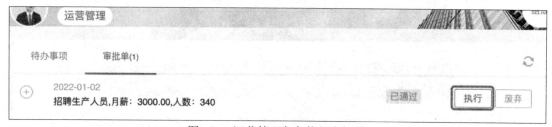

图2-30 运营管理角色执行审批单

2. 员工入职

人员招聘后,需办理员工入职。员工入职前,应配置好相关办公场所及生产线。入职应注意人均占用面积为3m²,若移入员工数超过可占用的房屋面积,则不能完成入职。

员工入职的操作流程具体如下。

运营管理角色依次选择"业务管理""人力资源""员工入职",进入员工入职界面。勾选"管理人员"和"销售人员",移入人数分别输入5和10。选择右边的"办公用房A",单击"移入>>"按钮,如图2-31所示。

视频:运营管理-员工入职

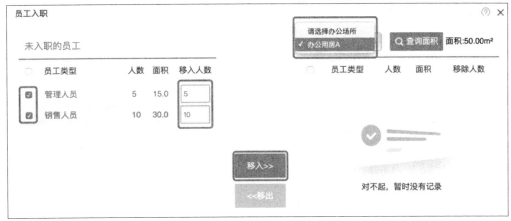

图2-31　运营管理角色操作界面

【说明】　招聘生产人员需要注意根据企业规模确定具体招聘人数，企业员工人数设有上限。招聘人数如果超过企业人员上限，系统会提示不允许继续招聘。生产人员和研发人员招聘后可以进行解聘操作，解聘需要支付额外一个月的工资作为补偿金。

2.5　购买其他资产

本平台中的其他资产主要是复印机、打印机和笔记本电脑等办公设备，用于企业的办公经营，购买办公设备需在1月10日前完成。

购买办公设备的操作流程具体如下。

(1) 运营管理角色依次选择"业务管理""采购管理""购买其他资产"，如图2-32所示。

视频：运营管理-购买其他资产

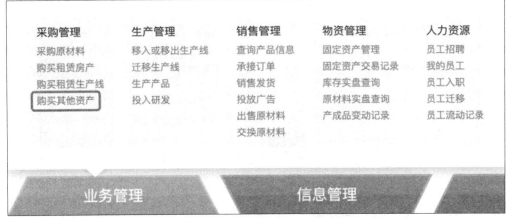

图2-32　选择"购买其他资产"，开始相关工作

(2) 选择所需购买的资产，单击"购买"按钮，如图2-33所示。

图2-33　选择所需购买的资产

(3) 依次填写"购买数量""净残值率"和"折旧月份",单击"提交"按钮,如图2-34所示。

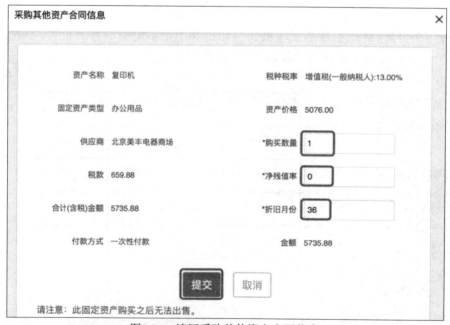

图2-34　填写采购其他资产合同信息

(4) 成本管理角色选择"待办事项"选项卡,审批相关事项,若付款金额超过100万元,则需要财务总监审批,如图2-35所示。

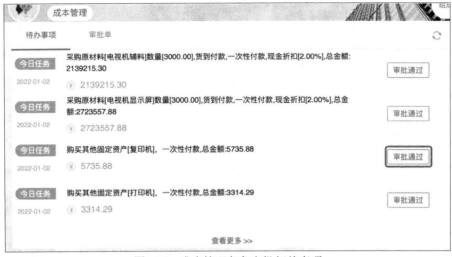

图2-35 成本管理角色审批相关事项

(5) 资金管理角色选择"待办事项"选项卡，单击"银行支付"按钮，支付相关事项，如图2-36所示。

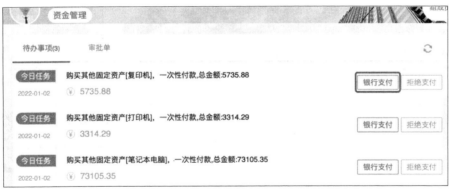

图2-36 资金管理角色支付相关事项

(6) 次日，运营管理角色选择"待办事项"选项卡，单击"确认"按钮，进行到货确认，如图2-37所示。

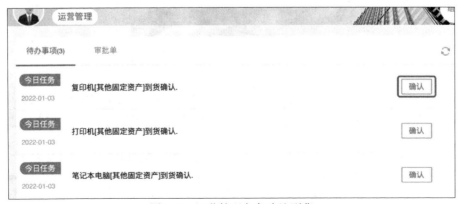

图2-37 运营管理角色确认到货

【说明】案例中购买复印机一台，打印机一台，笔记本电脑15台，且购买后不可出售。

2.6 生产线安装调试

企业的生产线等资产到货后需安装。安装工作包括将生产线移入厂房，并安装调试，只有生产线安装完毕，才能组织产品生产。系统设定生产线安装调试的时间是10天，当生产线安装完毕后，系统会自动提示，此时才可投入生产。在此期间，运营管理角色可以考虑安排生产的相关准备工作，如招聘工人、采购材料等。

视频：运营管理-移入生产线

已知有两个厂房A，有电视机生产线和抽油烟机生产线两条生产线，现将两个生产线分别移入两个厂房A，生产线安装调试的操作流程具体如下。

(1) 运营管理角色选择"待办事项"选项卡，进行安装完成确认，如图2-38所示。

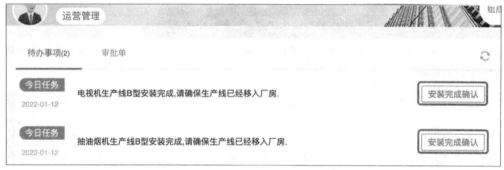

图2-38　进行安装完成确认

(2) 运营管理角色依次选择"业务管理""生产管理""移入或移出生产线"，如图2-39所示。

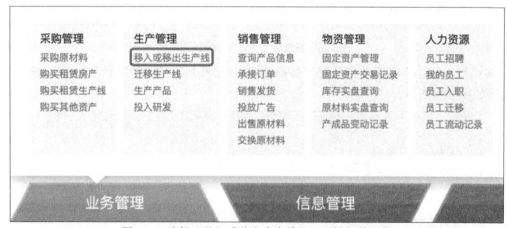

图2-39　选择"移入或移出生产线"，开始相关工作

(3) 在界面左侧勾选一条未放入厂房的生产线，并在界面右侧选择"厂房A"，然后单击"移入>>"按钮，表示将生产线移入厂房，如图2-40至图2-43所示。

图2-40　将生产线移入厂房(1)

图2-41　将生产线移入厂房(2)

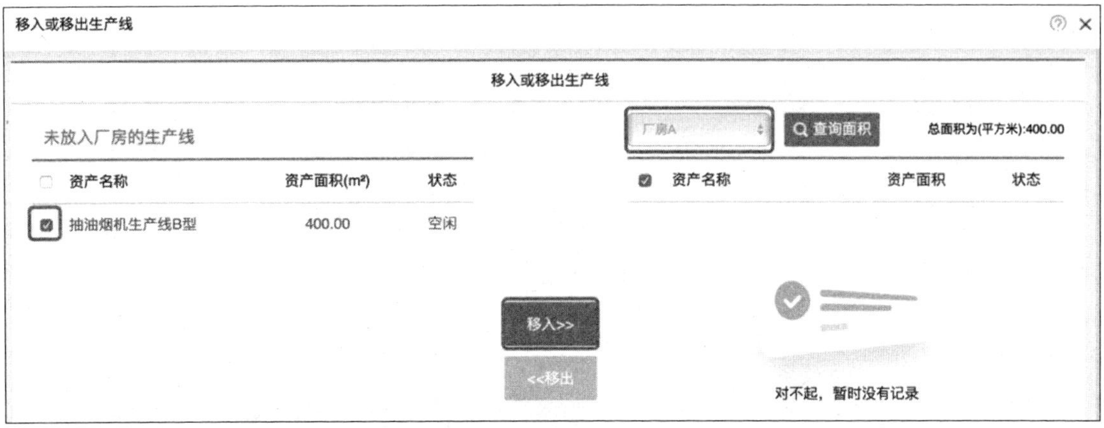

图2-42　将生产线移入厂房(3)

图2-43 将生产线移入厂房(4)

【说明】将生产线移入厂房前,应保证生产线所占用的面积小于或等于厂房的面积。

2.7 投放广告

广告是企业营销的重要手段之一,可以帮助企业提高产品销售及经济上的效益。

企业投入广告费的多少与每个月能承接的订单有直接的关系。初级市场只能承接一些小订单,到了中级市场和高级市场则会接到大额订单,订单的数量也会相应地增加。

视频:运营管理-投放广告

投放广告的操作流程具体如下。

(1) 运营管理角色依次选择"信息管理""销售管理""投放广告",如图2-44所示。

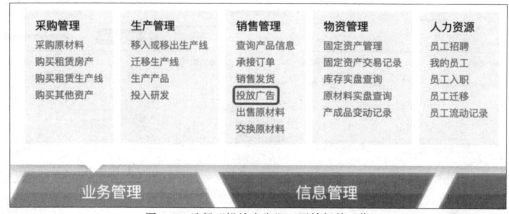

图2-44 选择"投放广告",开始相关工作

(2) 选择对应的产品,输入广告费金额,单击"投入广告费"按钮,如图2-45所示。

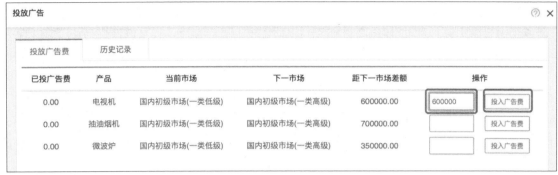

图2-45 选择对应的产品

(3) 填写决策单，单击"提交"按钮，如图2-46所示。

图2-46 填写并提交决策单

(4) 财务总监进行审批，选择"审批单"选项卡，单击"通过"按钮，如图2-47所示。

图2-47 财务总监审批

(5) 若审批已通过，则运营管理角色选择"审批单"选项卡，单击"执行"按钮，如图2-48所示。

图2-48 运营管理角色执行审批单

(6) 成本管理角色选择"待办事项"选项卡，单击"审批通过"按钮，如图2-49所示。

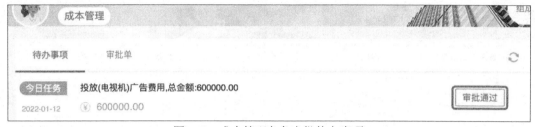

图2-49　成本管理角色审批待办事项

(7) 资金管理角色选择"待办事项"选项卡，单击"银行支付"按钮，如图2-50所示。

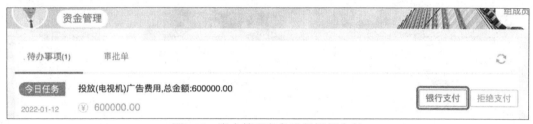

图2-50　资金管理角色进行银行支付

2.8　承接订单

承接订单是企业获得市场份额、获得发展机会和生长空间的核心和基础。所谓的承接订单是指企业以供应商身份对客户的订单做出积极的响应，并采取措施以获得客户订单，使企业获利的过程。

视频：运营管理-承接订单

承接订单时，应注意查看客户信息和产品价格趋势图。

承接订单时，应注意选择客户，因为每个客户的付款方式是不同的。

承接订单时，应注意研发对产品单价的影响。企业从事研发工作，达到一定标准后，能相应提高产品的技术含量，从而使产品价格得到提升。

承接订单时，应注意付款天数和发货时间，以保障企业按时发货，及时收款。

承接订单的操作流程具体如下。

(1) 运营管理角色依次选择"业务管理""销售管理""承接订单"，如图2-51所示。

图2-51　选择"承接订单"，开始相关工作

第 2 章　运营管理实践 | 33

(2) 搜索到合适的订单，单击"查看订单"按钮，如图2-52所示。

序号	合同名称	合同产品	合同类型	合同所属市场	市场划分	操作	
1	电视订单800-02	电视机	普通合同	国内初级市场	一类低级	查看订单	客户信息
2	电视订单500-01	电视机	普通合同	国内初级市场	一类低级	查看订单	客户信息
3	电视订单800-01	电视机	普通合同	国内初级市场	一类低级	查看订单	客户信息
4	电视订单200-02	电视机	普通合同	国内初级市场	一类低级	查看订单	客户信息
5	电视订单200-01	电视机	普通合同	国内初级市场	一类低级	查看订单	客户信息
6	电视订单600-01	电视机	普通合同	国内初级市场	一类高级	查看订单	客户信息
7	电视订单1500-02	电视机	普通合同	国内中级市场	二类	查看订单	客户信息
8	电视订单1500-01	电视机	普通合同	国内中级市场	二类	查看订单	客户信息
9	抽油烟机订单800-01	抽油烟机	普通合同	国内初级市场	一类低级	查看订单	客户信息
10	抽油烟机订单500-01	抽油烟机	普通合同	国内初级市场	一类低级	查看订单	客户信息

图2-52　选择合适的订单

(3) 在合同详情界面，通过下拉菜单选择客户，可优先考虑"付款规则"为"一次性付款"的客户，单击"下一步"按钮，如图2-53所示。

图2-53　填写承接单

(4) 运营管理角色填写决策单，单击"提交"按钮，如图2-54所示。

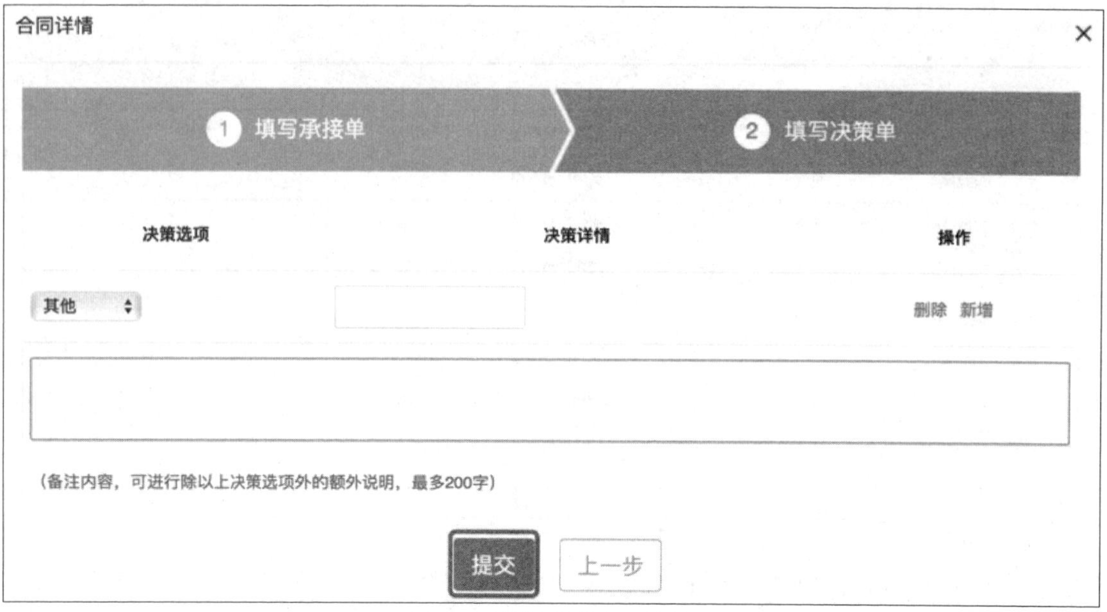

图2-54　填写并提交决策单

(5) 财务总监选择"审批单"选项卡查看待审批的事项，并可单击左侧的"+"查看辅助决策的信息，单击"通过"按钮完成审批，如图2-55所示。

图2-55　财务总监审批单据

(6) 运营管理角色在财务总监审批通过后，选择"审批单"选项卡，单击"执行"按钮，订单承接成功，如图2-56所示。

图2-56　运营管理角色执行审批单

2.9 产品生产

企业完成了购买相关设备、原辅料及招聘人员后，即可投入生产。运营管理角色在操作产品生产流程时，要及时查看原材料的相关配比信息，生产数量不能超过生产线的产能，每条生产线废品率不同，投入数量不一定就是完工数量。原料和辅助材料的库存量要足以支持生产，并且保留保险储备量。生产人员数量在生产线规模内自主选择，不能超过生产线的上限，比如本平台中设置的抽油烟机生产线B型最多容纳生产工人180人。生产工时和工人数量决定产品完工期限。如果在操作过程中无法选择生产线，那是因为生产线安装调试周期是10天，生产线没有安装调试完成，此时无法组织生产。

视频：运营管理-生产产品

生产产品的操作流程具体如下。

(1) 运营管理角色依次选择"业务管理""生产管理""生产产品"，如图2-57所示。

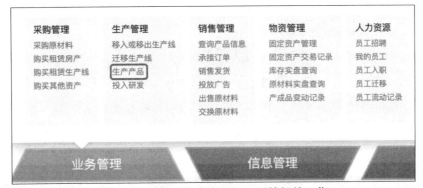

图2-57 选择"生产产品"，开始相关工作

(2) 在生产产品界面，显示可生产的产品和可用的原料，选择"产品生产"选项卡，单击"立即生产"按钮，进入产品生产界面，如图2-58所示。

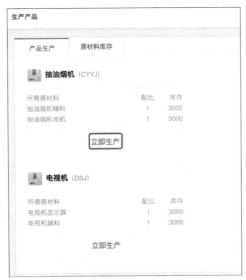

图2-58 选择可生产的产品

(3) 分别填写"生产数量""生产人员数量",并通过下拉菜单选择需要的生产线,单击"下一步"按钮,即完成生产投料,如图2-59所示。

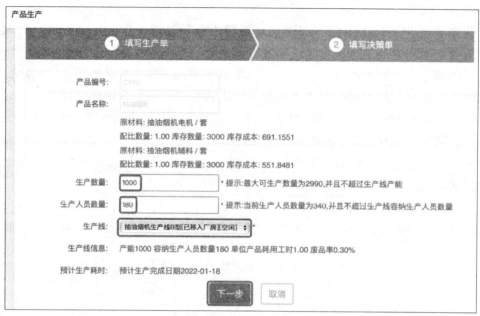

图2-59　填写生产单

(4) 运营管理角色填写决策单,单击"提交"按钮,提交给财务总监,如图2-60所示。

图2-60　填写并提交决策单

(5) 财务总监选择"审批单"选项卡,查看待审批的事项,并可单击左侧的"+"查看辅助决策的信息,单击"通过"按钮完成审批,如图2-61所示。

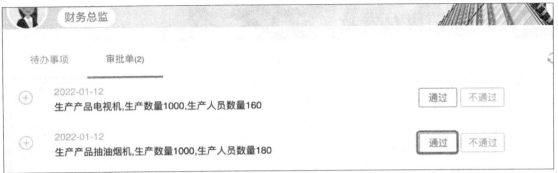

图2-61 财务总监审批单据

(6) 运营管理角色在财务总监审批通过后,选择"审批单"选项卡,此时有"执行"和"废弃"两种选择,单击"执行"按钮完成审批,如图2-62所示。

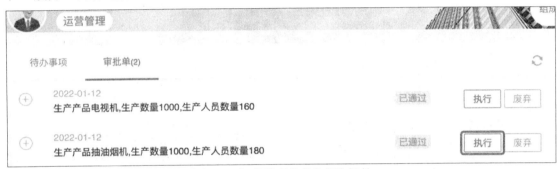

图2-62 运营管理角色执行审批单

(7) 产品投产后,产品有一个生产周期。产品生产完工后,运营管理角色选择"待办事项"选项卡,单击"生产完成确认"按钮,完成产品生产,如图2-63所示。

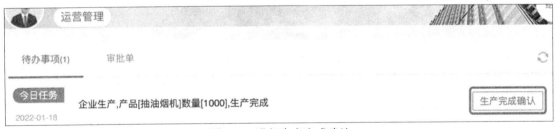

图2-63 进行生产完成确认

【说明】

① 原材料库存下限为10套,故生产领料不可使库存低于库存下限;

② 生产耗用工时=生产数量×单位产品耗用工时/生产人员数量;

③ 单位产品耗用工时,意指生产一件产品,在生产人员一人的情况下,所需耗用的天数。

2.10 产品销售及发货

本平台要求企业在承接主营业务订单后，在合同期内按时发货。运营管理角色需在产品完工后，根据相关订单合同及时发货。如果当期库存产品数量小于当期订单产品数量，可以选择终止发货，但需注意如终止发货，系统平台设定会扣减企业信誉值。如果前期订单选择客户收款方式为“款到发货”，要先退还款项，发货合同将自动终止。终止后的合同将不能查看，也不用作账务处理。

视频：运营管理-销售发货

产品销售及发货的操作流程具体如下。

(1) 运营管理角色依次选择“业务管理”“销售管理”“销售发货”，如图2-64所示。

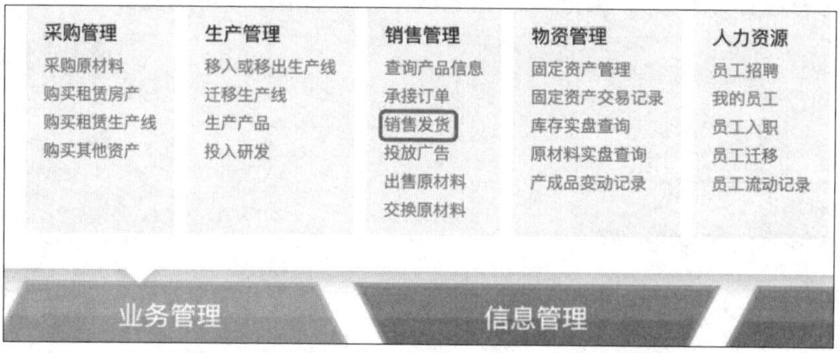

图2-64　选择“销售发货”，开始相关工作

(2) 进入销售发货界面，界面列示合同列表，单击“发货”按钮，如图2-65所示，系统会提示“确认发货？”，单击“确认”按钮，系统显示发货成功。

销售发货

合同列表　企业往期合同列表

序号	合同名称	客户名称	合同产品	产品数量	库存数量	到期时间	操作
1	抽油烟机订单800-01	郑州美达电器批发有限公司	抽油烟机	800	999	2022-01-23	发货 终止
2	电视订单800-02	宁波广达电器商场	电视机	800	1000	2022-02-04	发货 终止

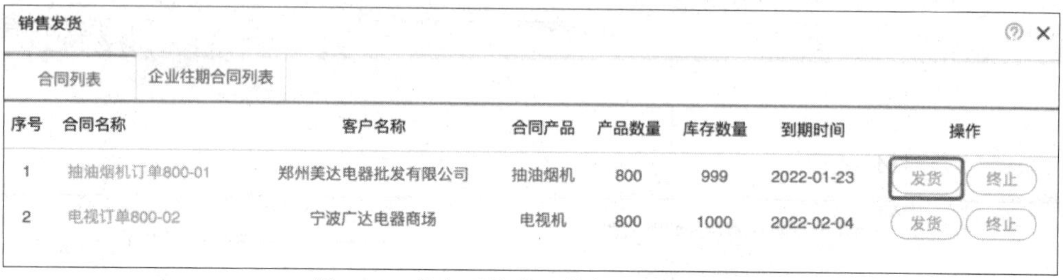

图2-65　单击“发货”按钮，进行发货

2.11 产品研发

产品研发是企业为应对市场竞争、产品生命周期缩短，取得竞争优势所做的重要工作。作为一项技术管理活动，产品研发过程一般包括市场调研、方案论证、技术攻关、原型试制、生产制造和市场营销6个步骤。在产品研发过程中，企业外部的资源、政策、市场环境及企业内部的研发团队实力、管理水平等均是影响研发成功与否的重要因素。同

时，企业应有效管控研发项目风险，提高研发效率和效益。

产品研发的操作流程具体如下。

(1) 运营管理角色依次选择"业务管理""生产管理""投入研发"，如图2-66所示。

图2-66　选择"投入研发"，开始相关工作

(2) 该界面显示可以研发的产品，选择需要研发的产品，单击"投入研发"按钮，如图2-67所示。

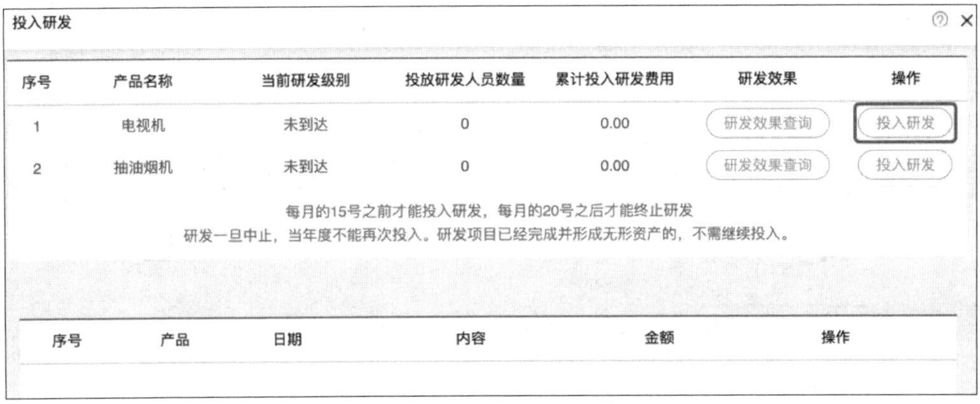

图2-67　选择需要研发的产品

(3) 填写"原材料配比数量"和"研发人员数量"，单击"下一步"按钮，如图2-68所示。

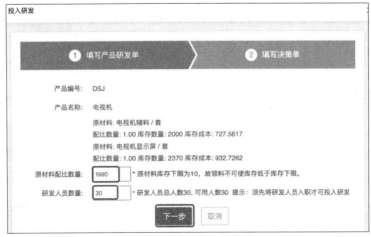

图2-68　填写产品研发单

(4) 填写决策单，单击"提交"按钮，如图2-69所示。

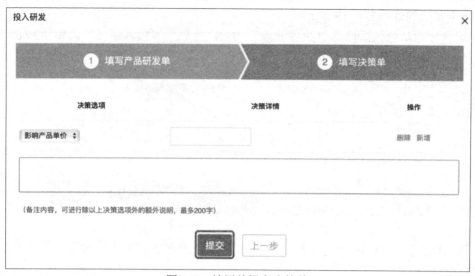

图2-69 填写并提交决策单

(5) 财务总监选择"审批单"选项卡，查看待审批的事项，并可单击左侧的"+"查看辅助决策的信息，单击"通过"按钮完成审批，如图2-70所示。

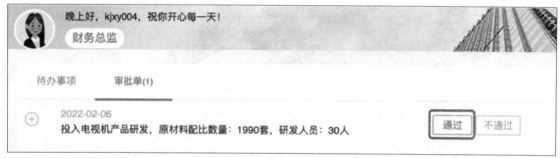

图2-70 财务总监审批单据

(6) 运营管理角色在财务总监审批通过后，选择"审批单"选项卡，单击"执行"按钮，如图2-71所示。

图2-71 运营管理角色执行审批单

【说明】

① 企业从事研发，达到一定标准后，能相应提高产品的技术含量，从而提高市场价格。承接订单时应注意研发对产品单价的影响。

② 应注意当前研发级别，根据研发级别做账务处理。

③ 研发项目累计投入占年销售收入6%以上(年收入5 000万元以内)，研发人员数量达到当年总人数的10%，可以申请高新企业资格。每月1日系统都会计算研发累计投入金额。

④ 每月15日之前才能投入研发，每月20日之后才能终止研发。

2.12 出售原材料

为帮助企业加速存货周转率，减少存货占用资金，本平台提供闲置原材料出售功能。有多个原材料供应商可以回购原材料，价格随市场波动。

出售原材料的操作流程具体如下。

(1) 运营管理角色依次选择"业务管理""销售管理""出售原材料"，如图2-72所示。

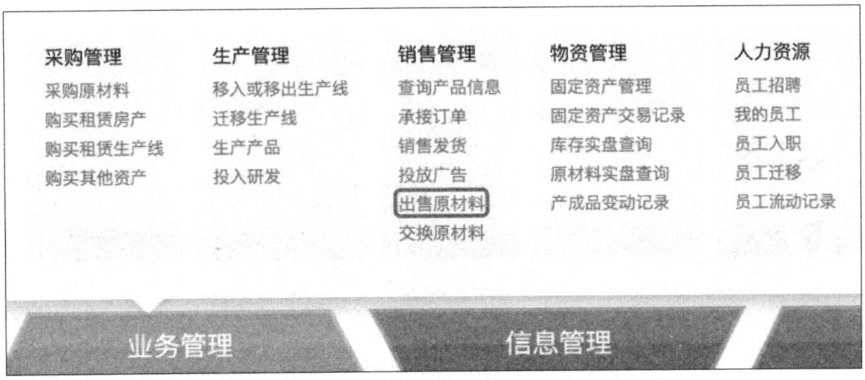

图2-72 选择"出售原材料"，开始相关工作

(2) 在出售原材料界面，通过下拉菜单选择合适的供应商，单击"出售"按钮，如图2-73所示。

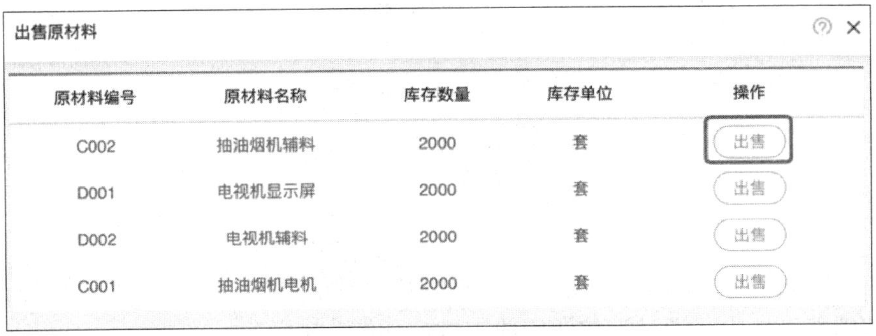

图2-73 运营管理角色操作界面

(3) 输入"出售数量"，单击"下一步"按钮，如图2-74所示。

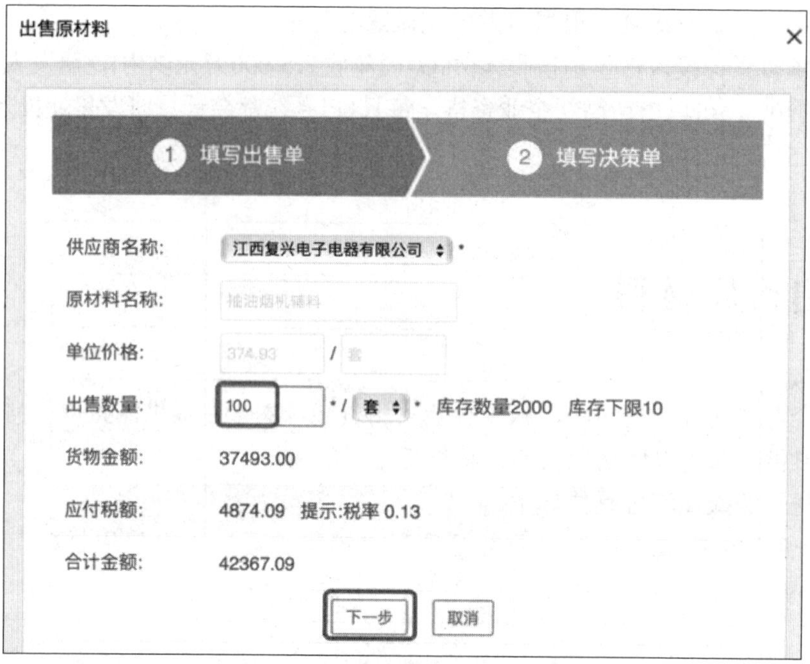

图2-74 填写出售单

(4) 运营管理角色填写决策单,单击"提交"按钮,如图2-75所示。

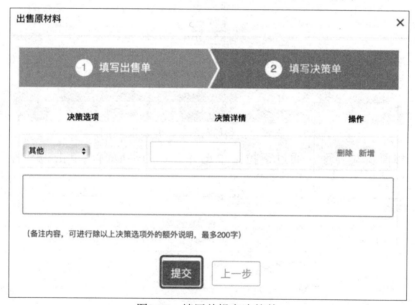

图2-75 填写并提交决策单

(5) 财务总监选择"审批单"选项卡,查看待审批的事项,并可单击左侧的"+"查看辅助决策的信息,单击"通过"按钮完成审批,如图2-76所示。

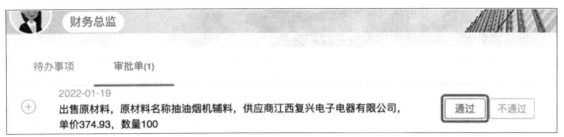

图2-76 财务总监审批单据

(6) 运营管理角色在财务总监审批通过后,选择"审批单"选项卡,单击"执行"按钮,如图2-77所示。

图2-77 运营管理角色执行审批单

(7) 资金管理角色选择"待办事项"选项卡,单击"收款确认"按钮,完成原材料出售收款,如图2-78所示。

图2-78 资金管理角色确认收款

2.13 非货币性资产交换业务

非货币性资产交换是指交易双方主要以存货、固定资产、无形资产和长期股权投资等非货币性资产进行的交换,该交换不涉及或只涉及少量的货币性资产。该类交易的显著特点为交易过程不涉及货币资金或只涉及少量(货币资金占交易总额的比例小于25%)的货币资金。非货币性资产交换业务为企业开展生产经营、加快资金周转提供了新的途径,但也带来了一些负面的影响,如利用非货币性交易操纵企业利润。

本平台中,运营管理角色可以在企业产品库存较多、大量占用企业流动资金时选择进行非货币性资产交换。具体交换时可用企业生产的产成品去置换供应商提供的原材料,从而节约成本，加快资金周转。

非货币性资产交换的操作流程具体如下。

(1) 运营管理角色依次选择"业务管理""销售管理""交换原材料"，如图2-79所示。

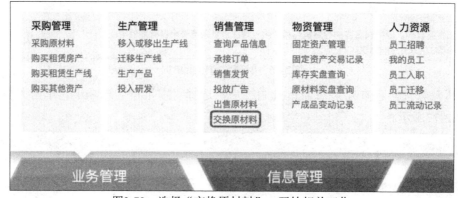

图2-79 选择"交换原材料"，开始相关工作

(2) 交换原材料界面，显示全部可供交换的产品和原材料，选择需要交换原材料的产品，单击"交换原材料"按钮，如图2-80所示。

产品编号	产品名称	库存数量	操作
CYYJ	抽油烟机	199	[交换原材料]
DSJ	电视机	200	[交换原材料]

原材料库存

原材料编号	原材料名称	库存数量	库存单位
C002	抽油烟机辅料	1900	套
D001	电视机显示屏	2000	套
D002	电视机辅料	2000	套
C001	抽油烟机电机	2000	套

图2-80 选择需要交换原材料的产品

(3) 在交换原材料界面，用下拉菜单选择换入"原材料名称""供应商名称"，输入"产品交换数量"，系统将自动计算"交换原材料数量"及需要的补价(货款差额)，单击"下一步"按钮，如图2-81所示。

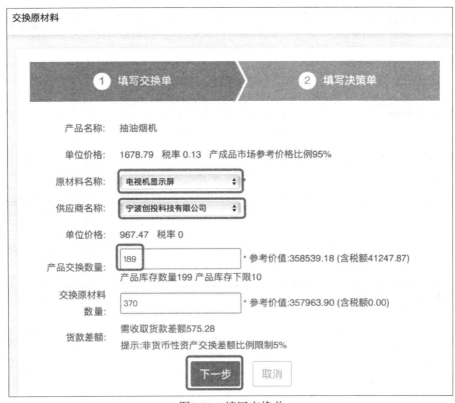

图2-81 填写交换单

(4) 运营管理角色填写决策单,单击"提交"按钮,如图2-82所示。

图2-82 填写并提交决策单

(5) 财务总监选择"审批单"选项卡,查看待审批的事项,可单击左侧的"+"查看辅助决策的信息,单击"通过"按钮完成审批,如图2-83所示。

图2-83 财务总监审批单据

(6) 审批通过后,运营管理角色选择"审批单"选项卡,单击"执行"按钮,如图2-84所示。

图2-84 运营管理角色执行审批单

(7) 资金管理角色选择"待办事项"选项卡,单击"收取货款差额确认"按钮,如图2-85所示。

图2-85 资金管理角色确认收取货款差额

(8) 换入原材料到货后,运营管理角色选择"待办事项"选项卡,单击"原材料入库确认"按钮,如图2-86所示。

图2-86 运营管理角色确认原材料入库

【说明】

① 本产品只能交换非生产本产品所需的原材料。

② 所支付的补价不能超过交换总金额(含税)的5%。

③ 提供发票等相关票据。

④ 双方结算时互相开票,只支付补价。

⑤ 交易完毕后,可到财务共享服务中心索取并开具发票。

第 3 章　资金管理实践

在财务决策平台中，资金管理角色负责现金收付、银行内部转账、交易性金融资产买卖、贷款等现金流管理业务，以及系统单、月末手工单的录入工作。

3.1 会计政策

本平台模拟的公司为工业企业，根据《中华人民共和国会计法》《企业会计准则》及有关税收法规制度，应执行以下会计核算政策。

材料采用实际成本法核算，材料出库采用移动加权平均法。低值易耗品每月采购一次，一次性投入，直接计入当期制造费用。生产成本采用品种法分配结转。生产材料在生产开始时一次投料，完工产品与在产品所耗原材料费用是相等的，原材料费用按照完工产品和在产品数量分配，制造费用和工资薪金按照完工产品和在产品约当产量进行分配，即工资根据人工工时分配。制造费用根据机械工时分配，完工比例可依次选择"运营界面""信息管理""资产信息"，在"生产状态"处查询。

固定资产折旧方法采用直线法，产成品出库采用月末一次加权平均法。

股票计入交易性金融资产，其买卖采用移动加权平均法结转股票成本，以公允价值计量且其变动计入当期损益。所得税每季度末一次性根据企业利润计提(无须进行纳税调整，纳税调整事项统一体现在年度所得税申报表上)。本企业员工到岗后，次月起薪，为了保证成本核算均衡，工资福利费等薪酬当月计提，次月支付；月末无须计提本月利息费用，次月支付时直接计入当期费用。

月末销项税额大于进项税额时需计提增值税，若有留抵，则无须计提，留抵部分可结转下期进行抵扣；月末无须计提印花税，次月申报缴纳时直接计入对应科目即可。企业在每年第四季度支付劳保费，主要是为生产车间工人提供防寒防冻的用品。对于计提坏账，企业在分期收款方式下销售商品，如果在合同约定时间未收到二期款，企业财务人员应将未收款项全额计提坏账准备；申报印花税时，以企业当期收到的发票(货物运输合同、仓储保管合同、加工承揽合同、销售原材料业务的购销合同等的发票)的未税金额作为计税基础。

系统涉及金额最终结果均保留两位小数(采用四舍五入)。

3.2 确认注册资金到账

企业初始资金为500万元，于2023年1月1日到账，资金管理角色应在当日完成收款任务(见图3-1)。

图3-1　1月1日初始登录界面提示注册资金到账

3.3 申请贷款

本平台中涉及的贷款有短期贷款和按揭贷款两种。

短期贷款可用于日常生产经营，按揭贷款在购入固定资产的时候才可申请。

视频：资金管理-贷款01

视频：资金管理-贷款02

3.3.1 短期贷款

短期贷款业务涉及取得贷款、支付贷款所需手续费、支付贷款利息、归还贷款本息等，月末还涉及借款合同印花税的计算。

企业在现金流不足时可以考虑申请短期贷款，短期贷款的期限为1年，最高贷款额度受注册资本和企业信誉影响。短期贷款每月支付一次利息。

申请短期贷款的操作流程具体如下。

(1) 资金管理角色依次选择"外部机构""银行中心""我要贷款"(见图3-2)，进入我要贷款界面。

图3-2　选择"我要贷款"，开始进行相关工作

(2) 填写贷款金额，选择合适的贷款期限，单击"下一步"按钮，如图3-3所示。

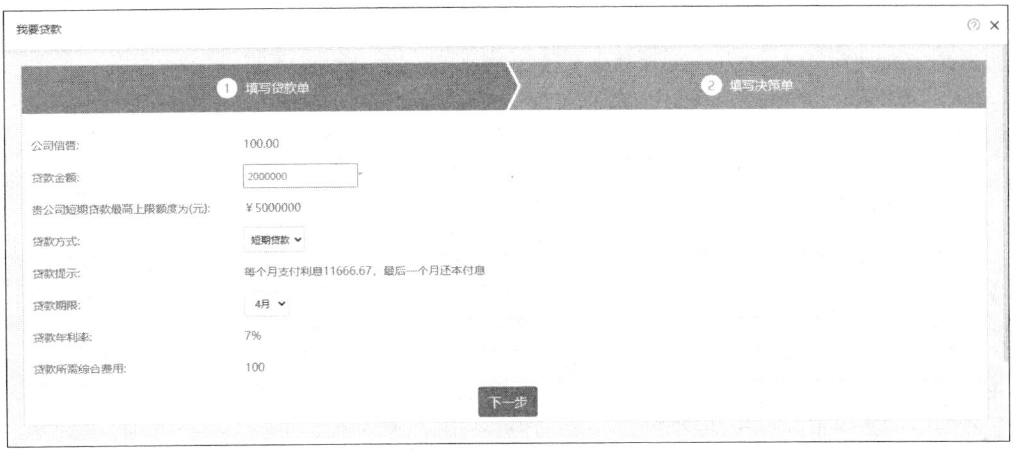

图3-3　填写贷款单

(3) 填写决策单(见图3-4)，单击"提交"按钮，提交给财务总监审批。

图3-4　填写并提交决策单

(4) 财务总监进行审批。若审批不通过，则资金管理角色需重新提交贷款申请；若通过，则资金管理角色选择"审批单"选项卡，单击"执行"按钮，系统弹出信息，告知资金到账的预计时间，如图3-5至图3-7所示。

【注意】如财务总监已审核通过，但是资金管理角色废弃该审批单，平台将扣除小组成绩中运营决策的分数。

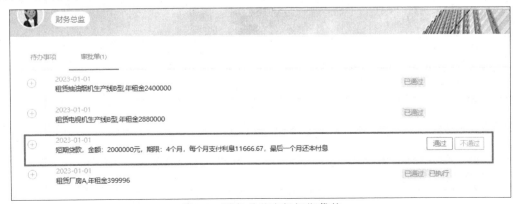

图3-5　财务总监审批短期贷款

图3-6　资金管理角色执行审批单

图3-7　执行审批单后系统弹出信息

(5) 资金管理角色确认贷款到账,如图3-8所示。

图3-8　资金管理角色确认贷款到账

3.3.2　按揭贷款

运营管理角色在购买厂房或办公用房时可申请按揭贷款,贷款期限最短1年,最长3年。"付款方式"有"一次性付款"或"按揭贷款"可供选择。如选择"按揭贷款",此界面将出现"按揭年限"下拉列表,可以选择按揭年限。

无论贷款年限多长,年利率都是7.50%,系统会自动计算出每月还款金额、手续费,并根据首付30%比例计算出首付金额。

运营管理角色可与资金管理角色商讨,根据自身企业的资金量及未来运营规划,确定按揭年限。选择好适当的按揭年限(见图3-9)后,单击"下一步"按钮,并将决策单提交财务总监审批(见图3-10)。

付款方式:	按揭贷款 ∨ 温馨提示:选择"按揭贷款"付款方式购入的固定资产无法进行出售!		
按揭年限:	3年 ∨	年利率:	7.50%
每月还款:	87097.41		
手续费:	8400.00	保险费:	14000.00
首付比例(%):	30.00%		
首付金额（资产含税金额*首付比例+手续费+保险费）	1222400.00		

图3-9　运营管理角色购买厂房A时采用按揭贷款付款

图3-10　财务总监审批按揭贷款

经审批通过后，运营管理角色应在审批单界面单击"执行"按钮(见图3-11)，此时将生成新订单合同。该订单的付款由成本管理角色审批付款事项(见图3-12)。由于首付通常大于100万元，因此还需要提交至财务总监审批。

图3-11　运营管理角色执行按揭贷款决策

图3-12　成本管理角色审批按揭贷款购买房产付款事项

成本管理角色与财务总监都审批通过付款事项后，资金管理角色可在"待办事项"选项卡中查看到此项付款任务，资金管理角色可选择"银行支付"或"拒绝支付"，如图3-13所示，如银行存款不足以支付的，应选择"拒绝支付"，此时，系统将扣除小组成绩中运营决策的分数。

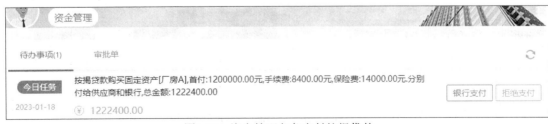

图3-13　资金管理角色支付按揭贷款

3.4 提现

企业每个月都会发生需要现金支付的费用，如图3-14所示。若企业现金初始金额为零，如需现金支付，则必须先从银行账户中提现，每次提取现金上限为50 000元，当日操作后，即可到账。

视频：资金管理-提现(当天到账)

图3-14　企业需要现金支付

申请提现的操作流程具体如下。

(1) 资金管理角色依次选择"外部机构""银行中心""现金管理"，进入现金管理界面，单击"提现"按钮，如图3-15、图3-16所示。

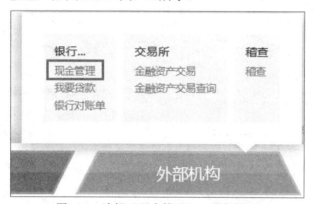

图3-15　选择"现金管理"，进行提现

图3-16　资金管理角色操作界面

(2) 填写适量的金额，单击"确定"按钮，即可完成提现工作，如图3-17所示。

图3-17　填写提现金额

3.5 股票投资

本平台中涉及的金融资产投资只有股票投资。每个月的月初和月末，系统会提示资金管理角色和财务总监有股票交易等业务待处理(见图3-18)。系统中每月设置了两次股票业务，资金管理角色可以根据提供的股票信息，自己选择买入或者卖出。卖出的时候，企业应注意库存股股数和以前买入的股票价格，并预测股票的未来走势。每月月末系统会在市场信息里滚动股票信息，企业应注意查看，并据此做好金融资产月末的账务处理工作。

图3-18　资金管理角色操作界面

会计核算时应遵循《企业会计准则第22号——金融工具确认和计量》的规定。投资股票的目的如果是在近期内出售，应当在初始投资的时候划分为以公允价值计量且其变动计入当期损益的金融资产。

1. 买入股票

(1) 资金管理角色依次选择"外部机构""交易所""金融资产交易"，如图3-19所示。

图3-19　选择"金融资产交易"，开始相关工作

根据三只股票(交通银行、深万科、美的电器)的当期市价及上年三季度每股净资产、每股收益、每股现金流和总股本,选择合适的投资对象,单击"查看"按钮,如图3-20所示。

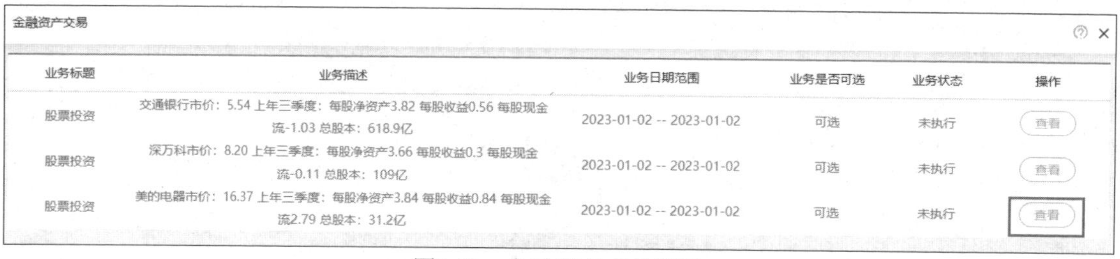

图3-20 金融资产交易界面

交易动作选择"买入",填写适量的交易数量,单击"执行业务"按钮,如图3-21所示。

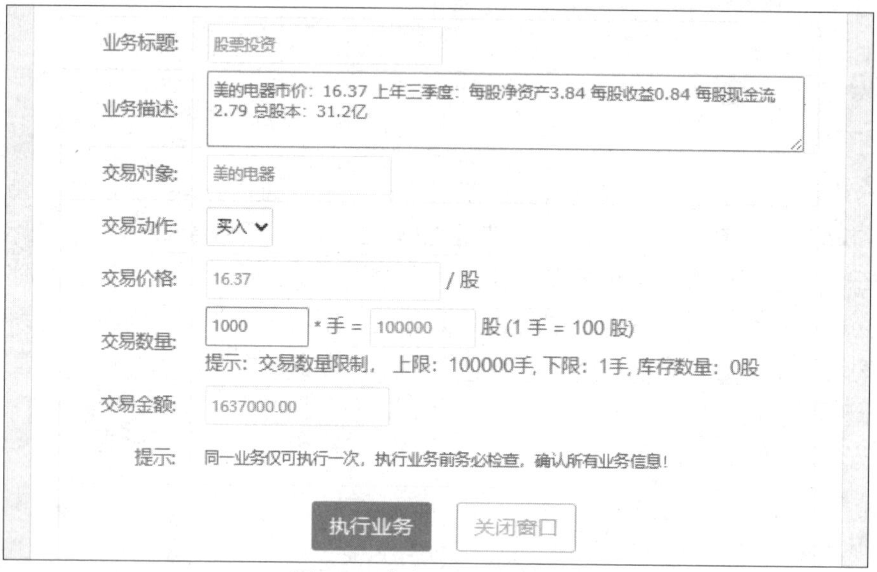

图3-21 执行买入股票业务

填写决策单,单击"提交"按钮,提交给财务总监审批,如图3-22所示。

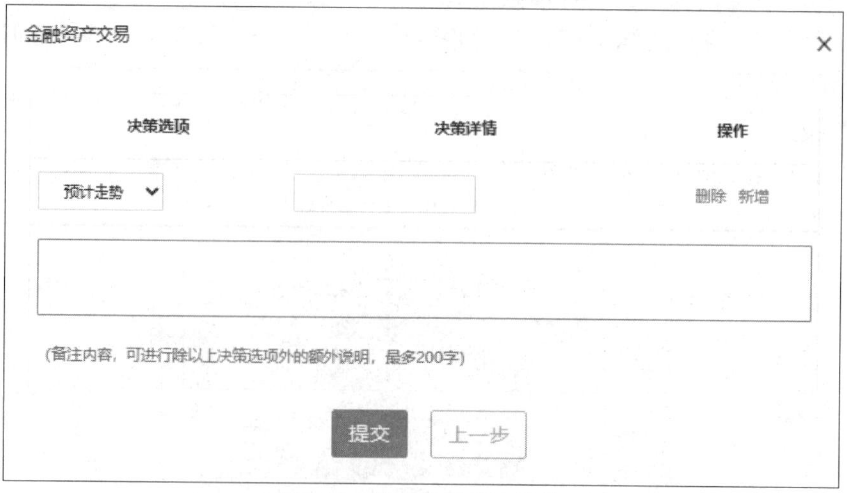

图3-22 填写并提交决策单

(2) 财务总监进行审批，如图3-23所示。若审批不通过，则资金管理角色需重新提交投资申请；若审批通过，则资金管理角色选择“审批单”选项卡，单击“执行”按钮，如图3-24所示。

【注意】如财务总监已审核通过，但是资金管理角色废弃该审批单，平台将扣除小组成绩中运营决策的分数。

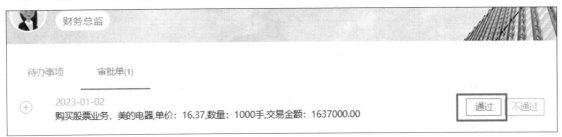

图3-23　财务总监审批

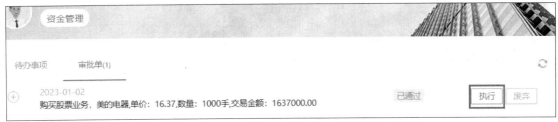

图3-24　资金管理角色执行审批单

2. 卖出股票

(1) 资金管理角色依次选择“外部机构”“交易所”“金融资产交易”，进入金融资产交易界面。

根据三只股票(交通银行、深万科、美的电器)的当期市价及上年三季度每股净资产、每股收益、每股现金流和总股本，选择合适的投资对象，单击“查看”按钮，如图3-25所示。

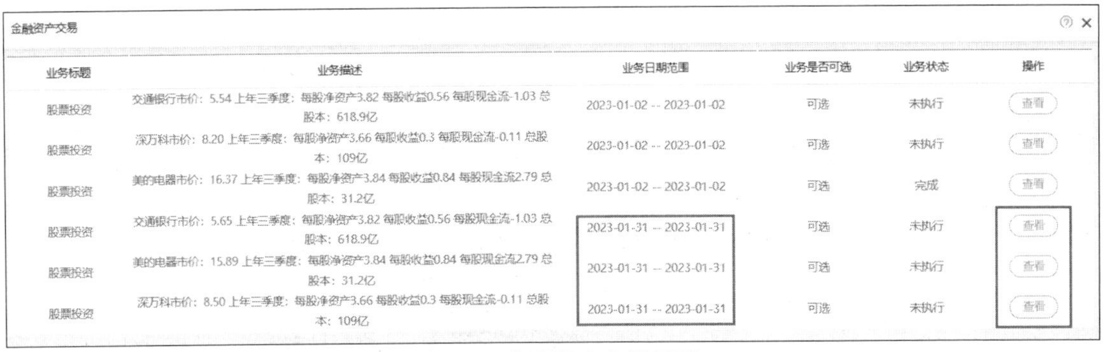

金融资产交易

业务标题	业务描述	业务日期范围	业务是否可选	业务状态	操作
股票投资	交通银行市价：5.54 上年三季度：每股净资产3.82 每股收益0.56 每股现金流-1.03 总股本：618.9亿	2023-01-02 -- 2023-01-02	可选	未执行	查看
股票投资	深万科市价：8.20 上年三季度：每股净资产3.66 每股收益0.3 每股现金流-0.11 总股本：109亿	2023-01-02 -- 2023-01-02	可选	未执行	查看
股票投资	美的电器市价：16.37 上年三季度：每股净资产3.84 每股收益0.84 每股现金流2.79 总股本：31.2亿	2023-01-02 -- 2023-01-02	可选	完成	查看
股票投资	交通银行市价：5.65 上年三季度：每股净资产3.82 每股收益0.56 每股现金流-1.03 总股本：618.9亿	2023-01-31 -- 2023-01-31	可选	未执行	查看
股票投资	美的电器市价：15.89 上年三季度：每股净资产3.84 每股收益0.84 每股现金流2.79 总股本：31.2亿	2023-01-31 -- 2023-01-31	可选	未执行	查看
股票投资	深万科市价：8.50 上年三季度：每股净资产3.66 每股收益0.3 每股现金流-0.11 总股本：109亿	2023-01-31 -- 2023-01-31	可选	未执行	查看

图3-25　金融资产交易界面

交易动作选择“卖出”，填写适量的交易数量，单击“执行业务”按钮，如图3-26所示。

填写决策单，单击“提交”按钮，提交给财务总监审批。

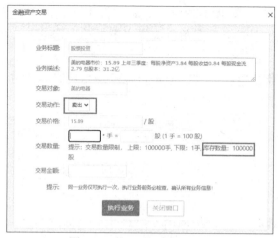

图3-26 执行卖出股票业务

(2) 财务总监进行审批。审批通过后，资金管理角色执行审批单。

3.6 录入凭证

企业发生的大部分业务通过执行"信息管理"→"共享服务中心"→"报账审核"命令来完成(见图3-27)。

图3-27 进入报账审核界面

视频：资金管理-系统制单

资金管理角色进入报账审核界面后，针对左侧显示"未处理"状态的单据，根据相关单据进行操作，在右侧依次选择"单据类型""业务类型""单据简称"(见图3-28)。如涉及付款的进账单，还需判断是否存在现金折扣，将恰当的金额填入"现金折扣"一栏。

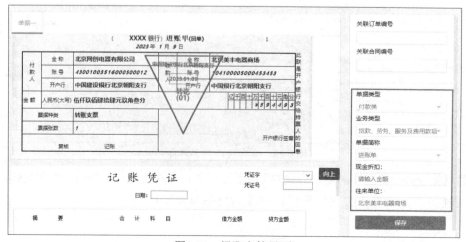

图3-28 报账审核界面

企业每月末的账务需要手工录入，具体操作流程如下。

1. 计提产品质量保证金

每个月应按当月主营业务收入金额的2%～4%计提产品质量保证金。资金管理角色可在试算平衡表中查看到本月的主营业务收入金额(见图3-29)。

视频：手工录入无原始单据质量保证金

图3-29　通过试算平衡表查看主营业务收入

根据上述主营业务收入金额，自行计算出产品质量保证金的金额。

资金管理角色依次选择"总账系统""凭证录入""直接录入，无原始凭证"，填制产品质量保证金记账凭证(见图3-30)。

图3-30　填制产品质量保证金记账凭证

2. 分摊租赁费

需要分摊的租赁费包括厂房、办公用房、生产线的租金。由于租赁开始日支付了4个月的租金,因此这项租金需要分摊到每个月去核算。

【注意】第一个月月末不用分摊,在收到发票后,系统已经自动将第一个月的租金从总租金中分离出来。第二、三个月月末才需要手动操作分摊租赁费。

在第二个月月末、第三个月月末分摊租赁费时,可通过以下方式录入凭证。

资金管理角色查看2023年1月租赁费的记账凭证,以抽油烟机生产线租赁费为例,1月计入"生产成本——抽油烟机——制造费用"科目的金额为176 991.15元,如图3-31所示。

图3-31　查询2023年1月生产线租赁费记账凭证

在2023年2月末、3月末,该科目均应计入同样的金额,会计分录如下。

借:生产成本——抽油烟机——制造费用　　　　　　176 991.15
　　贷:预付账款——北京上佳机械制造有限公司　　　　176 991.15

第4章 财务总监实践

在本平台中，财务总监主要负责凭证审核、凭证检查、凭证过账、结转损益、期末结账、生成财务报表等工作。与此同时，财务总监还需要及时监控企业的财务状况、各项业务进展，并负责企业各项运营决策、电子报税的审批。运营决策和电子报税的审批在第2章与第5章有所介绍，本章不再赘述。本章将对上述财务相关工作内容展开介绍。

4.1 凭证审核

在资产管理提交记账凭证后，财务总监要进行凭证审核。

财务总监依次选择"信息管理""共享服务中心""会计核算""总账系统"，进入业务管理界面(见图4-1)。

视频：财务总监-凭证审核

图4-1 总账系统业务管理界面

财务总监单击"凭证审核"，系统将弹出会计分录序时簿，选中本次需要审核的凭证，根据记录事项重点确认借贷方的科目、金额，确认无误后，单击"审核"按钮。如所有凭证里的借贷方科目、金额均无误，可直接单击"批量审核"按钮，完成审核流程，如图4-2所示。

图4-2 审核记账凭证

假如资金管理认为有必要对已审核的记账凭证进行修改,则财务总监要对该凭证进行反审核,操作方法为在会计分录序时簿中选中需要反审核的凭证,单击"反审核"按钮,如图4-3所示。

图4-3 反审核记账凭证

4.2 凭证检查

财务总监可随时对会计凭证进行检查。操作方法为在总账系统业务管理界面单击"凭证检查",可查看每张会计凭证的详细内容,包括摘要、借贷科目、金额及附件资料等。"记-××"为凭证编号,如果发现凭证编号不连续,说明有些凭证在此之前由于金额或科目错误等原因被删除了。规范的会计凭证应当连续编号,此时,财务总监应单击"整理凭证号"按钮,系统将自动为凭证重新排序编号,如图4-4所示。

视频:财务总监-凭证检查

图4-4 凭证检查界面

4.3 凭证过账

经过审核的记账凭证应及时过账，财务总监在总账系统业务管理界面单击"凭证过账"。进入凭证过账界面，在相应的月份一行单击"过账"按钮，如图4-5所示。每个月可以重新过账多次，如过账后记账凭证存在被反审核、修改的情形，该凭证应被重新审核、重新过账。

视频：财务总监-凭证过账

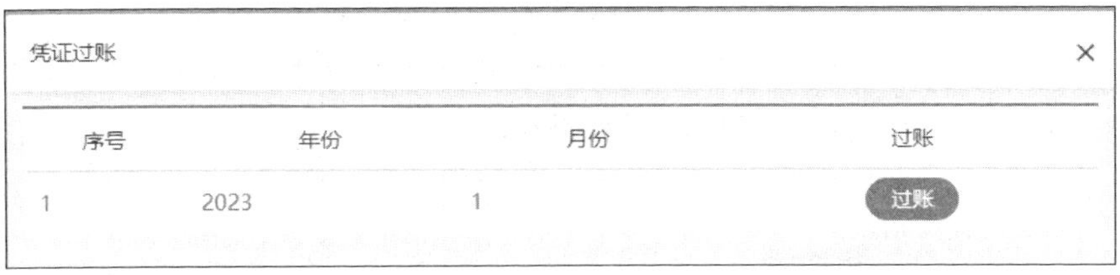

图4-5　凭证过账界面

4.4 结转损益

根据企业会计准则和税法的要求，企业需要在月末将损益结转到利润表和纳税申报表中，以满足报表披露和纳税义务的要求。如果企业没有及时结转损益，就会影响财务报表的编制和报送，可能导致信息披露不完整或误导投资者。

月末，财务总监在完成凭证审核、过账后，在总账系统业务管理界面单击"结转损益"。进入结转损益界面，在相应的月份一行单击"结转损益"按钮，如图4-6所示。

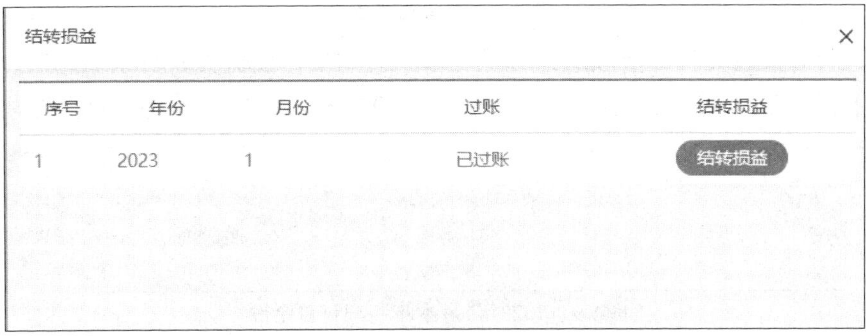

图4-6　结转损益界面

结转损益后，系统将自动生成结转损益的会计凭证，并弹出提示窗口(见图4-7)，提示财务总监重新审核与结转损益相关的会计凭证并重新过账。

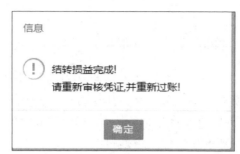

图4-7　结转损益后提示重新审核凭证并重新过账

重新过账后，财务总监可在总账系统的"账簿报表"模块依次单击"总账"→"已过账"按钮，查看总账科目余额情况，如图4-8所示。

图4-8　查阅总账界面

此时，所有损益类科目余额均结转至"本年利润"，损益类科目余额为0。如图4-9所示，"本年利润"在2023年1月末的余额是-165 702.03元，说明经过1个月的经营，企业亏损了165 702.03元。

科目代码	科目名称	年	月	日	凭证字号	摘要	借方	贷方		余额
4103	本年利润	2023	1	1		建账初始余额	0.00	0.00	贷	0.00
		2023	1	31	汇	本期合计	3517284.03	3351582.00	贷	-165702.03

图4-9　2023年1月本年利润科目余额

4.5　期末结账

财务总监完成期末结转损益之后，一般要求立即进行期末结账，以免资金管理角色、成本管理角色后续的操作导致本月已结转的数据不准确。

视频：财务总监-期末结账

期末结账的操作方式为：财务总监在总账系统业务管理界面单击"期末结账"，如图4-10所示。进入期末结账界面，单击"期末结账"按钮，根据提示单击"确定"按钮完成结账。

图4-10　进入期末结账界面

结账以后，如果财务总监发现以往期间的账目有误，可以进行"反结账"操作。待资金管理角色修改账目后，财务总监重新进行结转及结账。

4.6　生成财务报表

财务总监在总账系统的"账簿报表"模块依次选择"资产负债表""利润表"，单击"生成报表"按钮后查看本月报表，如图4-11所示。

视频：财务总监-生成报表

序号	年份	月份	过账	结转损益	期末结账	操作
1	2023	1	已过账	已结转损益	已期末结账	生成报表　查看报表
2	2023	2	未过账	未结转损益	未期末结账	生成报表　查看报表

图4-11　生成2023年1月的利润表

4.7 财务指标分析及杜邦分析图

在生成报表后，系统将计算出企业的各项财务指标，并生成杜邦分析图。财务总监可在"账簿报表"模块选择"财务指标"，查看各项财务指标的计算结果；选择"杜邦分析图"，查看杜邦分析的分解图，如图4-12所示。

图4-12 账簿报表模块界面

4.7.1 财务指标分析

财务分析是以企业财务报表为主要信息，并结合其他信息来源，综合评价企业当前的状况、预测未来发展趋势、帮助报表使用者做出相应决策的一种专门技术。财务分析是财务总监工作中的必备技能。财务总监可通过财务分析的结果，总结经验，挖掘企业的未来发展潜力。

财务指标分析是财务分析中的主体部分，包括偿债能力指标分析、营运能力指标分析、盈利能力指标分析等，各类分析相辅相成。

1. 偿债能力指标分析

偿债能力是指企业偿还到期债务(包括本息)的能力。偿债能力指标分析包括短期偿债能力分析和长期偿债能力分析。

1) 短期偿债能力分析

短期偿债能力是指企业流动资产对流动负债及时足额偿还的保证程度，用于衡量企业当前的财务能力，特别是流动资产变现能力。企业短期偿债能力分析主要采用比率分析法，衡量指标主要有流动比率、速动比率和现金流动负债比率。

(1) 流动比率。它是流动资产与流动负债的比率，反映了企业的流动资产偿还流动负

债的能力。其计算公式为

$$流动比率 = 流动资产 \div 流动负债$$

一般情况下，流动比率越高，企业短期偿债能力越强，因为该比率越高，不仅反映企业拥有较多的营运资金抵偿短期债务，而且表明企业可以变现的资产数额较大，此时债权人的风险越小。但是，过高的流动比率并不都是好现象。

从理论上讲，流动比率维持在2∶1是比较合理的，但是行业性质不同，流动比率的实际标准也不同。在分析流动比率时，应将其与同行业平均流动比率、本企业历史流动比率进行比较，才能得出合理的结论。

(2) 速动比率。它又称酸性测试比率，是企业速动资产与流动负债的比率。其计算公式为

$$速动比率 = 速动资产 \div 流动负债$$

其中，

$$速动资产 = 流动资产 - 存货$$

或者

$$速动资产 = 流动资产 - 存货 - 预付账款$$

计算速动比率时，流动资产中扣除存货，是因为存货在流动资产中变现速度较慢，有些存货可能滞销，无法变现。而预付账款根本不具有变现能力，只是减少企业未来的现金流出量，理论上也应加以剔除。实务中，由于它们在流动资产中所占的比重较小，计算速动资产时也可以不扣除。

传统经验认为，速动比率维持在1∶1较为正常，它表明企业每1元的流动负债就有1元易于变现的流动资产来抵偿，短期偿债能力有可靠的保证。

速动比率过低，企业的短期偿债风险较大，速动比率过高，企业在速动资产上占用资金过多，会增加企业投资的机会成本。但是，以上评判标准均不是绝对的。

(3) 现金流动负债比率。它是企业一定时期的经营现金净流量与流动负债的比率，可以从现金流量角度来反映企业当期偿付短期负债的能力。其计算公式为

$$现金流动负债比率 = 年经营现金净流量 \div 年末流动负债$$

其中，年经营现金净流量是一定时期内由企业经营活动所产生的现金及现金等价物的流入量与流出量的差额。

该指标从现金流入和流出的动态角度对企业实际偿债能力进行考察，用该指标评价企业偿债能力更为谨慎。该指标较大，表明企业经营活动产生的现金净流量较多，能够保障企业按时偿还到期债务。但是，该指标也不是越大越好，太大则表示企业流动资金利用不充分，收益能力不强。

2) 长期偿债能力分析

长期偿债能力是指企业偿还长期负债的能力，是企业财务状况稳定与否及安全程度高低的重要标志。其分析指标主要有资产负债率、权益乘数、负债与有形净资产比率、利息保障倍数4项。

(1) 资产负债率。它又称负债比率，是企业的负债总额与资产总额的比率。它表示企

业资产总额中,债权人提供资金所占的比重,以及企业资产对债权人权益的保障程度。其计算公式为

$$资产负债率=(负债总额\div资产总额)\times100\%$$

资产负债率高低对企业的债权人和所有者具有不同的意义。债权人希望资产负债率越低越好,此时,其债权的保障程度就越高。而对企业所有者而言,投入资本的收益率更为重要,只要企业的总资产收益率高于借款的利息率,负债越多,即资产负债率越大,所有者的投资收益越大。

一般情况下,企业负债经营规模应控制在一个合理的水平,负债比重应掌握在一定的标准内。

(2) 权益乘数。它又称股本乘数,是指资产总额相当于股东权益的倍数。权益乘数越大,表明所有者投入企业的资本占全部资产的比重越小,企业负债的程度越高;反之,该比率越小,表明所有者投入企业的资本占全部资产的比重越大,企业的负债程度越低,债权人权益受保护的程度越高。其计算公式为

$$权益乘数=资产总额\div股东权益总额$$

或者

$$权益乘数=1/(1-资产负债率)$$

权益乘数较大,表明企业负债较多,一般会导致企业财务杠杆率较高,财务风险较大,在企业管理中必须寻求一个最优资本结构,从而实现企业价值最大化。再如,在借入资本成本率小于企业的资产报酬率时,借入资金首先会产生避税效应(债务利息税前扣除),同时杠杆扩大,使企业价值随债务增加而增加。但是,杠杆扩大也使企业的破产可能性上升,而破产风险又会使企业价值下降,等等。

(3) 负债与有形净资产比率。它是负债总额与有形净资产的比例,表示企业有形净资产对债权人权益的保障程度,其计算公式为

$$负债与有形净资产比率=(负债总额\div有形净资产)\times100\%$$

$$有形净资产=所有者权益-无形资产-递延资产$$

企业的无形资产、递延资产等一般难以作为偿债的保证,从净资产中将其剔除可以更合理地衡量企业清算时对债权人权益的保障程度。该比率越低,表明企业长期偿债能力越强。

(4) 利息保障倍数。它又称已获利息倍数,是企业息税前利润与利息费用的比率,是衡量企业偿付负债利息能力的指标。其计算公式为

$$利息保障倍数=息税前利润\div利息费用$$

利息费用是指本期发生的全部应付利息,包括流动负债的利息费用,长期负债中进入损益的利息费用,以及进入固定资产原价中的资本化利息。利息保障倍数越高,说明企业支付利息费用的能力越强;利息保障倍数越低,说明企业难以保证用经营所得来及时足额地支付负债利息。因此,它是衡量企业偿债能力强弱的主要指标。合理地确定企业的利息保障倍数,需将该指标与其他企业,特别是同行业平均水平进行比较。根据稳健原则,应以指标最低年份的数据作为参照。一般情况下,利息保障倍数不能低于1。

2. 营运能力指标分析

营运能力指标分析是指通过计算企业资金周转的有关指标分析其资产利用的效率，是对企业管理层管理水平和资产运用能力的分析。

1) 应收款项周转率

应收款项周转率也称应收款项周转次数，是一定时期内商品或产品主营业务收入净额与平均应收款项余额的比值，是反映应收款项周转速度的一项指标。其计算公式为

$$应收款项周转率(次数) = 主营业务收入净额 \div 平均应收账款余额$$

其中，

$$主营业务收入净额 = 主营业务收入 - 销售折让与折扣$$

$$平均应收账款余额 = (应收款项年初数 + 应收款项年末数) \div 2$$

$$应收款项周转天数 = 360 \div 应收款项周转率 = (平均应收账款 \times 360) \div 主营业务收入净额$$

应收款项包括应收账款净额和应收票据等全部赊销账款。应收账款净额是指扣除坏账准备后的余额；应收票据如果已向银行办理了贴现手续，则不应包括在应收款项余额内。

应收款项周转率反映了企业应收账款变现速度的快慢及管理效率的高低，周转率越高，表明收账迅速，账龄较短；资产流动性强，短期偿债能力强；可以减少收账费用和坏账损失，从而相对增加企业流动资产的投资收益。

同时，借助应收账款周转期与企业信用期限的比较，还可以评价购买单位的信用程度，以及企业原定的信用条件是否适当。

评价一个企业应收款项周转率是否合理，应与同行业的平均水平相比较而定。

2) 存货周转率

存货周转率也称存货周转次数，是企业一定时期内的主营业务成本与存货平均余额的比率，它是反映企业的存货周转速度和销货能力的一项指标，也是衡量企业生产经营中存货营运效率的一项综合性指标。其计算公式为

$$存货周转率(次数) = 主营业务成本 \div 存货平均余额$$

$$存货平均余额 = (存货年初数 + 存货年末数) \div 2$$

$$存货周转天数 = 360 \div 存货周转率 = (平均存货 \times 360) \div 主营业务成本$$

存货周转速度快慢，不仅反映出企业采购、仓储、生产、销售各环节管理工作状况的好坏，而且会对企业的偿债能力及获利能力产生决定性的影响。一般来说，存货周转率越高越好。存货周转率越高，表明其变现的速度越快，周转额越大，资金占用水平越低。存货占用水平越低，存货积压的风险就越小，企业的变现能力及资金使用效率就越好。但是，分析存货周转率应注意剔除存货计价方法不同所产生的影响。

3) 总资产周转率

总资产周转率是企业主营业务收入净额与平均资产总额的比率，可以用来反映企业全部资产的利用效率，其计算公式为

$$总资产周转率 = 主营业务收入净额 \div 平均资产总额$$

$$平均资产总额 = (期初资产总额 + 期末资产总额) \div 2$$

平均资产总额应按分析期的不同分别加以确定，并应当与作为分子的主营业务收入净

额在时间上保持一致。

总资产周转率反映了企业全部资产的使用效率。该周转率高，说明全部资产的经营效率高，取得的收入多；该周转率低，说明全部资产的经营效率低，取得的收入少。它最终会影响企业的盈利能力，应采取各种措施提高企业的资产利用程度(如提高销售收入或处理多余的资产)。

4) 固定资产周转率

固定资产周转率是指企业年销售收入净额与固定资产平均净值的比率。它是反映企业固定资产周转情况，从而衡量固定资产利用效率的一项指标。其计算公式为

$$固定资产周转率=销售收入净额÷固定资产平均净值$$

$$固定资产平均净值=(期初固定资产净值+期末固定资产净值)÷2$$

固定资产周转率高，不仅表明企业充分利用了固定资产，同时也表明企业固定资产结构合理，投资得当，能够充分发挥其效率。反之，固定资产周转率低，表明固定资产使用效率不高，提供的生产成果不多，企业的营运能力欠佳。

在实际分析该指标时，应剔除某些因素的影响。一方面，固定资产的净值随着折旧计提而逐渐减少，随固定资产更新而突然增加。另一方面，由于折旧方法不同，固定资产净值缺乏可比性。

3. 盈利能力指标分析

盈利能力是指企业赚取利润的能力，是企业重要的财务能力之一。无论投资者、债权人还是经营者，都非常重视和关心企业的盈利能力。利润的源头是收入，利润取得的基础是资产，资产取得首先要融资。因此，可从收入、资产、融资三个方面对企业的盈利能力进行分析。

1) 与收入相关的盈利能力指标

与收入相关的盈利能力指标，主要以营业收入为基础计算，通过利润表中各项目与营业收入的比较，求得单位营业收入的盈利水平。

(1) 营业利润率。它是企业一定时期营业利润与营业收入的比例，体现每1元的营业收入能够企业带来多少营业利润，其计算公式为

$$营业利润率=营业利润÷营业收入×100\%$$

营业利润是企业利润的主要来源，决定了企业的获利水平、获利的稳定性和持久性。营业利润率越高，表明企业市场竞争力越强，盈利能力越强。

(2) 销售净利率。它是净利润与营业收入的比例，该指标可衡量企业营业收入的盈利能力，即每1元的营业收入中所获取的净利润。其计算公式为

$$销售净利率=净利润÷营业收入×100\%$$

2) 与资产相关的盈利能力指标

常用的与资产相关的盈利能力指标是资产净利率。资产净利率是企业净利润与平均资产总额的比率，反映企业运用全部资产所获得利润的水平，即公司每占用1元的资产平均能获得多少元的利润。该指标越高，表明企业投入产出水平越高，资产运营越有效，成本费用的控制水平越高，体现企业的管理水平。其计算公式为

$$资产净利率 = 净利润 \div 平均资产总额 \times 100\%$$

平均资产总额为期初资产总额与期末资产总额的平均数。资产净利率越高，表明企业资产利用的效率越好，整个企业盈利能力越强，经营管理水平越高。考察资产净利润率时，应关注企业的债务利息率。当企业的资产利润率大于债务利息率时，说明企业所借债务为盈利做出了贡献，反之则表明由每1元的债务所产生的收益还不足以弥补其给企业所带来的利息支出。

3) 与融资相关的盈利能力指标

与融资相关的盈利能力指标反映投资者投资的盈利能力，主要有权益净利率、每股收益、市盈率等。权益净利率亦称净值报酬率或净资产收益率，是指企业一定时期内的净利润与平均净资产的比率。它可以反映投资者投入企业的自有资本获取净收益的能力，即反映投资与报酬的关系，因而是评价企业资本经营效率的核心指标。其计算公式为

$$权益净利率 = 净利润 \div 平均净资产 \times 100\%$$

净利润是指企业的税后利润，是未做任何分配的数额。

平均净资产是企业年初所有者权益与年末所有者权益的平均数。

$$平均净资产 = (所有者权益年初数 + 所有者权益年末数) \div 2$$

4.7.2 企业综合绩效分析——杜邦分析体系

在财务决策平台上，系统将根据企业期末的资产负债表、利润表及企业运营的其他相关数据，自动计算出财务指标，并绘制出杜邦分析图，如图4-13所示。

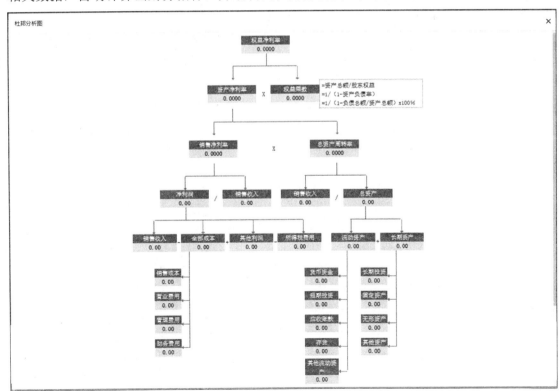

图4-13 杜邦分析图

第 5 章　成本管理实践

成本管理角色承担的业务工作内容包括发票管理、成本核算及纳税申报。发票管理可在月末统一处理，也可以随着运营管理的业务发生进度同步处理；成本核算统一在每月月末处理，成本核算表的填制有顺序要求，成本核算表是资金管理填制凭证的原始单据，填制完一张成本核算表，填制一张记账凭证。在本平台中，纳税申报包括增值税、其他税费及企业所得税的纳税申报，在次月15日前完成申报。

5.1　发票管理

5.1.1　发票管理概述

视频：成本管理-发票业务

发票管理工作包括采购发票管理和销售发票管理。其中，采购发票管理包含发票索取、集中认证、提交报账等；销售发票管理包含发票开具和提交报账等，如图5-1所示。

图5-1　发票管理界面

企业发生采购业务，成本管理角色必须索取发票；索取的发票经过集中认证，后期成本管理角色才不会遗漏未认证的发票；成本管理角色将索取的发票提交报账，发票将传输到资金管理角色；资金管理角色在共享服务中心的报账审核中可查看已报账的相应的发票单据。

企业发生销售业务，成本管理角色必须开具发票，将开具的发票提交报账，发票将传输到资金管理角色，资金管理角色在共享服务中心的报账审核中可查看到已报账的相应发票单据。每期期末成本管理角色应当检查发票管理业务是否完成，避免票据遗漏，造成资金管理账务业务内容不全，导致财务报表出错。

5.1.2 发票管理实操

成本管理角色单击界面右下角的“快速开始”快捷菜单中的“发票管理”，进入发票管理界面，如图5-2所示。

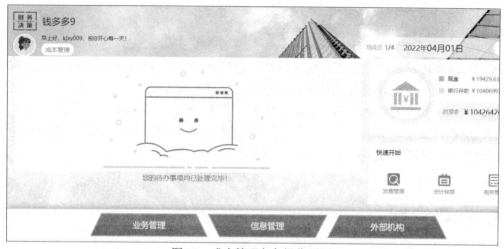

图5-2 成本管理角色操作界面

1. 采购发票管理

(1) 索取发票：进入发票管理界面，选择“采购发票管理”，单击“发票索取”，进入索取发票界面，根据企业发生的业务实际行为，可选择“采购索票”或“易货索票”。“采购索票”是指企业与供货商发生的日常购买材料的购货行为；“易货索票”是指企业发生以货易货的行为，例如企业以产品抽油烟机交换电视机原材料。在以货易货的行为中，易进的商品视同购入，取得进货发票；易出的商品视同出售，开具发票。

进入索取发票界面，选择“采购索票”选项卡，操作状态“索取发票”为蓝色，表示可索取；为深灰色，表示已索取，如图5-3所示。

索取发票

采购索票 | 易货索票

操作类型	合同名称	交易日期	到货日期	开票日期	状态	操作
购买原材料	采购原材料[抽油烟机电机]数量[1000.00]	2022-03-01	2022-03-02		未完成	索取发票 | 查看发票
购买原材料	采购原材料[抽油烟机辅料]数量[1200.00]	2022-02-21	2022-02-24	2022-02-28	已完成	索取发票 | 查看发票
购买原材料	采购原材料[抽油烟机电机]数量[1200.00]	2022-02-21	2022-02-24	2022-02-28	已完成	索取发票 | 查看发票
购买原材料	采购原材料[电视机辅料]数量[1200.00]	2022-02-20	2022-02-25	2022-02-28	已完成	索取发票 | 查看发票
购买原材料	采购原材料[电视机显示屏]数量[1200.00]	2022-02-20	2022-02-21	2022-02-28	已完成	索取发票 | 查看发票
购买原材料	采购原材料[电视机辅料]数量[1200.00]	2022-02-15	2022-02-19	2022-02-28	已完成	索取发票 | 查看发票
购买原材料	采购原材料[电视机显示屏]数量[1200.00]	2022-02-15	2022-02-18	2022-02-28	已完成	索取发票 | 查看发票
购买原材料	采购原材料[抽油烟机辅料]数量[1200.00]	2022-02-09	2022-02-11	2022-02-28	已完成	索取发票 | 查看发票

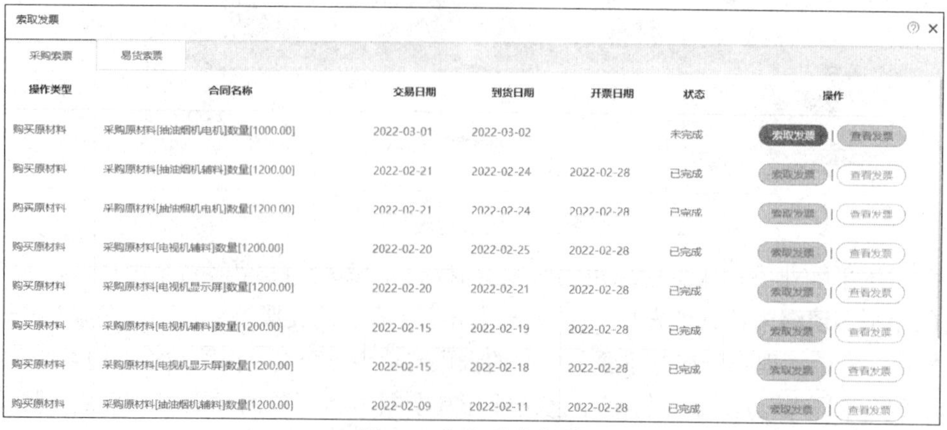

图5-3 索取采购发票

进入索取发票界面，选择"易货索票"选项卡，操作状态"索取发票"为蓝色，表示可索取；为深灰色，表示已索取，如图5-4所示。

图5-4 索取易货发票

(2) 集中认证：进入发票管理界面，选择"采购发票管理"，单击"集中认证"，进入集中认证界面，单击"确定"按钮，界面弹出信息框"操作成功"，单击"确定"按钮即可。已完成集中认证，集中认证界面将会无内容。集中认证界面如图5-5所示。

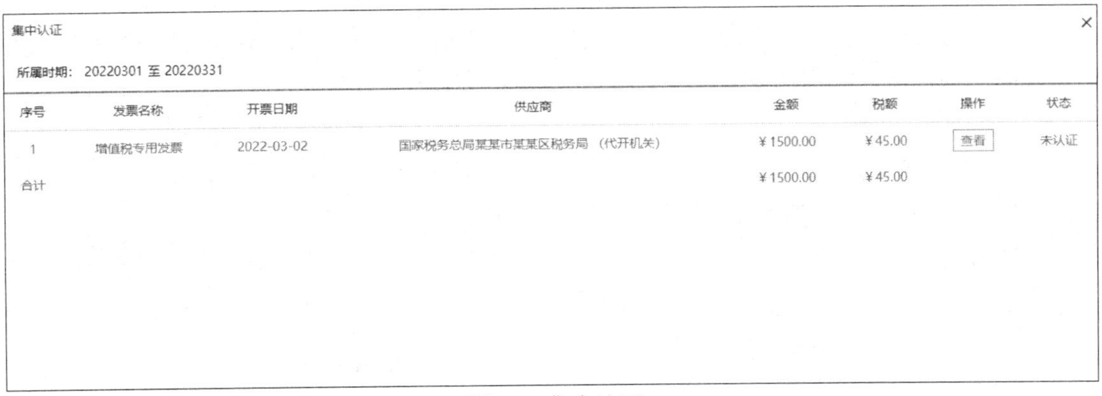

图5-5 集中认证

(3) 提交报账：进入发票管理界面，选择"采购发票管理"，单击"提交报账"按钮，弹出请选择操作信息框后，再单击"确定"按钮，则会弹出信息框，提示"已将×条记录提交报账"(×表示完成报账的数量)，如图5-6所示。此时单击"确定"按钮，即完成报账工作。在完成报账工作的情况下，再单击"提交报账"按钮，会弹出信息提示"当前不存在已认证发票需要提交报账"。

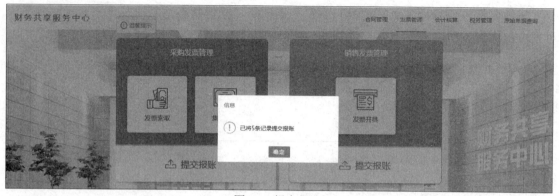

图5-6 提交报账

2. 销售发票管理

(1) 发票开具：进入发票管理界面，选择"销售发票管理"，单击"发票开具"，进入开具发票界面。根据企业发生的业务实际行为，依次选择"产品销售开票""出售材料、固定资产开票""易货开票"。"产品销售开票"是指企业销售产品，开具发票。"出售材料、固定资产开票"是指企业出售材料、开具固定资产发票。"易货开票"是指企业发生以货易货行为，对于易出的货物视同销售处理，开具发票。

在产品销售开票界面，尚未开具的发票，在操作栏状态显示蓝色底纹"开具发票"；已开具的发票，在操作状态栏显示灰色字体"查看发票"，如图5-7所示。

序号	合同名称	客户名称	合同产品	产品数量	单价	库存数量	到期时间	发货时间	操作
1	抽油烟机订单500-03	京东网上商城	抽油烟机	500	1920.35	581	2022-03-21	2022-03-02	开具发票
2	电视订单600-03	宁波广达电器商场	电视机	600	2244.76	186	2022-02-28	2022-02-26	查看发票
3	电视订单600-04	苏州兴贸电器商场	电视机	600	2244.76	186	2022-02-28	2022-02-26	查看发票
4	抽油烟机订单500-02	宁波广达电器商场	抽油烟机	500	1902.45	581	2022-03-14	2022-02-24	查看发票
5	抽油烟机订单1000-02	上海信达电器批发有限公司	抽油烟机	1000	1820.24	581	2022-02-22	2022-02-19	查看发票
6	电视订单800-03	北京麦琳电器商场	电视机	800	2271.36	186	2022-02-28	2022-02-15	查看发票
7	电视订单600-02	上海易德电器批发有限公司	电视机	600	2271.36	186	2022-02-14	2022-02-12	查看发票
8	抽油烟机订单800-03	宁波广达电器商场	抽油烟机	600	1780.28	581	2022-03-02	2022-02-08	查看发票

图5-7 产品销售开票

在出售材料、固定资产开票界面，已完成开票，操作栏会显示灰色底纹"开具发票"和灰色字体"查看发票"，状态栏显示"已完成"，如图5-8所示。

图5-8 出售材料、固定资产开票

在易货开票界面,操作栏会显示灰色底纹"开具发票"和灰色字体"查看发票",状态栏显示"已完成",如图5-9所示。

图5-9 易货开票

(2) 提交报账:进入发票管理界面,选择"销售发票管理",单击"提交报账"按钮,弹出"请选择操作"信息框后,单击"确定"按钮(见图5-10),则会弹出信息框,提示"已将×条记录提交报账"(×表示完成报账的数量),此时单击"确定"按钮,即完成报账工作。在完成报账工作的情况下,单击"提交报账"按钮,会弹出信息提示"当前不存在已认证发票需要提交报账"。

图5-10 提交报账

5.2 成本核算

5.2.1 成本核算概述

成本管理角色单击界面右下角的"快速开始"快捷菜单中的"会计核算",进入会计核算界面,单击"成本核算"(如图5-11),进入成本核算界面。

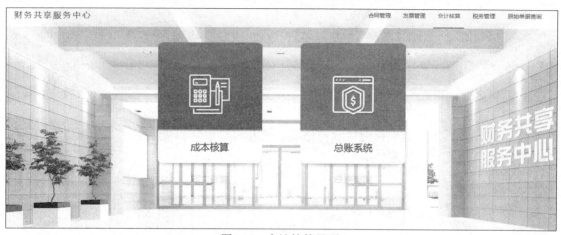

图5-11 会计核算界面

成本管理角色需要填制的成本计算表主要有工资薪酬费用分配表、制造费用分配表、产品成本分配表、固定资产明细表。工资薪酬费用分配表中的生产工人工资按工时标准分配;制造费用分配表中的制造费用按机械工时分配;产品成本分配表中的完工品与在产品采用约当产量法标准分配,原材料为一次性投入;固定资产采用直线法计提折旧,残值为0,年限为3年。成本核算界面如图5-12所示。

图5-12 成本核算界面

1. 工资薪酬费用分配表

为了正确计算产品的生产成本，必须合理地分配生产工人工资生产成本。在只生产一种产品的情况下，全部生产成本均属于直接计入费用，直接计入这种产品的生产成本；在生产多种产品的情况下，生产成本采用人工工时比例法分配。人工工时比例法是按照各种产品所用人工工时的比例分配生产成本的一种方法。其计算公式为

$$生产成本分配率=生产成本总额÷人工工时总额$$

$$某种产品应分配的生产成本=该种产品人工工时×生产成本分配率$$

【例】企业生产抽油烟机和电视机两种产品，分别耗用的机械工时分别为3 960天和2 400天，共发生的制造费用总额为1 453 840元。请计算抽油烟机和电视机各自应分担的生产成本金额是多少？

生产成本分配率=1 453 840÷(3 960+2 400)=228.59

抽油烟机分配的生产成本=3 960×228.59=905 221.13元

电视机分配的生产成本=1 453 840-905 221.13=548 618.87元

2. 制造费用分配表

为了正确计算产品的生产成本，必须合理地分配制造费用。在只生产一种产品的情况下，全部制造费用均属于直接计入费用，直接计入这种产品的生产成本；在生产多种产品的情况下，制造费用采用机械工时比例法分配。机械工时比例法是按照各种产品所用机械工时的比例分配制造费用的一种方法。其计算公式为

$$制造费用分配率=制造费用总额÷机械工时总额$$

$$某种产品应分配的制造费用=该种产品机械工时×制造费用分配率$$

【例】企业生产抽油烟机和电视机两种产品，耗用的机械工时分别为22天和15天，发生的制造费用总额为145 583.68元。请计算抽油烟机和电视机各自应分担的制造费用金额是多少？

制造费用分配率=145 583.68/(22+15)=3 934.69

抽油烟机分配的制造费用=22×3 934.69=86 563.27元

电视机分配的制造费用=145 583.68-86 563.27=59 020.41元

3. 产品成本分配表

完工品与在产品采用约当产量比例法，原材料一次性投入。约当产量比例法是将在产品按其完工程度折算为相当于完工产品的产量，即约当产量，然后以完工产品的产量和在产品的约当产量为依据，分配计算完工产品成本和月末在产品成本的一种方法。其计算公式为

在产品约当产量=在产品数量×完工百分比(在本平台中，完工百分比为产成品比例)

产品由直接材料、直接人工及制造费用三部分组成，相关计算公式为

完工产品成本=直接材料完工产品成本+直接人工完工产品成本+制造费用完工产品成本

月末在产品成本=直接材料月末在产品成本+直接人工月末在产品成本
+制造费用月末在产品成本

月初在产品费用+本月生产费用=本月完工产品费用+月末在产品费用

【例】 企业生产抽油烟机，月初无在产品成本，本期生产费用直接材料费用为5 476 902.5元，本期生产费用直接人工费用为905 221.13元，本期生产费用制造费用为263 554.42元，完工产品产量为3698件，月末在产品量为540件，产成品比例为0，则该产品的月末在产品成本、完工产品成本及单位成本分别为多少？

直接材料月末在产品约当产量=540×100%=540件

直接人工月末在产品约当产量=540×0=0件

制造费用月末在产品约当产量=540×0=0件

直接材料完工品成本=5 476 902.5/(3 698+540)×3 698=477 9043.29元

直接人工完工品成本=905 221.13/(3 698+0)×3 698=905 221.13元

制造费用完工品成本=263 554.42/(3 698+0)×3 698=263 554.42元

完工产品成本=直接材料完工产品成本+直接人工完工产品成本+制造费用完工产品成本
　　　　　=4 779 043.29+905 221.13+263 554.42=5 947 818.84元

月末在产品成本=(月初在产品成本+本月生产费用)-完工产品成本
　　　　　=(5 476 902.5+905 221.13+263 554.42)-5 947 818.84=697 859.21元

单位成本=完工产品成本合计/完工产品产量=5 947 818.84/3698=1 608.39元

4. 固定资产明细表

固定资产采用直线法计提折旧，按月计提。月折旧额的计算公式为

$$月折旧额=固定资产原值/(年份数×12个月)$$

在本平台中，需要计提折旧的资产有笔记本电脑、复印机、打印机等。

【注意】 成本计算表按工资薪酬费用分配表、制造费用分配表及完工品分配表的顺序填写。成本核算在每期期末由成本管理角色与资金管理角色相互配合完成。第一步由成本管理角色填写工资薪酬费用分配表，第二步由资金管理角色完成工资薪酬费用分配表的制单，第三步由成本管理角色填写制造费用分配表，第四步由资金管理角色完成制造费用分配表的制单，第五步由成本管理角色填写完工品分配表，第六步由资金管理角色完成完工品分配表的制单。

5.2.2 成本核算实例

1. 工资薪酬费用分配表

成本管理角色单击界面右下角的"快速开始"快捷菜单中的"会计核算"，进入会计核算界面，单击"成本核算"，进入成本核算界面。选择成本核算日期，然后选择需要填制的单据类型"工资薪酬费用分配表"，最后单击"新增"按钮，如图5-13所示。

视频：成本管理-工资薪酬费用分配

视频：资金管理-手工录入工资分录

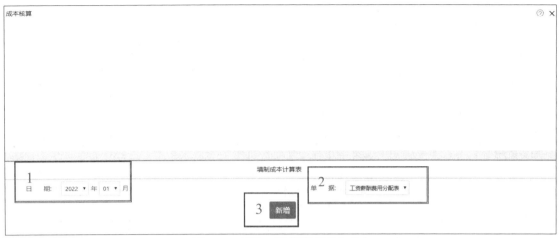

图5-13 新增工资薪酬费用分配表

根据工资薪酬费用分配表界面提供的薪酬类费用表(见图5-14)、工资汇总表(见图5-15)、工时汇总表(见图5-16)原始数据，完成工资薪酬费用分配表(见图5-17)。

部门名称	人员类别	人数	工资	工会经费	福利费	职工教育经费	社保单位部分	总和
生产部	生产线管理人员	10	40000.00	800.00	5000.00	600.00	6560.00	52960.00
生产部	生产人员	340	1020000.00	20400.00	170000.00	20400.00	223040.00	1453840.00
销售部	销售人员	10	119966.20	2399.32	5000.00	600.00	6560.00	134525.52
综合管理部	管理人员	5	20000.00	400.00	2500.00	300.00	3280.00	26480.00
合计		365	1199966.20	23999.32	182500.00	21900.00	239440.00	1667805.52

图5-14 薪酬类费用表

单位：钱多多9 日期：20220228

部门名称	人员类别	人数	基本工资	绩效工资	应发工资	社保个人部分	个税	实发工资	社保单位部分
生产部	生产线管理人员	10	40000.00	0.00	40000.00	2010.00	89.70	37900.30	6560.00
生产部	生产人员	340	1020000.00	0.00	1020000.00	68340.00	0.00	951660.00	223040.00
销售部	销售人员	10	20000.00	99966.20	119966.20	2010.00	11041.24	106914.96	6560.00
综合管理部	管理人员	5	20000.00	0.00	20000.00	1005.00	44.85	18950.15	3280.00
合计		365	1100000.00	99966.20	1199966.20	73365.00	11175.79	1115425.41	239440.00

图5-15 工资汇总表

图5-16 工时汇总表

应借科目	成本或费用项目	直接计入	分配计入		工资费用合计
			分配标准	分配金额（分配率）	
生产成本	抽油烟机	直接人工			
生产成本	电视机	直接人工			
生产成本	微波炉	直接人工			
生产成本	小计	—			
管理费用	—	工资			
销售费用	—	工资			
制造费用	—	工资			
研发支出	—	工资			
其他业务成本	—	工资			
其他业务成本	—	工资			
合计			—	—	

图5-17 工资薪酬费用分配表

生产工人工资计入"生产成本"会计科目，如果企业只生产一种产品，生产工人工资无须填写"分配计入"列，直接填写"直接计入"列。如果企业生产两种产品，生产工人工资不需要填写"直接计入"列，直接填写"分配金额"及"工资费用合计"列。由图5-16可知，该企业生产抽油烟机和电视机两种产品。图5-15中生产部的生产工人工资应按人工工时分摊，分配标准即为人工工时，分配率为生产工人工资总额除以工人工时之和。抽油烟机分摊的生产工人工资为分配标准乘以分配率，得出的金额直接填入"工资费用合计"列。

生产工人工资总额来自图5-14"生产部"，人员类别为"生产人员"，总和为1 453 840元。生产成本分配率=1 453 840/(3 960+2 400)=228.59，分配标准来自图5-16"人工工时"。

部门名称为"销售部"，人员类别为"销售人员"，计入"销售费用"科目，工资薪酬费用分配表中的金额来自图5-14"销售部"，人员类别为"销售人员"，总和为134 525.52元。

部门名称为"综合管理部"，人员类别为"管理人员"，计入"管理费用"科目，工资薪酬费用分配表中的金额来自图5-14"综合管理部"，人员类别为"管理人员"，总和为26 480.00元。

部门名称为"生产部"，人员类别为"生产线管理人员"，计入"制造费用"科目，工资薪酬费用分配表中的金额来自图5-14"生产部"，人员类别为"生产线管理人员"，总和为52 960.00元。填列完成的工资薪酬费用分配表如表5-1所示。

表5-1 工资薪酬费用分配表　　　　　　　　　　　　　　　　单位：元

应借科目	成本或费用项目	直接计入	分配计入		工资费用合计
			分配标准	分配金额（分配率）	
生产成本	抽油烟机	直接人工	0	3 960.00	228.59	905 221.13
生产成本	电视机	直接人工	0	2 400.00	228.59	548 618.87
生产成本	微波炉	直接人工	0	0	0	0
生产成本	小计	—	0	6 360.00	0	1 453 840.00
管理费用	—	工资	26 480.00	0	0	26 480.00
销售费用	—	工资	134 525.52	0	0	134 525.52

续表

应借科目	成本或费用项目	直接计入	分配计入		工资费用合计
			分配标准	分配金额(分配率)	
制造费用	—	工资	52 960.00	0	0	52 960.00
研发支出	—	工资	0	0	0	0
其他业务成本	—	工资	0	0	0	0
其他业务成本	—	工资	0	0	0	0
合计	—	—	213 965.52	—	—	1 667 805.52（窗体底端）

资金管理角色根据编制的工资薪酬费用分配表对工资费用进行分配，具体的会计处理如下。

借：生产成本——抽油烟机——直接人工　　905 221.13
　　生产成本——电视机——直接人工　　　548 618.87
　　管理费用——工资　　　　　　　　　　　26 480.00　　　金额源自表5-1
　　销售费用——工资　　　　　　　　　　　134 525.52
　　制造费用——工资　　　　　　　　　　　52 960.00
　贷：应付职工薪酬——工资　　　　　　　1 199 966.20
　　　应付职工薪酬——工会经费　　　　　　23 999.32
　　　应付职工薪酬——职工教育经费　　　　21 900.00　　　金额源自图5-14
　　　应付职工薪酬——福利费用　　　　　　182 500.00
　　　应付职工薪酬——社保费用　　　　　　239 440.00
借：应付职工薪酬——工资　　　　　　　　84 540.79
　贷：应交税费——个人所得税　　　　　　　11 175.79　　　金额源自图5-15
　　　其他应付款——个人社保　　　　　　　73 365.00

2. 制造费用分配表

成本管理角色单击界面右下角的"快速开始"快捷菜单中的"会计核算"，进入会计核算界面。单击"成本核算"，进入成本核算界面。选择成本核算日期，再选择需要填制的单据类型"制造费用分配表"，最后单击"新增"按钮，完成如图5-18所示的制造费用分配表。

视频：成本管理-制造费用分配

视频：资金管理-手工录入制造费用

图5-18　制造费用分配表

制造费用分配标准来自图5-16"机械工时(天)",将机械工时分别填入制造费用对应的产品品种中,制造费用即制造费用明细表中的合计金额。制造费用的明细科目有低值易耗品、房屋租金、生产用电、生产用水、工资(车间管理人员工资)。制造费用明细表如图5-19所示。进入总账系统,查看明细账即可查询制造费用明细账。

制造费用明细	金额
低值易耗品	11327.43
房屋租金	61161.48
生产用电	11327.43
生产用水	8807.34
工资	52960
合计	145583.68

图5-19 制造费用明细表

制造费用金额为3 934.69元(145 583.68÷37),如图5-20所示。

制造费用分配表

车间: 2022 年 2月 单位:元

分配对象	分配标准 ( )	分配率	分配金额
抽油烟机	22	3934.69	86563.27
电视机	15	3934.69	59020.41
微波炉			
合计	37		145583.68

图5-20 编制的制造费用分配表

根据编制的制造费用分配表,结合制造费用明细表的数据,将归集的制造费用结转到生产成本科目,具体会计处理如下。

借:生产成本——抽油烟机——制造费用　　　　　86 563.27
　　生产成本——电视机——制造费用　　　　　　59 020.41
　　贷：制造费用——低值易耗品　　　　　　　　11 327.43
　　　　制造费用——房屋租金　　　　　　　　　61 161.48
　　　　制造费用——生产用电　　　　　　　　　11 327.43
　　　　制造费用——生产用水　　　　　　　　　8 807.34
　　　　制造费用——工资　　　　　　　　　　　52 960.00

3. 完工品分配表

成本管理角色单击界面右下角的"快速开始"快捷菜单中的"会计核算",进入会计核算界面。单击"成本核算",进入成本核算界面。选择成本核算日期,再选择需要填制的单据类型"完工品分配表",最后单击"新增"按钮,完成如图5-21所示的完工品分配表。生产几种产品就新增几张完工品分配表。

视频:成本管理-完工品分配

视频:资金管理-手工录入完工品入库

成本项目	月初在产品成本	本月生产费用	合计	完工产品产量	月末在产品产量	月末在产品约当产量	单位成本	月末在产品成本	完工产品成本
直接材料									
直接人工									
制造费用									
合计				—	—	—			

图5-21 完工品分配表

以抽油烟机为例，月初在产品成本来源于明细账，查询"抽油烟机——直接材料明细账"，录入"抽油烟机——直接材料期初余额"作为月初在产品成本金额；查询"抽油烟机——直接人工明细账"，录入"抽油烟机——直接人工期初余额"作为月初在产品成本金额；查询"抽油烟机——制造费用明细账"，录入"抽油烟机——制造费用期初余额"作为月初在产品成本金额。本月生产费用同理，录入"生产成本——抽油烟机各明细期末余额"。经查询可知"抽油烟机——直接材料""抽油烟机——直接人工""抽油烟机——制造费用"三个会计科目期初金额皆为0；"抽油烟机——直接材料""抽油烟机——直接人工""抽油烟机——制造费用"三个会计科目本月生产费用分别为 5 476 902.5元、905 221.13元、263 554.42元，如图5-22所示。

完工产品与月末在产品成本分配表
2022年02月28日
产品：抽油烟机

成本项目	月初在产品成本	本月生产费用	合计	完工产品产量	月末在产品产量	月末在产品约当产量	单位成本	月末在产品成本	完工产品成本
直接材料	0.00	5476902.50	5476902.50	3698.00	540.00	540.00	1292.33	697859.21	4779043.29
直接人工	0.00	905221.13	905221.13	3698.00	540.00	0.00	244.79	0.00	905221.13
制造费用	0.00	263554.42	263554.42	3698.00	540.00	0.00	71.27	0.00	263554.42
合计	0.00	6645678.05	6645678.05	--	--	--	1608.39	697859.21	5947818.84

入库单（新增）

交来单位及部门	抽油烟机车间		验收仓库		入库日期	2022-02-07		
编号	名称及规格		单位	数量		实际价格		财务联
				交库	实收	单价	金额	
CYYJ	抽油烟机			1000	1000			

图5-22 完工产品与月末在产品成本分配表

完工产品产量的查询方法如下。

在完工产品与月末在产品成本分配表界面下方，有对应产品的入库单据。入库单记录的数量表示产品完工入库数量，所有原始入库单记录的入库数量之和即为当期完工产品产量。也可通过"完工品分配表"中的"完工产品产量"查询(见图5-21)，还可通过选择"业务管理""产成品变动记录"查询入库量，得知完工产品数量，如图5-23所示。经查询得知本期完工产品产量为3 698元。

产成品变动记录						×
				2022年02月		
日期		产品		入库	出库	余额
月	日	产品编号	产品名称	数量	数量	数量
02	01		期初余额			400
02	07	CYYJ	抽油烟机	1000		1400
02	07	CYYJ	抽油烟机		1000	400
02	13	CYYJ	抽油烟机	1000		1400
02	13	CYYJ	抽油烟机		1000	400
02	20	CYYJ	抽油烟机		200	200
02	28		本期合计	3698	3800	298

图5-23　产成品变动记录

月末在产品约当产量的计算公式为

月末在产品约当产量=月末在产品产量×产成品比例

其中，月末在产品产量可由成本管理角色通过"信息管理""数据查询""生产信息""生产数量"进行查询，如图5-24所示，产成品比例未达到100%的生产数量，表示在产品；达到100%表示完工品。

业务信息											
采购信息		生产信息	销售信息	原材料库存信息		产品库存信息		或有事项及突发事件		员工信息	
产品编号	产品名称	批次号	生产线	废品率	生产数量	生产人员	开始日期	结束日期	已生产天数	剩余天数	产成品比例
CYYJ	抽油烟机	CYYJ-20220228-005	抽油烟机生产线B型	0.30%	540	180	2022-02-28	2022-03-03	0	3	0.00%
DSJ	电视机	DSJ-20220227-003	电视机生产线B型	0.30%	900	160	2022-02-27	2022-03-05	1	5	16.67%
CYYJ	抽油烟机	CYYJ-20220224-004	抽油烟机生产线B型	0.30%	700	180	2022-02-24	2022-02-28	4	0	100%
DSJ	电视机	DSJ-20220220-002	电视机生产线B型	0.30%	1000	160	2022-02-20	2022-02-27	7	0	100%
CYYJ	抽油烟机	CYYJ-20220218-003	抽油烟机生产线B型	0.30%	1000	180	2022-02-18	2022-02-24	6	0	100%

< 1 2 3 > 每页5行/共11行，到第 2 页　确定

图5-24　数据查询

原材料一次性投入时，

直接材料月末在产品约当产量=月末在产品产量×100%

经计算，本期月末在产品数量为540，直接材料月末在产品约当产量为540，如图5-22所示。

直接人工、制造费用月末在产品约当产量按产成品比例计算，计算公式为

直接人工月末在产品约当产量=月末在产品产量×产成品比例

制造费用月末在产品约当产量=月末在产品产量×产成品比例

如图5-22所示，抽油烟机的产成品比例为0%，"抽油烟机——直接人工"和"抽油烟机——制造费用"的月末在产品约当产量皆为0。

单位成本的计算公式为

$$单位成本=完工产品成本合计/完工产品产量$$

经计算，本期直接材料单位成本=4 779 043.29/3 698=1 292.33，直接人工单位成本、制造费用单位成本同理，如图5-22所示。

完工产品成本的计算公式为

$$完工产品成本=[(月初在产品成本+本月生产费用)/(完工产品产量+月末在产品约当产量)]×完工产品产量$$

经计算，直接材料完工产品成本=(0+5 476 902.5)/(3 698+540)×3 698=4 779 043.29元，直接人工完工成本、制造费用完工成本同理，如图5-22所示。

月末在产品成本的计算公式为

$$月末在产品成本=(月初在产品成本+本月生产费用)-完工产品成本$$
$$=[(月初在产品成本+本月生产费用)/(完工产品产量+月末在产品约当产量)]×月末在产品约当产量$$

经计算，直接材料月末在产品成本=(0+5 476 902.5)/(3 698+540)*540=69 859.21元，直接人工完工成本、制造费用完工成本同理，如图5-22所示。

4. 固定资产明细表

在本平台中，固定资产折旧采用直线法计提，残值为0，折旧年限为3年，折旧计提规则为"本月新增的固定资产，下月计提折旧；本月减少的固定资产，本月计提"。平台月初新增固定资产，成本管理角色次月编制固定资产明细表(见图5-25)，计提折旧。

序号	固定资产类别	固定资产名称	数量	固定资产原值	折旧年限(月)	残值率	固定资产月折旧额	累计折旧额	固定资产净值
1	电子产品	笔记本电脑	15	64695.00	36	0.00	1797.08	1797.08	62897.92
2		复印机	1	5076.00	36	0.00	141.00	141.00	4935.00
3		打印机	1	2933.00	36	0.00	81.47	81.47	2851.53
4		小计		72704.00			2019.55	2019.55	70684.45

图5-25　固定资产明细表

5.3　企业纳税申报

5.3.1　企业纳税申报介绍

税收是国家财政收入的最主要来源，依法纳税是每个企业应尽的义务。税费计算和纳税申报是企业经营管理中的重要环节。

税收是企业经营中的重要成本项目，企业在决策时应树立依法纳税的观念和税收筹划的意识，从投资计划的制订、运营业务的设计开始就将税收列入重点考虑的因素之一。实际工作中，财务部门相关人员应及时学习税收法规，正确解读税收法律条款，严格执行税收征管流程，既要做到依法纳税，又能提出合理的税收筹划方案，避免企业蒙受不必要的损失，为管理层的决策提供有用的信息。

纳税申报是企业履行纳税义务的重要环节。办税人员在纳税申报时，一要关注企业运营的形式和实质，正确计算应纳税额；二要关注纳税申报表填写的规范性和准确性(如纳税申报表数据的内在逻辑关系)，以及纳税申报的地点、形式和期限。

(1) 纳税申报分为增值税申报、企业所得税申报和其他税费申报。从纳税申报的地点来看，办税人员要根据税种和税收征管机关的规定，分别到不同的税务局进行纳税申报。对于一般企业来说，主要申报增值税(月报)、企业所得税(季报、年报)等；其他税费申报主要申报城市维护建设税(月报)、教育费附加(月报)、印花税(月报)、个人所得税(月报)、房产税(季报)等。

(2) 从纳税申报的形式来看，《中华人民共和国税收征收管理法》(以下简称《税收征收管理法》)第二十六条规定："纳税人、扣缴义务人可以直接到税务机关办理纳税申报或者报送代扣代缴、代收代缴税款报告表，也可以按照规定采取邮寄、数据电文或者其他方式办理上述申报、报送事项。"目前，纳税申报的形式主要有以下三种。

① 直接申报，是指纳税人自行到税务机关办理纳税申报。这是一种传统申报方式。

② 邮寄申报，是指经税务机关批准的纳税人使用统一规定的纳税申报特快专递专用信封，通过邮政部门办理交寄手续，并向邮政部门索取收据作为申报凭据的方式。

③ 数据电文申报，是指经税务机关确定的电话语音、电子数据交换和网络传输等电子方式。例如，目前纳税人的网上申报，就是数据电文申报方式的一种形式。

(3) 从纳税申报的期限来看，申报时间一般是：月报在次月15日内；季报在季度终了的15日内；年报在年度终了的5个月内(系统年报在年度终了的3日内)。

纳税申报期限的确定与申报方式也有一定的联系。如以邮寄方式申报纳税的，以邮件寄出的邮戳日期为实际申报日期；以数据电文方式办理纳税申报的，以税务机关计算机网络系统收到该数据电文的时间为申报日期。

5.3.2 增值税的申报要点

我国现行增值税的基本法律规范是国务院于2017年11月19日修订的《中华人民共和国增值税暂行条例》(国务院令第691号，以下简称《增值税暂行条例》)、2016年3月财政部和税务总局发布的《关于全面推开营业税改征增值税试点的通知》(财税〔2016〕36号，以下简称《营改增通知》)，以及《中华人民共和国增值税暂行条例实施细则》(2008年12月18日财政部、国家税务总局令第50号发布，根据2011年10月28日《关于修改〈中华人民共和国增值税暂行条例实施细则〉和〈中华人民共和国营业税暂行条例实施细则〉的决定》修订，以下简称《增值税暂行条例实施细则》)。

在中华人民共和国境内销售货物或者加工、修理修配劳务(以下简称劳务)，销售服务、无形资产、不动产以及进口货物的单位和个人，为增值税的纳税人。纳税人应当依照《增值税暂行条例》《增值税暂行条例实施细则》《营改增通知》等规定缴纳增值税。增值税的征税范围包括在境内发生应税销售行为及进口货物等。根据《增值税暂行条例》《增值税暂行条例实施细则》《营改增通知》等规定，我们将增值税的征税范围分为一般规定和特殊规定。

1. 征税范围的一般规定

1) 销售或者进口的货物

货物是指有形动产，包括电力、热力、气体在内。销售货物是指有偿转让货物的所有权。

2) 销售劳务

劳务是指纳税人提供的加工、修理修配劳务。加工是指受托加工货物，即委托方提供原料及主要材料，受托方按照委托方的要求制造货物并收取加工费的业务；修理修配是指受托对损伤和丧失功能的货物进行修复，使其恢复原状和功能的业务。

销售劳务也称为提供劳务，是指有偿提供劳务。单位或者个体工商户聘用的员工为本单位或者雇主提供劳务不包括在内。

3) 销售服务

服务包括交通运输服务、邮政服务、电信服务、建筑服务、金融服务、现代服务、生活服务，限于篇幅，在此仅做简要概述，具体征税内容可扫描右侧二维码阅读。

交通运输服务
具体征税内容

(1) 交通运输服务，包括陆路运输服务、水路运输服务、航空运输服务和管道运输服务。

(2) 邮政服务，包括邮政普遍服务、邮政特殊服务和其他邮政服务。

(3) 电信服务，包括基础电信服务和增值电信服务。

(4) 建筑服务，包括工程服务、安装服务、修缮服务、装饰服务和其他建筑服务。

(5) 金融服务，包括贷款服务、直接收费金融服务、保险服务和金融商品转让。

(6) 现代服务，包括研发和技术服务、信息技术服务、文化创意服务、物流辅助服务、租赁服务、鉴证咨询服务、广播影视服务、商务辅助服务和其他现代服务。

(7) 生活服务，包括文化体育服务、教育医疗服务、旅游娱乐服务、餐饮住宿服务、居民日常服务和其他生活服务。

4) 销售无形资产

销售无形资产是指转让无形资产所有权或者使用权的业务活动。

无形资产包括技术、商标、著作权、商誉、自然资源使用权和其他权益性无形资产。其他权益性无形资产包括基础设施资产经营权、公共事业特许权、配额、经营权(包括特许经营权、连锁经营权、其他经营权)、经销权、分销权、代理权、会员权、席位权、网络游戏虚拟道具、域名、名称权、肖像权、冠名权、转会费等。

5) 销售不动产

销售不动产是指转让不动产所有权的业务活动。不动产包括建筑物、构筑物等。转让建筑物有限产权或者永久使用权的，转让在建的建筑物或者构筑物所有权的，以及在转让建筑物或者构筑物时一并转让其所占土地的使用权的，按照"销售不动产"缴纳增值税。

6) 缴纳增值税的经济行为需具备的条件

(1) 根据《营改增通知》，除另有规定外，一般应同时具备以下4个条件：

① 应税行为发生在中华人民共和国境内；
② 应税行为是属于《销售服务、无形资产、不动产注释》范围内的业务活动；
③ 应税服务是为他人提供的；
④ 应税行为是有偿的。

(2) 有偿的例外情形包括以下两类。

其一，满足上述4个增值税征税条件但不需要缴纳增值税的情形，主要包括：
① 行政单位收取的、同时满足条件的政府性基金或者行政事业性收费；
② 存款利息；
③ 被保险人获得的保险赔付；
④ 房地产主管部门或者其指定机构、公积金管理中心、开发企业及物业管理单位代收的住宅专项维修资金；
⑤ 在资产重组过程中，通过合并、分立、出售、置换等方式，将全部或者部分实物资产及与其相关联的债权、负债和劳动力一并转让给其他单位和个人，其中涉及的不动产、土地使用权转让行为。

其二，不同时满足上述4个增值税征税条件但需要缴纳增值税的情形，主要包括：某些无偿的应税行为需要缴纳增值税，即《营改增通知》规定的三种视同销售服务、无形资产或者不动产情形：
① 单位或者个体工商户向其他单位或者个人无偿提供服务，但用于公益事业或者以社会公众为对象的除外；
② 单位或者个人向其他单位或者个人无偿转让无形资产或者不动产，但用于公益事业或者以社会公众为对象的除外；
③ 财政部和国家税务总局规定的其他情形。按照此项规定，向其他单位或者个人无偿提供服务、无偿转让无形资产或者不动产，除用于公益事业或者以社会公众为对象外，应视同发生应税行为，照章缴纳增值税。

7) 境内销售服务、无形资产或者不动产的界定

在境内销售服务、无形资产或者不动产，是指：
- 服务(租赁不动产除外)或者无形资产(自然资源使用权除外)的销售方或者购买方在境内；
- 所销售或者租赁的不动产在境内；
- 所销售的自然资源使用权的自然资源在境内；
- 财政部和国家税务总局规定的其他情形。

(1) 不属于在境内销售的服务或者无形资产。下列情形不属于在境内销售服务或者无形资产：
- 境外单位或者个人向境内单位或者个人销售完全在境外发生的服务；
- 境外单位或者个人向境内单位或者个人销售完全在境外使用的无形资产；
- 境外单位或者个人向境内单位或者个人出租完全在境外使用的有形动产。

财政部和国家税务总局规定的其他情形，包括境外单位或者个人发生的下列行为：

- 为出境的函件、包裹在境外提供的邮政服务、收派服务；
- 向境内单位或者个人提供的工程施工地点在境外的建筑服务、工程监理服务；
- 向境内单位或者个人提供的工程、矿产资源在境外的工程勘察勘探服务；
- 向境内单位或者个人提供的会议展览地点在境外的会议展览服务。

(2) 属于在境内销售的服务。境外单位或者个人销售的服务(不含租赁不动产)在以下两种情况下属于在我国境内销售服务，应照章缴纳增值税：

- 境外单位或者个人向境内单位或者个人销售的完全在境内发生的服务，属于在境内销售服务。例如，境外A工程公司到境内给境内B单位提供工程勘察勘探服务。
- 境外单位或者个人向境内单位或者个人销售的未完全在境外发生的服务，属于在境内销售服务。例如，境外C咨询公司与境内D公司签订咨询合同，就境内D公司开拓境内、境外市场进行实地调研并提出合理化管理建议，境外C咨询公司提供的咨询服务同时在境内和境外发生，属于在境内销售服务。

(3) 属于在境内销售的无形资产。境外单位或者个人销售的无形资产在以下两种情况下属于在我国境内销售无形资产，应该照章缴纳增值税：

- 境外单位或者个人向境内单位或者个人销售的完全在境内使用的无形资产，属于在境内销售无形资产。例如，境外A公司向境内B公司转让A公司在境内的连锁经营权。
- 境外单位或者个人向境内单位或者个人销售的未完全在境外使用的无形资产，属于在境内销售无形资产。例如，境外C公司向境内D公司转让一项专利技术，该技术同时用于D公司在境内和境外的生产线。

上述一般规定中所说的有偿，是指从购买方取得货币、货物或者其他经济利益。其他经济利益是指非货币、货物形式的收益，包括固定资产(不含货物)、生物资产(不含货物)、无形资产(包括特许权)、股权投资、存货、不准备持有至到期的债券投资、服务及有关权益等。

2. 征税范围的特殊规定

增值税的征税范围除了上述的一般规定以外，还对经济实务中某些特殊项目或行为是否属于增值税的征税范围做了具体的界定。

(1) 罚没物品征与不征增值税的处理，具体如下。

① 执罚部门和单位查处的属于一般商业部门经营的商品，具备拍卖条件的，由执罚部门或单位商同级财政部门同意后，公开拍卖。其拍卖收入作为罚没收入由执罚部门和单位如数上缴财政，不予征收增值税。对经营单位购入拍卖物品再销售的应照章征收增值税。

② 执罚部门和单位查处的属于一般商业部门经营的商品，不具备拍卖条件的，由执罚部门、财政部门、国家指定销售单位会同有关部门按质论价，交由国家指定销售单位纳入正常销售渠道变价处理。执罚部门按商定价格所取得的变价收入作为罚没收入如数上缴财政，不予征收增值税。国家指定销售单位将罚没物品纳入正常销售渠道销售的，应照章征收增值税。

③ 执罚部门和单位查处的属于专管机关管理或专管企业经营的财物，如金银(不包

括金银首饰)、外币、有价证券、非禁止出口文物，应交由专管机关或专营企业收兑或收购。执罚部门和单位按收兑或收购价所取得的收入作为罚没收入如数上缴财政，不予征收增值税。专管机关或专营企业经营上述物品中属于应征增值税的货物，应照章征收增值税。

(2) 纳税人取得的财政补贴收入，与其销售货物、劳务、服务、无形资产、不动产的收入或者数量直接挂钩的，应按规定计算缴纳增值税。纳税人取得的其他情形的财政补贴收入，不属于增值税应税收入，不征收增值税。

(3) 融资性售后回租业务中，承租方出售资产的行为不属于增值税的征税范围，不征收增值税。

(4) 药品生产企业销售自产创新药的销售额，为向购买方收取的全部价款和价外费用，其提供给患者后续免费使用的相同创新药，不属于增值税视同销售范围。创新药是指经国家食品药品监督管理部门批准注册、获批前未曾在中国境内外上市销售，通过合成或者半合成方法制得的原料药及其制剂。

(5) 根据国家指令无偿提供的铁路运输服务、航空运输服务，属于用于公益事业的服务，不征收增值税。

(6) 存款利息不征收增值税。

(7) 被保险人获得的保险赔付不征收增值税。

(8) 房地产主管部门或者其指定机构、公积金管理中心、开发企业及物业管理单位代收的住宅专项维修资金，不征收增值税。

(9) 纳税人在资产重组过程中，通过合并、分立、出售、置换等方式，将全部或者部分实物资产及与其相关联的债权、负债和劳动力一并转让给其他单位和个人，不属于增值税的征税范围。

(10) 预付卡业务。有关预付卡业务的具体规定，可扫描右侧二维码阅读。

预付卡业务的具体规定

3. 增值税征税范围的特殊行为界定

1) 视同发生应税销售行为

单位或者个体工商户的下列行为，视同发生应税销售行为。

(1) 将货物交付其他单位或者个人代销。

(2) 销售代销货物。

(3) 设有两个以上机构并实行统一核算的纳税人，将货物从一个机构移送至其他机构用于销售，但相关机构设在同一县(市)的除外。"用于销售"是指受货机构发生两项情形之一的经营行为：一是向购货方开具发票；二是向购货方收取货款。受货机构的货物移送行为有上述两项情形之一的，应当向所在地税务机关缴纳增值税；未发生上述两项情形的，应由总机构统一缴纳增值税。如果受货机构只就部分货物向购买方开具发票或收取货款，则应当区分不同情况计算并分别向总机构所在地或分支机构所在地缴纳税款。

(4) 将自产或者委托加工的货物用于非应税项目。

(5) 将自产、委托加工的货物用于集体福利或者个人消费。

(6) 将自产、委托加工或者购进的货物作为投资，提供给其他单位或者个体工商户。

(7) 将自产、委托加工或者购进的货物分配给股东或者投资者。

(8) 将自产、委托加工或者购进的货物无偿赠送给其他单位或者个人。

(9) 单位或者个体工商户向其他单位或者个人无偿销售应税服务、无偿转让无形资产或者不动产,但用于公益事业或者以社会公众为对象的除外。

(10) 财政部和国家税务总局规定的其他情形。

上述10种情况应该确定为视同发生应税销售行为,均要征收增值税。其确定的目的主要有以下三个。

① 保证增值税税款抵扣制度的实施,不致因发生上述行为而造成各相关环节税款抵扣链条的中断,如前两种情况就是这种原因。如果不将之视同发生应税销售行为就会出现销售代销货物方仅有销项税额而无进项税额,而将货物交付其他单位或者个人代销方仅有进项税额而无销项税额的情况,就会出现增值税抵扣链条不完整。

② 避免因发生上述行为而造成应税销售行为之间税收负担不平衡的矛盾,防止上述行为逃避纳税的现象。

③ 体现增值税计算的配比原则,即购进货物、劳务、服务、无形资产、不动产已经在购进环节实施了进项税额抵扣,这些购进货物、劳务、服务、无形资产、不动产应该产生相应的销售额,同时就应该产生相应的销项税额,否则就会产生不配比情况。例如上述第(4)～(9)项中的几种情况就属于此种原因。

2) 混合销售

一项销售行为如果既涉及货物又涉及服务,称为混合销售。从事货物的生产、批发或者零售的单位和个体工商户的混合销售,按照销售货物缴纳增值税;其他单位和个体工商户的混合销售,按照销售服务缴纳增值税。

上述从事货物的生产、批发或者零售的单位和个体工商户,包括以从事货物的生产、批发或者零售为主,并兼营销售服务的单位和个体工商户在内。

混合销售行为成立的行为标准有两点:一是其销售行为必须是一项;二是该项行为必须既涉及货物销售又涉及应税行为。

我们在确定混合销售是否成立时,其行为标准中的上述两点必须是同时存在的,如果一项销售行为只涉及销售服务,不涉及货物,这种行为就不是混合销售行为;反之,如果涉及销售服务和涉及货物的行为,不是存在于一项销售行为之中,这种行为也不是混合销售行为。

4. 增值税税率及适用范围

增值税的税率分别为13%、9%、6%和零税率,相应的适用范围具体如下。

1) 13%税率适用范围

纳税人销售货物、劳务、有形动产租赁服务或者进口货物,除按规定适用9%税率的货物以外,适用13%的基本税率。

采取填埋、焚烧等方式进行专业化处理后产生货物,且货物归属委托方的,受托方属于提供"加工劳务",其收取的处理费用适用13%的税率。

2) 9%税率适用范围

纳税人销售交通运输、邮政、基础电信、建筑、不动产租赁服务,销售不动产,转让土地使用权,销售或者进口下列货物,税率为9%:

(1) 粮食等农产品、食用植物油、食用盐。

① 农产品。农产品是指种植业、养殖业、林业、牧业、水产业生产的各种植物、动物的初级产品。具体征税范围暂按照《农业产品征税范围注释》及现行相关规定执行,包括挂面、干姜、姜黄、玉米胚芽、动物骨粒等。麦芽、复合胶、人发不属于《农业产品征税范围注释》中规定的农业产品范围,适用13%的增值税税率。按照《食品安全国家标准 巴氏杀菌乳》生产的巴氏杀菌乳和按照《食品安全国家标准 灭菌乳》生产的灭菌乳,均属于初级农业产品,可依照《农业产品征收范围注释》中的鲜奶按9%的税率征收增值税;按照《食品安全国家标准 调制乳》生产的调制乳,不属于初级农业产品,应按照13%的税率征收增值税。淀粉不属于农业产品的范围,应按照13%的税率征收增值税。

② 食用植物油。花椒油、橄榄油、核桃油、杏仁油、葡萄籽油和牡丹籽油按照食用植物油适用9%的税率征收增值税。环氧大豆油、氢化植物油不属于食用植物油征收范围,适用13%的增值税税率。

肉桂油、桉油、香茅油不属于《农业产品征税范围注释》中规定的农业产品,适用13%的增值税税率。

(2) 自来水、暖气、冷气、热水、煤气、石油液化气、天然气、二甲醚、沼气、居民用煤炭制品。

(3) 图书、报纸、杂志、音像制品、电子出版物。

国内印刷企业承印的经新闻出版主管部门批准印刷且采用国际标准书号编序的境外图书,属于《增值税暂行条例》第二条规定的"图书",适用9%的增值税税率。

(4) 饲料、化肥、农药、农机、农膜。饲料是指用于动物饲养的产品或其加工品,包括豆粕、宠物饲料、饲用鱼油、矿物质微量元素舔砖、饲料级磷酸二氢钙产品等。农机是指用于农业生产(包括林业、牧业、副业、渔业)的各种机器和机械化与半机械化农具,以及小农具,包括农用水泵、农用柴油机、不带动力的手扶拖拉机、三轮农用运输车、密集型烤房设备、频振式杀虫灯、自动虫情测报灯、黏虫板、卷帘机、农用挖掘机、养鸡设备系列产品、养猪设备系列产品、动物尸体降解处理机、蔬菜清洗机等。农机零部件不属于本货物的征收范围。

(5) 国务院规定的其他货物。

上述适用9%税率的货物按《农业产品征税范围注释》(财税字〔1995〕52号)、《增值税部分货物征税范围注释》(国税发〔1993〕151号)及其他相关规定执行。

3) 6%税率适用范围

纳税人销售增值电信服务、金融服务、现代服务(不动产租赁除外)、生活服务及销售无形资产(转让土地使用权除外),税率为6%。下列情形也按6%的税率征收增值税:

(1) 纳税人通过省级土地行政主管部门设立的交易平台转让补充耕地指标,按照"销售无形资产"缴纳增值税，税率为6%。

(2) 纳税人受托对垃圾、污泥、污水、废气等废弃物进行专业化处理，采取填埋、焚烧等方式进行专业化处理后未产生货物的，受托方属于提供"现代服务"中的"专业技术服务"，其收取的处理费用适用6%的增值税税率。

(3) 纳税人受托对垃圾、污泥、污水、废气等废弃物进行专业化处理，采取填埋、焚烧等方式进行专业化处理后产生货物，且货物归属受托方的，受托方属于提供"专业技术服务"，其收取的处理费用适用6%的增值税税率。受托方将产生的货物用于销售时，适用货物的增值税税率。

4) 零税率适用范围

纳税人出口货物，税率为零，国务院另有规定的除外。境内单位和个人跨境销售国务院规定范围内的服务、无形资产，税率为零。根据《营改增通知》的相关规定，销售服务、无形资产适用的零税率政策，可扫描右侧二维码阅读。

零税率适用范围

5. 一般计税方法应纳税额的计算(平台企业为一般纳税人)

我国采用的一般计税方法是间接计算法，即先按当期销售额和适用税率计算出销项税额。增值税一般纳税人发生应税销售行为的应纳税额，除适用简易计税方法外的，均应该等于当期销项税额抵扣当期进项税额后的余额。其计算公式为

$$当期应纳税额=当期销项税额-当期进项税额$$

增值税一般纳税人当期应纳税额的多少，取决于当期销项税额和当期进项税额这两个因素。

销项税额是指纳税人发生应税销售行为时，按照销售额与规定税率计算并向购买方收取的增值税额。销项税额的计算公式为

$$销项税额=销售额 \times 适用税率$$

从销项税额的定义和公式中我们可以知道，它是由购买方在购买货物、劳务、服务、无形资产、不动产时，一并向销售方支付的税额。对于属于一般纳税人的销售方来说，在没有抵扣其进项税额前，销售方收取的销项税额还不是其应纳增值税税额。销项税额的计算取决于销售额和适用税率两个因素。在适用税率既定的前提下，销项税额的大小主要取决于销售额的大小。本书将销售额的确认分为以下几种情况。

1) 一般销售方式下的销售额确认

销售额是指纳税人发生应税销售行为时收取的全部价款和价外费用。特别需要强调的是，尽管销项税额也是销售方向购买方收取的，但是由于增值税采用价外计税方式，用不含增值税(以下简称不含税)价作为计税依据，因而销售额中不包括向购买方收取的销项税额。

价外费用是指价外收取的各种性质的收费，但下列项目不包括在内。

(1) 受托加工应征消费税的消费品所代收代缴的消费税。

(2) 同时符合以下条件的代垫运输费用：

- 承运部门的运输费用发票开具给购买方的；
- 纳税人将该项发票转交给购买方的。

(3) 同时符合以下条件代为收取的政府性基金或者行政事业性收费：
- 由国务院或者财政部批准设立的政府性基金，由国务院或者省级人民政府及其财政、价格主管部门批准设立的行政事业性收费；
- 收取时开具省级以上(含省级)财政部门监(印)制的财政票据；
- 所收款项全额上缴财政。

(4) 以委托方名义开具发票代委托方收取的款项。

(5) 销售货物的同时代办保险等而向购买方收取的保险费，以及向购买方收取的代购买方缴纳的车辆购置税、车辆牌照费。

凡随同应税销售行为向购买方收取的价外费用，无论其会计制度如何核算，均应并入销售额计算应纳税额。应当注意，根据国家税务总局的规定：对增值税一般纳税人(包括纳税人自己或代其他部门)向购买方收取的价外费用和逾期包装物押金，应视为含增值税(以下简称含税)收入，在征税时应换算成不含税收入再并入销售额。

按照会计准则的规定，由于价外费用一般都不在"营业收入"科目中核算，而在"其他应付款""营业外收入"等科目中核算。这样，企业在会计实务中时常出现价外费用虽在相应科目中做会计核算，但却未核算其销项税额。有的企业则既不按会计核算要求进行收入核算，又不按规定核算销项税额，而是将发生的价外费用直接冲减有关费用科目。因此，应严格核查各项价外收费，进行正确的会计核算和税额核算。

对于一般纳税人发生的应税销售行为，采用销售额和销项税额合并定价(含增值税价格)方法的，按下列公式计算销售额：

$$销售额 = 含税销售额 \div (1 + 税率)$$

公式中的税率为发生应税销售行为时按增值税法律法规所规定的适用税率。

销售额应以人民币计算。纳税人以人民币以外的货币结算销售额的，应当折合成人民币计算。其销售额的人民币折合率可以选择销售额发生的当天或者当月1日的人民币汇率中间价。纳税人应当事先确定采用何种折合率，确定后1年内不得变更。

2) 特殊销售方式下的销售额确认

在销售活动中，为了达到促销目的，纳税人有多种销售方式选择。不同销售方式下，销售者取得的销售额会有所不同。增值税的法律法规对以下几种销售方式分别做出了规定。

(1) 采取折扣方式销售。折扣销售是指销货方在发生应税销售行为时，因购货方购货数量较大等原因而给予购货方的价格优惠。例如，购买5件商品，销售价格折扣10%；购买10件商品，折扣20%等。根据增值税法律制度的规定，纳税人发生应税销售行为并向购买方开具增值税专用发票后，由于购货方在一定时期内累计购买货物、劳务、服务、无形资产、不动产达到一定数量，或者由于市场价格下降等原因，销货方给予购货方相应的价格优惠或补偿等折扣、折让行为，销货方可按现行《增值税专用发票使用规定》的有关规定开具红字增值税专用发票。这里需要解释的是：

- 折扣销售不同于销售折扣。销售折扣是指销货方在发生应税销售行为后，为了鼓励购货方及早支付货款而协议许诺给予购货方的一种折扣优待。例如，10天内付款，货款折扣2%；20天内付款，折扣1%；30天内全价付款。由于销售折扣发生在应税销售行为之后,是一种融资性质的理财费用,因此,销售折扣不得从销售额中减除。企业在确定销售额时应把折扣销售与销售折扣严格区分开。

- 销售折扣又不同于销售折让。销售折让是指企业因售出商品的质量不合格等原因而在售价上给予的减让。对增值税而言,销售折让其实是指纳税人发生应税销售行为后因为劳动成果质量不合格等原因在售价上给予的减让。销售折让与销售折扣相比较,虽然都是在应税销售行为销售后发生的,但因为销售折让是由于应税销售行为的品种和质量引起的销售额减少,因此,销售折让应该以折让后的货款为销售额。

- 折扣销售仅限于应税销售行为价格的折扣,如果销货者将自产、委托加工和购买的应税销售行为用于实物折扣的,则该实物款额不能从应税销售行为的销售额中减除,且该实物应按《增值税暂行条例实施细则》和《营改增通知》"视同销售货物"中的"赠送他人"计算征收增值税。

纳税人发生应税销售行为,如将价款和折扣额在同一张发票上的"金额"栏分别注明的,可按折扣后的销售额征收增值税。未在同一张发票"金额"栏注明折扣额,而仅在发票的"备注"栏注明折扣额的,折扣额不得从销售额中减除;未在同一张发票上分别注明的,以价款为销售额,不得扣减折扣额。

纳税人发生应税销售行为因销售折让、中止或者退回的,应扣减当期的销项税额(一般计税方法)或销售额(简易计税方法)。

(2) 采取以物易物方式销售。以物易物是一种较为特殊的购销活动,是指购销双方不是以货币结算,而是以同等价款的应税销售行为相互结算,实现应税销售行为购销的一种方式。在实务中,有的纳税人以为以物易物不是购销行为,销货方收到购货方抵顶货款的货物、劳务、服务、无形资产、不动产,认为自己不是购货;购货方发出抵顶货款的应税销售行为,认为自己不是销货。这两种认识都是错误的。正确的方法应当是,以物易物双方都应做购销处理,以各自发出的应税销售行为核算销售额并计算销项税额,以各自收到的货物、劳务、服务、无形资产、不动产按规定核算购进金额并计算进项税额。

【注意】在以物易物活动中,应分别开具合法的票据,如收到的货物、劳务、服务、无形资产、不动产不能取得相应的增值税专用发票或其他合法票据的,不能抵扣进项税额。

3) 按差额确定销售额

虽然原营业税的征税范围全行业均纳入了增值税的征收范围,但是目前仍然有无法通过抵扣机制避免重复征税的情况存在,因此引入了差额征税的办法,以解决纳税人税收负担增加问题。金融商品转让的销售额就属于按差额确定销售额,可扫描右侧二维码了解相关内容。

按差额确定销售额

4) 准予从销项税额中抵扣的进项税额

根据《增值税暂行条例》和《营改增通知》,准予从销项税额中抵扣的进项税额,限于下列增值税扣税凭证上注明的增值税税额和按规定的扣除率计算的进项税额。

(1) 从销售方取得的增值税专用发票(含《机动车销售统一发票》,下同)上注明的增值税税额。

(2) 从海关取得的海关进口增值税专用缴款书上注明的增值税税额。

(3) 自境外单位或者个人购进劳务、服务、无形资产或者境内的不动产，从税务机关或者扣缴义务人处取得的代扣代缴税款的完税凭证上注明的增值税税额。

(4) 纳税人购进农产品，按下列规定抵扣进项税额：

① 纳税人购进农产品，取得一般纳税人开具的增值税专用发票或海关进口增值税专用缴款书的，以增值税专用发票或海关进口增值税专用缴款书上注明的增值税税额为进项税额。

② 从按照简易计税方法依照3%的征收率计算缴纳增值税的小规模纳税人处取得增值税专用发票的，以增值税专用发票上注明的金额和9%的扣除率计算进项税额。

③ 取得(开具)农产品销售发票或收购发票的，以农产品销售发票或收购发票上注明的农产品买价和9%的扣除率计算进项税额。

④ 购进农产品进项税额的计算公式为：进项税额=买价×扣除率

⑤ 对烟叶税纳税人按规定缴纳的烟叶税，准予并入烟叶产品的买价计算增值税的进项税额，并在计算缴纳增值税时予以抵扣。购进烟叶准予抵扣的增值税进项税额，按照收购烟叶实际支付的价款总额和烟叶税及法定扣除率计算。计算公式为

烟叶税应纳税额=收购烟叶实际支付的价款总额×税率(20%)

准予抵扣的进项税额=(收购烟叶实际支付的价款总额+烟叶税应纳税额)×扣除率

⑥ 纳税人从批发、零售环节购进适用免征增值税政策的蔬菜、部分鲜活肉蛋而取得的普通发票，不得作为计算抵扣进项税额的凭证。

⑦ 纳税人购进用于生产销售或委托加工13%税率货物的农产品，允许加计扣除，按照10%的扣除率计算进项税额。具体操作方法可分为以下两个环节：

- 在购进农产品当期，所有纳税人按照购进农产品抵扣进项税额的一般规定，凭票据实抵扣或者凭票计算抵扣；
- 将购进农产品用于生产销售或委托加工13%税率货物的纳税人，在生产领用农产品当期，根据领用的农产品加计1%抵扣进项税额。

纳税人购进农产品既用于生产销售或委托受托加工13%税率货物又用于生产销售其他货物服务的，应当分别核算用于生产销售或委托受托加工13%税率货物和其他货物服务的农产品进项税额。未分别核算的，统一以增值税专用发票或海关进口增值税专用缴款书上注明的增值税额为进项税额，或以农产品收购发票或销售发票上注明的农产品买价和9%的扣除率计算进项税额。

上述购进农产品抵扣进项税额的办法，不适用于《农产品增值税进项税额核定扣除试点实施办法》中购进的农产品。

(5) 根据《农产品增值税进项税额核定扣除试点实施办法》的规定，自2012年7月1日起，以购进农产品为原料生产销售液体乳及乳制品、酒及酒精、植物油的增值税一般纳税人，纳入农产品增值税进项税额核定扣除试点范围，其购进农产品无论是否用于生产上述产品，增值税进项税额均按照《农产品增值税进项税额核定扣除试点实施办法》的规定抵扣。其农产品增值税进项税额核定方法包括投入产出法、成本法和参照法。

(6) 增值税一般纳税人在资产重组过程中，将全部资产、负债和劳动力一并转让给其他增值税一般纳税人，并按程序办理注销税务登记的，其在办理注销登记前尚未抵扣的进项税额可结转至新纳税人处继续抵扣。

(7) 按照规定不得抵扣且未抵扣进项税额的固定资产、无形资产、不动产，发生用途改变，用于允许抵扣进项税额的应税项目，可在用途改变的次月按照下列公式计算可以抵扣的进项税额：

可以抵扣的进项税额=固定资产、无形资产、不动产净值÷(1+适用税率)×适用税率

上述可以抵扣的进项税额应取得合法有效的增值税扣税凭证。

(8) 纳税人租入固定资产、不动产，既用于一般计税方法计税项目，又用于简易计税方法计税项目、免征增值税项目、集体福利或者个人消费的，其进项税额准予从销项税额中全额抵扣。

5) 不得从销项税额中抵扣的进项税额

纳税人购进货物、劳务、服务、无形资产、不动产，取得的增值税扣税凭证不符合法律、行政法规或者国务院税务主管部门有关规定的，其进项税额不得从销项税额中抵扣。增值税扣税凭证是指增值税专用发票、海关进口增值税专用缴款书、农产品收购发票和农产品销售发票、从税务机关或者境内代理人取得的解缴税款的税收缴款凭证及增值税法律法规允许抵扣的其他扣税凭证。

按照增值税法律法规的规定，下列项目的进项税额不得从销项税额中抵扣：

(1) 用于简易计税方法计税项目、免征增值税项目、集体福利或者个人消费的购进货物、劳务、服务、无形资产和不动产。

其中涉及的固定资产、无形资产、不动产，仅指专用于上述项目的固定资产、无形资产(不包括其他权益性无形资产)、不动产。但是发生兼用于上述不允许抵扣项目情况的，该进项税额准予全部抵扣。

另外纳税人购进其他权益性无形资产无论是专用于简易计税方法计税项目、免征增值税项目、集体福利或者个人消费，还是兼用于上述不允许抵扣项目，均可以抵扣进项税额。纳税人的交际应酬消费属于个人消费，即交际应酬消费不属于生产经营中的生产投入和支出。

(2) 非正常损失的购进货物，以及相关劳务和交通运输服务。

(3) 非正常损失的在产品、产成品所耗用的购进货物(不包括固定资产)、劳务和交通运输服务。

(4) 非正常损失的不动产，以及该不动产所耗用的购进货物、设计服务和建筑服务。

(5) 非正常损失的不动产在建工程所耗用的购进货物、设计服务和建筑服务。纳税人新建、改建、扩建、修缮、装饰不动产，均属于不动产在建工程。

上述第(2) (3) (4) (5)项所说的非正常损失，是指因管理不善造成货物被盗、丢失、霉烂变质，以及因违反法律法规造成货物或者不动产被依法没收、销毁、拆除的情形。这些非正常损失是由纳税人自身原因造成导致征税对象实体的灭失，为保证税负公平，其损失不应由国家承担，因而纳税人无权要求抵扣进项税额。

上述第(4) (5)项所称货物,是指构成不动产实体的材料和设备,包括建筑装饰材料和给排水、采暖、卫生、通风、照明、通信、煤气、消防、中央空调、电梯、电气、智能化楼宇设备及配套设施。

(6) 购进的贷款服务、餐饮服务、居民日常服务和娱乐服务。

(7) 纳税人接受贷款服务向贷款方支付的与该笔贷款直接相关的投融资顾问费、手续费、咨询费等费用,其进项税额不得从销项税额中抵扣。

(8) 提供保险服务的纳税人以现金赔付方式承担机动车辆保险责任的,将应付给被保险人的赔偿金直接支付给车辆修理劳务提供方,不属于保险公司购进车辆修理劳务,其进项税额不得从保险公司销项税额中抵扣。

纳税人提供的其他财产保险服务,比照上述规定执行。

(9) 适用一般计税方法的纳税人,兼营简易计税方法计税项目、免征增值税项目而无法划分不得抵扣的进项税额,按照下列公式计算不得抵扣的进项税额:

不得抵扣的进项税额=当期无法划分的全部进项税额×(当期简易计税方法计税项目销售额+免征增值税项目销售额)÷当期全部销售额

6) 异常增值税扣税凭证的管理

异常增值税扣税凭证的管理的相关内容,可扫描右侧二维码阅读。

异常增值税扣税凭证的管理

7) 计算应纳税额时销项税额不足抵扣进项税额的处理

计算应纳税额时销项税额不足抵扣进项税额,有两种处理方式。

其一,结转抵扣。由于增值税实行购进扣税法,有时企业当期购进的货物、劳务、服务、无形资产、不动产很多,在计算应纳税额时会出现当期销项税额小于当期进项税额而不足抵扣的情况。根据税法规定,当期销项税额不足抵扣进项税额的部分可以结转下期继续抵扣。

其二,退还留抵税额。根据《财政部 税务总局 海关总署关于深化增值税改革有关政策的公告(2019年第39号)》第八条的规定,自2019年4月1日起,试行增值税期末留抵税额退税制度。主要内容如下。

(1) 对于同时符合以下条件(以下称符合留抵退税条件)的纳税人,可以向主管税务机关申请退还增量留抵税额:

① 自2019年4月税款所属期起,连续六个月(按季纳税的,连续两个季度)增量留抵税额均大于零,且第六个月增量留抵税额不低于50万元;

② 纳税信用等级为A级或者B级;

③ 申请退税前36个月未发生骗取留抵退税、出口退税或虚开增值税专用发票情形的;

④ 申请退税前36个月未因偷税被税务机关处罚两次及以上的;

⑤ 自2019年4月1日起未享受即征即退、先征后返(退)政策的。

(2) 本公告所称增量留抵税额,是指与2019年3月底相比新增加的期末留抵税额。

(3) 纳税人当期允许退还的增量留抵税额,按照以下公式计算:

允许退还的增量留抵税额=增量留抵税额×进项构成比例×60%

进项构成比例,为2019年4月至申请退税前一税款所属期内已抵扣的增值税专用发票(含税控机动车销售统一发票)、海关进口增值税专用缴款书、解缴税款完税凭证注明的增值税额占同期全部已抵扣进项税额的比重。

(4) 纳税人应在增值税纳税申报期内,向主管税务机关申请退还留抵税额。

(5) 纳税人出口货物劳务、发生跨境应税行为,适用免抵退税办法的,办理免抵退税后,仍符合本公告规定条件的,可以申请退还留抵税额;适用免退税办法的,相关进项税额不得用于退还留抵税额。

(6) 纳税人取得退还的留抵税额后,应相应调减当期留抵税额。按照规定再次满足退税条件的,可以继续向主管税务机关申请退还留抵税额,但第(1)条①中规定的连续期间,不得重复计算。

(7) 以虚增进项、虚假申报或其他欺骗手段,骗取留抵退税款的,由税务机关追缴其骗取的退税款,并按照《税收征收管理法》等有关规定处理。

为支持小微企业和制造业等行业发展,提振市场主体信心、激发市场主体活力,财政部、税务总局于2022年3月21日发布《财政部 税务总局关于进一步加大增值税期末留抵退税政策实施力度的公告(财政部 税务总局公告2022年第14号)》,具体内容可扫描右侧二维码阅读。

财政部 税务总局
公告2022年第14号

8) 销售折让、中止或者退回涉及销项税额和进项税额的税务处理

纳税人适用一般计税方法计税的,因销售折让、中止或者退回而退还给购买方的增值税额,应当从当期的销项税额中扣减;因销售折让、中止或者退回而收回的增值税额,应当从当期的进项税额中扣减。

一般纳税人发生应税销售行为,开具增值税专用发票后,应税销售行为发生退回或者折让、开票有误等情形,应按国家税务总局的规定开具红字增值税专用发票。未按规定开具红字增值税专用发票的不得扣减销项税额或者销售额。

增值税一般纳税人因发生应税销售行为退回或者折让而退还给购买方的增值税额,应从发生应税销售行为退回或者折让当期的销项税额中扣减;因购进货物、劳务、服务、无形资产、不动产退回或者折让而收回的增值税额,应从发生应税销售行为退回或者折让当期的进项税额中扣减。

对于一些企业在发生购进货物、劳务、服务、无形资产、不动产退回或折让并收回价款和增值税额时,没有相应减少当期进项税额,造成进项税额虚增,减少纳税的现象,这是税法所不能允许的,都将被认定为是逃避缴纳税款行为,并按逃避缴纳税款予以处罚。

9) 向供货方取得返还收入的增值税处理

对商业企业向供货方收取的与商品销售量、销售额挂钩(如以一定比例、金额、数量计算)的各种返还收入,均应按照平销返利行为的有关规定冲减当期增值税进项税金。应冲减进项税金的计算公式调整为

当期应冲减进项税金=当期取得的返还资金÷(1+所购货物适用增值税税率)×所购货物适用增值税税率

商业企业向供货方收取的各种返还收入，一律不得开具增值税专用发票。

10) 一般纳税人注销时进项税额的处理

一般纳税人注销或被取消辅导期一般纳税人资格，转为小规模纳税人时，其存货不作进项税额转出处理，其留抵税额也不予以退税。关于一般纳税人注销时进项税额处理的具体内容，可扫描右侧二维码阅读。

一般纳税人注销时进项税额的处理

6. 纳税人转让不动产(不含房地产开发企业销售自行开发房地产项目)增值税计征方法

1) 适用范围

纳税人转让其取得的不动产，包括以直接购买、接受捐赠、接受投资入股、自建及抵债等各种形式取得的不动产，按照下列规定进行增值税处理，但是房地产开发企业销售自行开发的房地产项目不适用该规定。

2) 具体办法

一般纳税人转让其取得的不动产，按照以下规定缴纳增值税。

- 一般纳税人转让其2016年4月30日前取得(不含自建)的不动产，可以选择适用简易计税方法计税，以取得的全部价款和价外费用扣除不动产购置原价或者取得不动产时的作价后的余额为销售额，按照5%的征收率计算应纳税额。纳税人应按照上述计税方法向不动产所在地主管税务机关预缴税款，向机构所在地主管税务机关申报纳税。

- 一般纳税人转让其2016年4月30日前自建的不动产，可以选择适用简易计税方法计税，以取得的全部价款和价外费用为销售额，按照5%的征收率计算应纳税额。纳税人应按照上述计税方法向不动产所在地主管税务机关预缴税款，向机构所在地主管税务机关申报纳税。

- 一般纳税人转让其2016年4月30日前取得(不含自建)的不动产，选择适用一般计税方法计税的，以取得的全部价款和价外费用为销售额计算应纳税额。纳税人应以取得的全部价款和价外费用扣除不动产购置原价或者取得不动产时的作价后的余额，按照5%的预征率向不动产所在地主管税务机关预缴税款，向机构所在地主管税务机关申报纳税。

- 一般纳税人转让其2016年4月30日前自建的不动产，选择适用一般计税方法计税的，以取得的全部价款和价外费用为销售额计算应纳税额。纳税人应以取得的全部价款和价外费用，按照5%的预征率向不动产所在地主管税务机关预缴税款，向机构所在地主管税务机关申报纳税。

- 一般纳税人转让其2016年5月1日后取得(不含自建)的不动产，适用一般计税方法，以取得的全部价款和价外费用为销售额计算应纳税额。纳税人应以取得的全部价款和价外费用扣除不动产购置原价或者取得不动产时的作价后的余额，按照5%的预征率向不动产所在地主管税务机关预缴税款，向机构所在地主管税务机关申报纳税。

- 一般纳税人转让其2016年5月1日后自建的不动产，适用一般计税方法，以取得的全部价款和价外费用为销售额计算应纳税额。纳税人应以取得的全部价款和价外费用，按照5%的预征率向不动产所在地主管税务机关预缴税款，向机构所在地主管税务机关申报纳税。

5.3.3 企业纳税申报要点

1. 印花税申报要点

印花税法，是指国家制定的用以调整印花税征收与缴纳权利及义务关系的法律规范。现行印花税的基本规范是2021年6月10日第十三届全国人民代表大会常务委员会第二十九次会议通过，2022年7月1日起施行的《中华人民共和国印花税法》(以下简称《印花税法》)。

印花税是以经济活动和经济交往中，书立、领受应税凭证的行为为征税对象征收的一种税。印花税因其采用在应税凭证上粘贴印花税票的方法缴纳税款而得名。征收印花税有利于增加财政收入，有利于配合和加强经济合同的监督管理，有利于培养纳税意识，也有利于配合对其他应纳税种的监督管理。

1) 纳税义务人

在中华人民共和国境内书立应税凭证、进行证券交易的单位和个人，为印花税的纳税人，应当依照《印花税法》规定缴纳印花税。在中华人民共和国境外书立在境内使用的应税凭证的单位和个人，应当依照《印花税法》规定缴纳印花税。

应税凭证，是指《印花税法》所附《印花税税目税率表》列明的合同、产权转移书据、营业账簿和证券交易。证券交易，是指转让在依法设立的证券交易所、国务院批准的其他全国性证券交易场所交易的股票和以股票为基础的存托凭证。

(1) 纳税人。书立应税凭证的纳税人，为对应税凭证有直接权利义务关系的单位和个人。采用委托贷款方式书立的借款合同纳税人，为受托人和借款人，不包括委托人。按买卖合同或者产权转移书据税目缴纳印花税的拍卖成交确认书纳税人，为拍卖标的的产权人和买受人，不包括拍卖人。证券交易印花税对证券交易的出让方征收，不对受让方征收。

(2) 在中华人民共和国境外书立在境内使用的应税凭证，应当按规定缴纳印花税，包括以下几种情形：

① 应税凭证的标的为不动产的，该不动产在境内；

② 应税凭证的标的为股权的，该股权为中国居民企业的股权；

③ 应税凭证的标的为动产或者商标专用权、著作权、专利权、专有技术使用权的，其销售方或者购买方在境内，但不包括境外单位或者个人向境内单位或者个人销售完全在境外使用的动产或者商标专用权、著作权、专利权、专有技术使用权；

④ 应税凭证的标的为服务的，其提供方或者接受方在境内，但不包括境外单位或者个人向境内单位或者个人提供完全在境外发生的服务。

(3) 下列情形的凭证，不属于印花税征收范围：

① 人民法院的生效法律文书，仲裁机构的仲裁文书，监察机关的监察文书；

② 县级以上人民政府及其所属部门按照行政管理权限征收、收回或者补偿安置房地产书立的合同、协议或者行政类文书；

③ 总公司与分公司、分公司与分公司之间书立的作为执行计划使用的凭证。

2) 税目与税率

(1) 税目。印花税的税目，指《中华人民共和国印花税法》明确规定的应当纳税的项目，它具体划定了印花税的征税范围。一般地说，列入税目的就要征税，未列入税目的就不征税。企业之间书立的确定买卖关系、明确买卖双方权利义务的订单、要货单等单据，且未另外书立买卖合同的，应当按规定缴纳印花税。发电厂与电网之间、电网与电网之间书立的购售电合同，应当按买卖合同税目缴纳印花税。

(2) 税率。印花税的税率设计，遵循税负从轻、共同负担的原则。所以，税率比较低；凭证的当事人，即对凭证有直接权利与义务关系的单位和个人均应就其所持凭证依法纳税。印花税税目税率表，如表5-2所示。

表5-2 印花税税目税率表

	税目	税率	备注
合同（指书面合同）	借款合同	借款金额的万分之零点五	银行业金融机构、经国务院银行业监督管理机构批准设立的其他金融机构与借款人(不包括同业拆借)的借款合同
	融资租赁合同	租金的万分之零点五	—
	买卖合同	价款的万分之三	指动产买卖合同(不包含个人书立的动产买卖合同)
	承揽合同	报酬的万分之三	—
	建设工程合同	价款的万分之三	—
	运输合同	运输费用的万分之三	指货运合同和多式联运合同(不包括管道运输合同)
	技术合同	价款、报酬或者使用费的万分之三	不包括专利权、专有技术使用权转让书据
	租赁合同	租金的千分之一	—
	保管合同	保管费的千分之一	—
	仓储合同	仓储费的千分之一	—
	财产保险合同	保险费的千分之一	不包括再保险合同
产权转移书据	土地使用权出让书据	价款的万分之五	转让包括买卖(出售)、继承、赠与、互换、分割
	土地使用权、房屋等建筑物和构筑物所有权转让书据(不包括土地承包经营权和土地经营权转移)	价款的万分之五	
	股权转让书据(不包括应缴纳证券交易印花税的)	价款的万分之五	
	商标专用权、著作权、专利权、专有技术使用权转让书据	价款的万分之三	
营业账簿		实收资本(股本)、资本公积合计金额的万分之二点五	—
证券交易		成交金额的千分之一	—

3) 应纳税额的计算

印花税的应纳税额按照计税依据乘以适用税率计算,计算公式为

$$应纳税额=计税依据×适用税率$$

> **【例】** 某企业某年12月开业,当年发生以下有关业务事项:与其他企业订立转移专用技术使用权书据1份,所载不含增值税金额100万元;订立产品购销合同1份,所载不含增值税金额200万元;与银行订立借款合同1份,所载不含增值税金额400万元。计算该企业上述内容应缴纳的印花税税额。
>
> ① 企业订立产权转移书据应纳税额:
>
> 应纳税额=1 000 000×0.3‰=300(元)
>
> ② 企业订立购销合同应纳税额:
>
> 应纳税额=2 000 000×0.3‰=600(元)
>
> ③ 企业订立借款合同应纳税额:
>
> 应纳税额=4 000 000×0.05‰=200(元)
>
> ④ 当年企业应纳印花税税额:
>
> 应纳印花税税额=300+600+200=1 100(元)

同一应税凭证载有两个以上税目事项并分别列明金额的,按照各自适用的税目税率分别计算应纳税额;未分别列明金额的,从高适用税率。

同一应税凭证由两方以上当事人书立的,按照各自涉及的金额分别计算应纳税额。

已缴纳印花税的营业账簿,以后年度记载的实收资本(股本)、资本公积合计金额比已缴纳印花税的实收资本(股本)、资本公积合计金额增加的,按照增加部分计算应纳税额。

印花税的计税依据为各种应税凭证上所记载的计税金额。

(1) 计税依据的一般规定如下。

① 应税合同的计税依据,为合同所列的金额,不包括列明的增值税税款。

② 应税产权转移书据的计税依据,为产权转移书据所列的金额,不包括列明的增值税税款。

③ 应税营业账簿的计税依据,为账簿记载的实收资本(股本)、资本公积合计金额。

④ 证券交易的计税依据,为成交金额。

(2) 计税依据的特殊规定如下。

① 应税合同、产权转移书据未列明金额的,印花税的计税依据按照实际结算的金额确定。

② 计税依据按照前款规定仍不能确定的,按照书立合同、产权转移书据时的市场价格确定;依法应当执行政府定价或者政府指导价的,按照国家有关规定确定。

③ 证券交易无转让价格的,按照办理过户登记手续时该证券前一个交易日收盘价计算确定计税依据;无收盘价的,按照证券面值计算确定计税依据。

④ 同一应税合同、应税产权转移书据中涉及两方以上纳税人,且未列明纳税人各自涉及金额的,以纳税人平均分摊的应税凭证所列金额(不包括列明的增值税税款)确定计税依据。

⑤ 应税合同、应税产权转移书据所列的金额与实际结算金额不一致，不变更应税凭证所列金额的，以所列金额为计税依据；变更应税凭证所列金额的，以变更后的所列金额为计税依据。已缴纳印花税的应税凭证，变更后所列金额增加的，纳税人应当就增加部分的金额补缴印花税；变更后所列金额减少的，纳税人可以就减少部分的金额向税务机关申请退还或者抵缴印花税。

⑥ 纳税人因应税凭证列明的增值税税款计算错误导致应税凭证的计税依据减少或者增加的，纳税人应当按规定调整应税凭证列明的增值税税款，重新确定应税凭证计税依据。已缴纳印花税的应税凭证，调整后计税依据增加的，纳税人应当就增加部分的金额补缴印花税；调整后计税依据减少的，纳税人可以就减少部分的金额向税务机关申请退还或者抵缴印花税。

⑦ 纳税人转让股权的印花税计税依据，按照产权转移书据所列的金额(不包括列明的认缴后尚未实际出资权益部分)确定。

⑧ 应税凭证金额为人民币以外的货币的，应当按照凭证书立当日的人民币汇率中间价折合人民币确定计税依据。

⑨ 境内的货物多式联运，采用在起运地统一结算全程运费的，以全程运费作为运输合同的计税依据，由起运地运费结算双方缴纳印花税；采用分程结算运费的，以分程的运费作为计税依据，分别由办理运费结算的各方缴纳印花税。

⑩ 未履行的应税合同、产权转移书据，已缴纳的印花税不予退还及抵缴税款。

纳税人多贴的印花税票，不予退税及抵缴税款。

2. 城市维护建设税和教育费附加申报要点

城市维护建设税和教育费附加是增值税、消费税两类流转税的附加税，只要缴纳了增值税和消费税就要同时缴纳城市维护建设税和教育费附加。城市维护建设税根据地区不同，税率分为7%(市区)、5%(县城镇)和1%；教育费附加税率是3%。这两个附加税是用实际缴纳的增值税和消费税作为基数乘以相应的税率，计算应纳的附加税金额。办税人员可查询"应交税费——未交增值税""应交税费——应交消费税"明细账确定实际缴纳的增值税和消费税的金额，作为计税依据。本平台中涉及的城市维护建设税税率为7%，教育费附加税率为3%。

3. 个人所得税申报要点

个人所得税是调整征税机关与自然人(居民、非居民)之间在个人所得税的征纳与管理过程中所发生的社会关系的法律规范的总称。个人所得税的税目共11项，包括工资、薪金所得，个体工商户的生产、经营所得，对企事业单位的承包经营、承租经营所得，劳务报酬所得，稿酬所得，特许权使用费所得，利息、股息、红利所得，财产租赁所得，财产转让所得，偶然所得，其他所得。办税人员应根据个人所得税计算公式(应纳个人所得税额=应纳税所得额×适用税率)查询和统计相关的数据。为方便学生进行纳税申报，系统在月末会自动计算出应纳个人所得税额，办税人员可查询"应交税费——应交个人所得税"明细账或者"工资汇总表"中的个人所得税栏确定应纳个人所得税额。纳税申报时直接将该金额填写到纳税申报表中的"计税金额"栏，系统自动计算出应纳税额。

4. 所得税纳税申报要点

企业所得税是对我国境内的企业和其他取得收入的组织的生产经营所得和其他所得征收的一种税。在本实训平台中,企业所得税纳税人为居民纳税人,以下重点阐述居民纳税人。

1) 纳税义务人

企业所得税的纳税义务人,是指在中华人民共和国境内的企业和其他取得收入的组织。《中华人民共和国企业所得税法》(以下简称《企业所得税法》)第一条规定,在中华人民共和国境内,企业和其他取得收入的组织(以下统称企业)为企业所得税的纳税人,依照《企业所得税法》规定缴纳企业所得税。个人独资企业、合伙企业不适用《企业所得税法》。

企业所得税的纳税人分为居民企业和非居民企业,这是根据企业纳税义务范围的宽窄进行的分类,不同的企业在向中国政府缴纳所得税时,纳税义务不同。把企业分为居民企业和非居民企业,是为了更好地保障我国税收管辖权的有效行使。税收管辖权是一国政府在征税方面的主权,是国家主权的重要组成部分。根据国际上的通行做法,我国选择了地域管辖权和居民管辖权的双重管辖权标准,最大限度地维护我国的税收利益。

(1) 居民企业,是指依法在中国境内成立,或者依照外国(地区)法律成立但实际管理机构在中国境内的企业。这里的企业包括企业、事业单位、社会团体及其他取得收入的组织。由于我国的一些社会团体组织、事业单位在完成国家事业计划的过程中,开展多种经营和有偿服务活动,取得除财政部门各项拨款、财政部和国家物价部门批准的各项规费收入以外的经营收入,具有了经营的特点,应当视同企业纳入征税范围。其中,实际管理机构,是指对企业的生产经营、人员、账务、财产等实施实质性全面管理和控制的机构。

(2) 非居民企业,是指依照外国(地区)法律成立且实际管理机构不在中国境内,但在中国境内设立机构、场所的,或者在中国境内未设立机构、场所,但有来源于中国境内所得的企业。

上述所称机构、场所,是指在中国境内从事生产经营活动的机构、场所,包括:
- 管理机构、营业机构、办事机构;
- 工厂、农场、开采自然资源的场所;
- 提供劳务的场所;
- 从事建筑、安装、装配、修理、勘探等工程作业的场所;
- 其他从事生产经营活动的机构、场所。

非居民企业委托营业代理人在中国境内从事生产经营活动的,包括委托单位或者个人经常代其签订合同,或者储存、交付货物等,该营业代理人视为非居民企业在中国境内设立的机构、场所。

2) 征税对象

企业所得税的征税对象,是指企业的生产经营所得、其他所得和清算所得。

(1) 居民企业的征税对象。居民企业应将来源于中国境内、境外的所得作为征税对象。所得包括销售货物所得,提供劳务所得,转让财产所得,股息、红利等权益性投资所得,利息所得,租金所得,特许权使用费所得,接受捐赠所得和其他所得。

(2) 非居民企业的征税对象。非居民企业在中国境内设立机构、场所的，应当就其所设机构、场所取得的来源于中国境内的所得，以及发生在中国境外但与其所设机构、场所有实际联系的所得，缴纳企业所得税。非居民企业在中国境内未设立机构、场所的，或者虽设立机构、场所但取得的所得与其所设机构、场所没有实际联系的，应当就其来源于中国境内的所得缴纳企业所得税。

上述所称实际联系，是指非居民企业在中国境内设立的机构、场所拥有的据以取得所得的股权、债权，以及拥有、管理、控制据以取得所得的财产。

(3) 所得来源的确定。

① 销售货物所得，按照交易活动发生地确定。

② 提供劳务所得，按照劳务发生地确定。

③ 转让财产所得，包括：不动产转让所得按照不动产所在地确定；动产转让所得按照转让动产的企业或者机构、场所所在地确定；权益性投资资产转让所得按照被投资企业所在地确定。

④ 股息、红利等权益性投资所得，按照分配所得的企业所在地确定。

⑤ 利息所得、租金所得、特许权使用费所得，按照负担、支付所得的企业或者机构、场所所在地确定，或者按照负担、支付所得的个人的住所地确定。

⑥ 其他所得，由国务院财政、税务主管部门确定。

3) 税率

企业所得税税率是体现国家与企业分配关系的核心要素。税率设计的原则是兼顾国家、企业、职工个人三者利益。既要保证财政收入的稳定增长，又要使企业在发展生产、经营方面有一定的财力保证；既要考虑到企业的实际情况和负担能力，又要维护税率的统一性。

企业所得税实行比例税率。比例税率简便易行，透明度高，不会因征税而改变企业间收入分配比例，有利于促进效率的提高。现行规定如下。

(1) 基本税率为25%，适用于居民企业和在中国境内设有机构、场所且所得与机构、场所有关联的非居民企业。现行企业所得税基本税率设定为25%，既考虑了我国财政承受能力，又考虑了企业负担水平。

(2) 低税率为20%，适用于在中国境内未设立机构、场所的，或者虽设立机构、场所但取得的所得与其所设机构、场所没有实际联系的非居民企业，但实际征税时适用10%的税率。

4) 应纳税所得额

应纳税所得额是企业所得税的计税依据，按照《企业所得税法》的规定，企业每一纳税年度的收入总额，减除不征税收入、免税收入、各项扣除以及允许弥补的以前年度亏损后的余额，为应纳税所得额。有关应纳税所得额的计算，可扫描右侧二维码阅读。

应纳税所得额

5.4 平台纳税申报流程

5.4.1 增值税纳税申报流程

每月的次月15日前完成增值税月申报,每季度结束后的次月15日前完成所得税季申报。

成本管理角色单击界面右下角"快速开始"快捷菜单,进入税务管理界面,如图5-26所示。

视频:成本管理-增值税

视频:成本管理-增值税纳税申报

图5-26 税务管理界面

依次选择"月申报""立即申报",进入增值税申报界面,如图5-27所示。

图5-27 增值税申报界面

申报项目选择"增值税纳税申报表(适用于增值税一般纳税人)",申报表选择"增值税申报表",单击"立即申报",进入增值税申报主界面,"增值税纳税申报"选项卡下显示主表及附表,如图5-28所示。主表有增值税纳税申报表(适用于增值税一般纳税人)和4张附表,附表分别是增值税纳税申报表附列资料(一)(本期销售情况明细)、增值税纳税申报表附列资料(二)(本期进项税额明细)、增值税纳税申报表附列资料(三)(服务、不动产和无形资产扣除项目明细)、增值税纳税申报表附列资料(四)(税额抵减情况表)。增值税主表和附表均需要填列,完成申报。

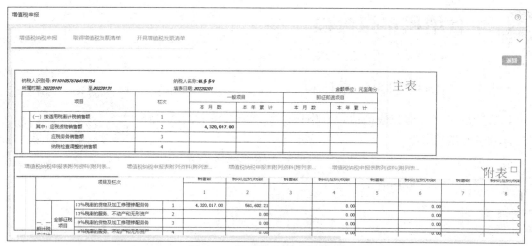

图5-28 增值税纳税申报界面

选择"取得增值税发票清单"选项卡,可以查询企业平台发生的13%、9%、6%、3%各个期间税率的税额及采购额,如图5-29所示。

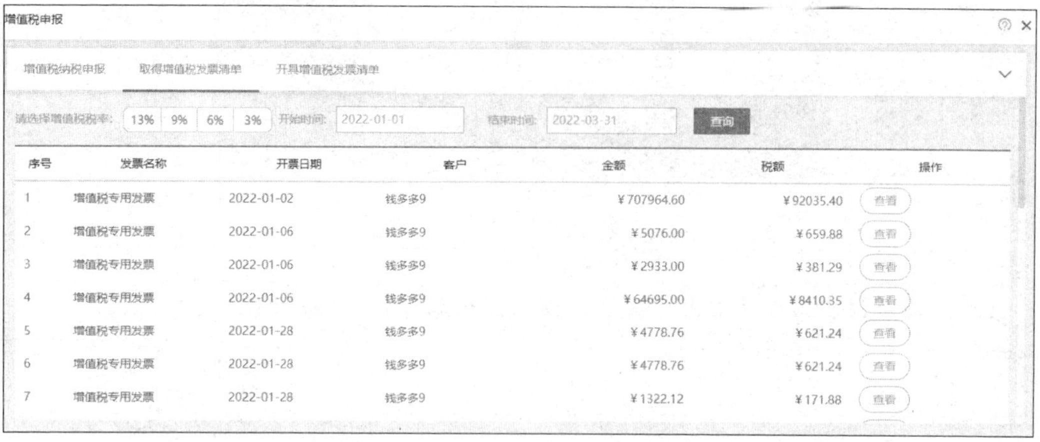

图5-29 取得增值税发票清单界面

选择"开具增值税发票清单"选项卡,可以查询企业平台发生的各税率在各个期间税率的税额及销售额,如图5-30所示。

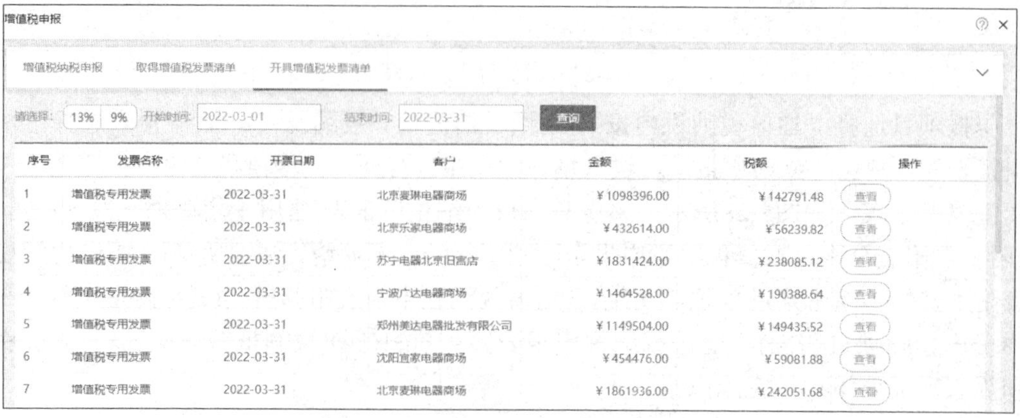

图5-30 开具增值税发票清单界面

填写增值税纳税申报表时，可查看系统提供的"取得增值税发票清单"和"开具增值税发票清单"。清单反映企业开具、取得的增值税专用发票情况。一般来说，可从"取得增值税发票清单"中获取填报当期进项税的相关数据，但所列举的发票不一定都可以进行进项抵扣，填报时，需根据税法和具体业务情况进行判断；可从"开具增值税发票清单"中获取填报当期销项税的相关数据(见图5-30)。每份纳税申报表(含附表)填写后，单击左下角"确定"按钮以保存数据，提交前可进行"修改""删除"操作，如图5-31所示。确认无误后可单击"审批提交"按钮，等待财务总监审批。审批提交后可单击"查看回单"按钮。增值税纳税申报表附列资料(三)、增值税纳税申报表附列资料(四)、增值税纳税申报表附列资料(五)及增值税减免申报表因不涉及相关业务，无须填写，单击"确认"按钮即可。

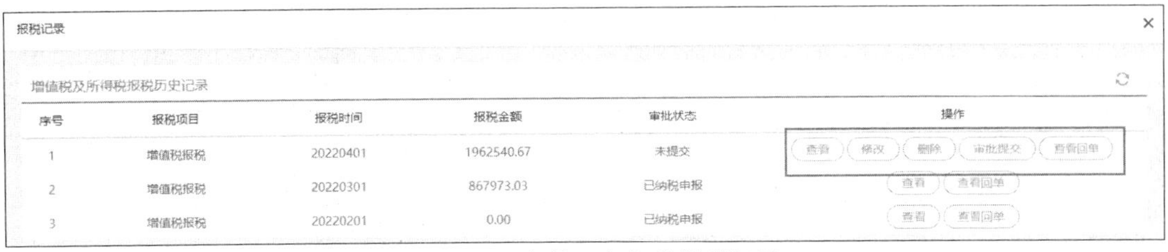

图5-31 成本管理角色的报税记录

财务总监在税务管理界面单击"报税记录"，单击"查看"按钮后(见图5-32)进入增值税纳税申报表审批界面，如图5-33所示。财务总监审批前需核对增值税纳税申报表填写是否正确，企业是否资金充足、缴纳税费，审批通过的增值税纳税申报表不可修改。如果本期业务的进项税额大于销项税额，当月无须缴纳增值税，不要进行纳税申报。

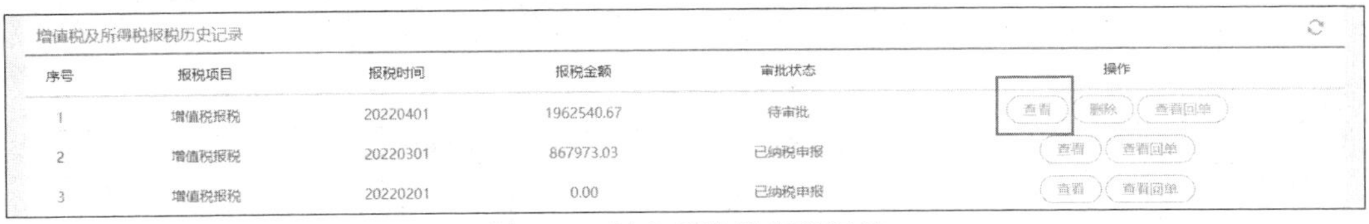

图5-32 财务总监的报税记录

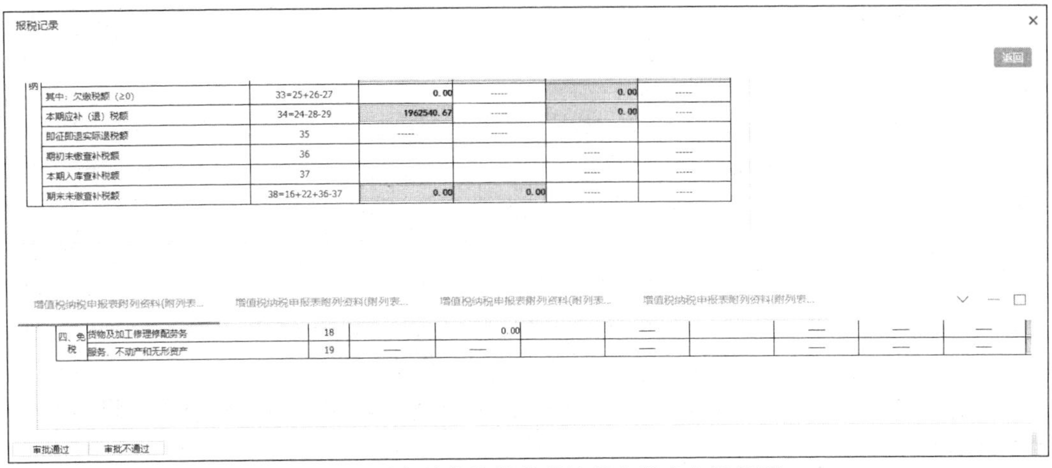

图5-33 财务总监的增值税纳税申报表审批界面

5.4.2 其他税费申报流程

成本管理角色单击界面右下角“快速开始”快捷菜单，进入税务管理界面。依次选择“其他税费”“月申报”“立即申报”，进入其他税费月申报界面，如图5-34所示。填写完成后，单击“保存”按钮，形成“其他税费报税历史记录”。可以在操作栏进行“查看”“修改”“删除”操作(没有提交前可进行“修改”“删除”操作)。确认无误后单击“审批提交”按钮，等待财务总监审批。

视频：成本管理—其他税费

视频：成本管理—其他税费申报

其他税费申报

其他税费月申报表

税种	税目	计税金额（数量）	税率（%）	单位税额	应纳税额
个人所得税	正常工资薪金		-	-	0.00
印花税	产权转移书据		0.0500	-	0.00
	资金账簿	0.00	0.0250	-	0.00
	借款合同	0.00	0.0050	-	0.00
	权利许可证照	0.00	-	5.00	0.00
	货物运输合同		0.0500	-	0.00
	购销合同		0.0300	-	0.00
	财产租赁合同	0.00	0.1000	-	0.00
城建税			7.0000	-	0.00
教育费附加			3.0000	-	0.00
合计	-	-	-	-	0.00

本企业个人所得税申报方式为汇总申报，财务人员根据企业实际缴纳税款作为缴税基数填写。

保存

图5-34 其他税费月申报表

财务总监依次选择“纳税管理”“其他税费”“报税记录”，对其他税费月申报表进行审批，如图5-35所示。

报税记录

其他税费月申报表

税种	税目	计税金额（数量）	税率（%）	单位税额	应纳税额
个人所得税	正常工资薪金	39401.09	-	-	39401.09
印花税	产权转移书据	0.00	0.0500	-	0.00
	资金账簿	0.00	0.0250	-	0.00
	借款合同	0.00	0.0050	-	0.00
	权利许可证照	0.00	-	5.00	0.00
	货物运输合同	22200.00	0.0500	-	11.10
	购销合同	28404148.40	0.0300	-	8521.24
	财产租赁合同	0.00	0.1000	-	0.00
城建税		137377.85	7.0000	-	9616.45
教育费附加		58876.22	3.0000	-	1766.29
合计	-	-	-	-	59316.17

本企业个人所得税申报方式为汇总申报，财务人员根据企业实际缴纳税款作为缴税基数填写。

审批通过　审批不通过

图5-35 财务总监审批其他税费月申报表

审批通过并提交后，在报税记录中单击“查看回单”按钮，可查看电子缴付款凭证，如图5-36所示。

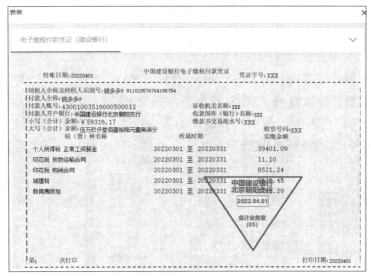

图5-36 电子缴付款凭证

其他税费月申报表填写说明如下。

(1) 财产租赁合同：计税金额可通过原始单据查询系统中业务涉及的财产租赁合同(租赁办公用房、租赁厂房、租赁生产线等业务)。需要注意的是，计税金额要考虑合同的期限。

(2) 权利、许可证照：该项根据学生实际平台业务操作，持有营业执照。

(3) 产权转移书据：该项根据学生实际平台业务操作，一般产权转让金额为0。

(4) 资金账簿：记载资金的营业账簿，以实收资本和资本公积的两项合计计算印花税(2月和3月的为新增的营业账簿资金部分)。

(5) 货物运输合同：在本平台中，没有实际的货物运输合同单据，可根据企业实际收到的运费增值税专用发票的未税金额合计数作为计税金额(增值税专用发票的计税金额为不含税的金额，普通发票的计税金额为含税金额)。

(6) 借款合同：向银行借款所签订的合同金额(2月和3月的为新增的借款合同部分)。

(7) 购销合同：采购业务和销售业务对应签订的合同。取数原则：价税合计取合计数，价税分离取未税金额。可以通过选择"成本管理""原始单据查询"，查询相应业务的合同并进行累加。

成本管理角色单击界面右下角"快速开始"快捷菜单，进入税务管理界面。依次选择"其他税费""季申报""立即申报"，进入其他税费季申报界面，如图5-37所示。

房产名称	房产原值	计税比例	税率（年）	计税月份	本期应纳税额
		70%	1.2%		0.00
		70%	1.2%		0.00
合计					0.00

本地区从价征收房产税的计税比例为70%，年税率为1.2%，要求企业按季度缴纳。

图5-37 其他税费季申报表

【注意】如果没有购买房地产，也要填"0"，并单击"保存"按钮。

5.4.3 企业所得税纳税申报流程

成本管理角色单击界面右下角"快速开始"快捷菜单，进入税务管理界面。依次选择"增值税及所得税申报""季申报""立即申报"，进入所得税申报界面，如图5-38所示，选择"企业所得税月(季)度预缴纳税申报表(A类)"，如图5-39所示。

视频：企业所得税纳税申报

视频：其他税费季申报

图5-38 所得税申报界面

图5-39 企业所得税纳税申报界面

企业所得税申报表有一张主表和一张附表。如果企业运营4个月，平台设定的企业所得税税率为25%，在本平台中，固定资产采用直线法计提折旧，附表金额为0。主附表填写完成后需要保存并提交财务总监进行审批。

第 6 章 稽查

在财务决策平台中，通过稽查，对比企业账务处理正确与否，主要的稽查项目有增值税、现金银行存款、成本费用及财务报表的稽查。

6.1 税务稽查概述

6.1.1 税务稽查相关内容

税务稽查是依法对纳税人、扣缴义务人和其他涉税当事人履行纳税义务、扣缴义务情况及涉税事项进行检查处理，以及围绕检查处理开展的相关工作。本平台设计了税务稽查模块，是从税务局的角度出发，对企业的账务和报税数据进行稽查，将发现的问题形成报告提交给企业，让其进行整改，并以税务稽查员的身份对运营企业做出补缴、罚款等处理并出具稽查报告和调整分录。

税务稽查中税务机关的权利有：税务查账权、场地检查权、责成提供资料权、询问权、查证权、查核存款权、采取税收保全措施权(提前征收、责成提供纳税担保、阻止欠税者出境、暂停支付存款和扣押查封财产)、强制执行权(对于纳税人和扣缴义务人均可适用，但保全措施只适用于纳税人)、收集证据权、依法处罚权(罚款、没收非法所得和非法财物、停止出口退税)。

税务稽查中被稽查对象的权利有：拒绝违法检查权、要求赔偿权、申请复议和诉讼权、要求听证权、索要收据和拒绝违法处罚权。

税务稽查中税务机关的义务有：出示证件、为纳税人保密、采取行政措施、开付单据。

税务稽查中被检查对象的义务有：接受税务机关依法检查(不作为的义务，只要不阻挠即为履行该义务)、如实反映情况、提供有关资料。

(1) 税务稽查的内容，包括以下几项。

① 稽查纳税人各种营业收入的核算与申报。

② 稽查纳税人各种成本费用的列支、转销及申报。

③ 稽查纳税人其他各种纳税义务的核算及申报。

④ 稽查纳税人收取或支付的价款、费用的定价情况。

⑤ 稽查纳税人适用税率、减免税、出口退税的申报情况。
⑥ 稽查应纳税款的计算、缴纳与申报情况。
⑦ 稽查纳税人、扣缴义务人对税务管理规定的执行情况。

(2) 稽查方法包括：财务指标分析法、账证核对法、比较法、实物盘点法、交谈询问法、外调法、突击检查法、控制计算法。

(3) 税务稽查的步骤具体如下。
① 选择被稽查的企业。
② 调账检查。
③ 实地调查。
④ 编制《税务稽查底稿》和《税务稽查底稿(整理)分类表》，录入稽查调整分录。
⑤ 向企业通报问题，核实事实，听取意见。
⑥ 填制《税务稽查报告》或者《税务稽查结论》，计算企业补缴税额、滞纳金、罚款等。
⑦ 提交《税务稽查报告》给被审理单位，审查通过后如果拟对被稽查企业进行税务行政处罚，编制《税务行政处罚事项告知书》给被稽查企业，被稽查企业可进行陈述、申辩。
⑧ 审理部门区分下列情形分别做出处理，并将相关文书递交被稽查企业：
- 认为有税收违法行为，应当进行税务处理的，拟制《税务处理决定书》；
- 认为有税收违法行为，应当进行税务行政处罚的，拟制《税务行政处罚决定书》；
- 认为税收违法行为轻微，依法可以不予税务行政处罚的，拟制《不予税务行政处罚决定书》；
- 认为没有税收违法行为的，拟制《税务稽查结论》。
⑨ 处罚被稽查企业，强制执行补缴税款、滞纳金、罚款等。
⑩ 如被稽查企业同税务机关在纳税上发生争议，必须先依照税务机关的纳税决定缴纳或者解缴税款及滞纳金或者提供相应的担保，然后可以依法申请行政复议；对行政复议决定不服的，可以依法向人民法院起诉。

6.1.2 税收稽查要点

1. 增值税稽查要点

增值税稽查要点具体如下。
(1) 虚构废品收购业务、虚增进项税额。
(2) 隐瞒销售收入。以代销为由对发出商品不入账、延迟入账，现金收入不入账，主要产品账面数与实际库存不符。
(3) 收取价外费用未计收入或将价外费用计入收入账户未计提销项税额；对尚未收回货款或向关联企业销售货物，不计入或延缓计入销售收入；企业发生销售折让、销售退回且未取得购买方当地主管税务机关开具的进货退出或索取折让证明，或未收回原发票联和抵扣联；企业以"代购"业务名义销售货物，少计销售收入；发生转供水、电、气等及销售材料且不记入销售收入的情况；发生混合销售行为且未缴纳增值税。

(4) 对固定资产改良等非应税项目领用材料未做进项税转出处理；对免税产品的原材料购进及领用单独核算，免税产品所用材料的进项税额未全额转出；企业从废旧物资回收企业购入的材料不属实；企业转供物业、福利等部门材料，其进项税额不做转出。

(5) 采购环节未按规定取得增值税专用发票，货款支付不一致。

(6) 生产企业采取平销手段返利给零售商，零售商取得返利收入不申报纳税，不冲减进项税额。

(7) 为隐瞒销售收入，故意不认证已取得的进项票，不抵扣进项税额，人为调节税负水平。

(8) 虚开农副产品收购发票抵扣税款［运用投入产出方法，检查评估收购农副产品数量、种类与其产成品(销售)是否对应］。

(9) 购进非农副产品、向非农业生产者收购农产品或盗用农业生产者的身份开具农副产品收购发票；虚抬收购价格、虚假增大收购数量。

(10) "以物易物""以物抵债"行为，未按规定正确核算销项税额；开具的增值税专用发票，结算关系不真实，虚开或代开专用发票。

2. 企业所得税稽查要点

企业所得税稽查要点具体如下。

(1) 多转生产成本，影响当期损益，少缴企业所得税。

(2) 以货易货，以货抵股利、福利，少缴企业所得税。

(3) 将不属于生产的水电、煤炭开支记入"制造费用"，增大成本费用；故意扩大预提项目或多提预提费用，冲减当期损益。

(4) 资本性支出挤占成本、费用。

(5) 视同销售的事项少计收入。

(6) 企业的资产报损未经过审批。

(7) 房租收入、固定资产清理收入及关联交易收入，未按税法规定申报缴纳企业所得税。

(8) 不及时结转收入，推迟交纳税款。

(9) 将已实现的收入挂在预收款或其他应付款中，少计收入。

(10) 将抵顶货款的房子、汽车等财产处理后不入账，形成账外经营。

(11) 用不正规发票入账，虚列成本、费用。

(12) 多列支出。以虚开服务业的发票虚增成本、套取现金，虚增人员工资套取现金，以办公费用的名义开具发票套取现金，以虚增广告支出的方式通过广告公司套取现金。通过设立关联的销售公司、办事处，以经费、销售费用的名义虚列支出套取现金。

6.1.3 企业纳税风险规避

企业纳税风险是企业的涉税行为因未能正确有效遵守税收法规而导致企业未来利益的可能损失，具体表现为企业涉税行为影响纳税准确性的不确定因素，其结果就是企业多交了税或者少交了税。企业管理层应确立自觉遵守税收法律法规的经营环境，严格按照税法和企业会计准则进行核算，定期进行纳税评估，因此无论是否被税务机关列为稽查对象都应该定期对自身的纳税情况进行自查。

自查工作应涵盖企业生产经营涉及的全部税种，其中两个主要税种的自查要点如下。

1. 增值税自查要点

(1) 用于抵扣进项税额的增值税专用发票是否真实合法：是否有开票单位与收款单位不一致或票面所记载货物与实际入库货物不一致的发票用于抵扣。

(2) 是否存在购进材料、电、气等货物用于在建工程、集体福利等非应税项目等未按规定转出进项税额的情况。

(3) 销售收入是否完整及时入账：是否存在以货易货交易未计收入的情况；是否存在以货抵债收入未计收入的情况；是否存在销售产品不开发票，取得的收入不按规定入账的情况；是否存在销售收入长期挂账，不转收入的情况；是否存在将收取的销售款项先支付费用(如购货方的回扣、推销奖、营业费用、委托代销商品的手续费等)，再将余款入账作为收入的情况。

(4) 是否存在视同销售行为、未按规定计提销项税额的情况：将自产或委托加工的货物用于非应税项目、集体福利或个人消费，如用于内设的食堂、宾馆、医院、托儿所、学校、俱乐部、家属社区等部门，不计或少计应税收入；将自产、委托加工或购买的货物用于投资、分配、无偿捐助等，不计或少计应税收入。

2. 企业所得税自查要点

(1) 企业取得的各种收入是否存在未按所得税权责发生制原则确认计税的问题。

(2) 企业资产评估增值是否并入应纳税所得额。

(3) 取得非货币性资产收入或权益是否计入应纳税所得额。

(4) 是否存在利用虚开发票或虚列人工费等虚增成本。

(5) 是否存在使用不符合税法规定的发票及凭证，列支成本费用。

(6) 是否存在超标准列支业务宣传费、业务招待费和广告费。

(7) 是否存在与其关联企业之间的业务往来，不按照独立企业之间的业务往来收取或者支付价款、费用而减少应纳税所得额的，未做纳税调整。

6.2 税务稽查操作

稽查工作核心的内容是通过辅助稽查功能全面掌握企业的账务处理情况和纳税申报情况。辅助稽查由下面几项构成：各税种实缴金额稽查，防止企业漏报或错报税收；特殊凭证稽查，比如调整凭证，其他无附件凭证等；成本计算稽查，稽查企业成本计算是否完整、正确，是否符合税法和会计准则的基本要求；索取发票和开具发票稽查，稽查企业是否按时开具发票，收入确认时间和开票时间是否与税法规定相符；稽查企业银行、现金日记账与系统对账单及现金实盘流水是否一致；系统存货库存实盘数与企业存货数量金额明细账是否相符。

6.2.1 选择被稽查企业

1. 选案

根据国家税务总局印发的《税务稽查工作规程》，选择被稽查企业，称为选案。稽查局应当通过多种渠道获取案源信息，集体研究，合理、准确地选择和确定稽查对象。选案部门负责稽查对象的选取，并对税收违法案件查处情况进行跟踪管理。

选案部门对案源信息采取计算机分析、人工分析、人机结合分析等方法进行筛选，发现有税收违法嫌疑的，应当确定为待查对象。

2. 平台税收稽查操作步骤

(1) 平台成员(以成本管理为例)进入财务决策平台界面，单击"外部机构"，选择"稽查"，如图6-1所示。

图6-1　进入稽查

(2) 进入税务稽查系统，选择"网上税务局"，如图6-2所示。

图6-2　进入网上税务局

(3) 单击"管辖企业"，选择稽查的企业，单击"稽查"按钮，进入稽查界面，如图6-3所示。

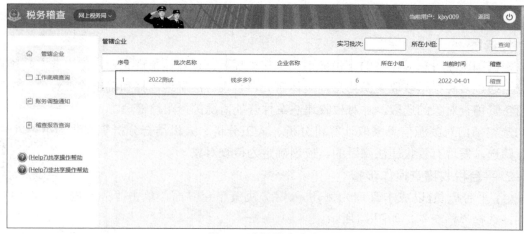

图6-3 选择稽查企业

(4) 在稽查流程图中单击"编制工作底稿",如图6-4所示。

图6-4 稽查流程图

(5) 选择"辅助稽查(对比数据)",可以看到企业做的答案与平台系统答案的对比,如图6-5所示。

图6-5 工作底稿查询界面

6.2.2 税务工作底稿

1. 税务稽查工作底稿的概念

税务稽查工作底稿是税务人员从事税务稽查时,对稽查过程和检查事项所做出的原始记录。它是稽查报告形成的基础,是对稽查报告进行审理的最直接的参照资料,是检验检查质量好坏的最全面的原始资料,是对税收违法行为处罚的依据。稽查工作底稿质量高低,对整个稽查工作质量的好坏有至关重要的影响。编制检查工作底稿应当做到内容完整、观点明确。因此编制工作底稿前应充分收集被稽查企业的各类涉税信息。

2. 收集被稽查企业的涉税信息的方法

收集被稽查企业的涉税信息的方法主要有调账检查和实地检查。

(1) 调账检查。调账检查要经历三个层次、五个步骤。三个层次,即对会计账簿、凭证和报表的审核;五个步骤,即对会计报表、纳税申报表、有关计税依据账户、与计税依据相关且可能隐匿计税依据账户的审核,以及会计账户与相关的会计凭证的比对审核。同时注重检查会计核算合法性、真实性、正确性。

(2) 实地检查。具体检查如下内容:

- 检查商品、货物或其他财产是否与账证相符;
- 检查账簿、凭证等会计资料档案的设置、保存情况,特别是原始凭证的保存情况;
- 检查当事人计算机及其服务器的数据信息情况;
- 检查当事人隐藏的账外证据资料,获取涉税违法的直接证据。

(3) 税务稽查工作底稿的内容。税务稽查人员编制的税务稽查工作底稿应包括下列基本内容:

- 被稽查单位名称;
- 税务稽查项目名称;
- 税务稽查项目时点或期间;
- 税务稽查过程记录;
- 税务稽查标识及其说明;
- 税务稽查结论;
- 索引号及页次;
- 编制者姓名及编制日期;
- 复核者姓名及复核日期;
- 其他应说明事项。

6.3 增值税及其他税费稽查

6.3.1 增值税稽查

在辅助稽查(对比数据)界面,单击"稽查增值税税额"选项卡(见图6-6),界面显示的是某年增值税税务稽查表,年份可以选择;选择年份后,显示该年增值税税务稽查表,申报类型选择"增值税纳税申报"。界面上方为系统答案,界面下方为企业填制答案,表格上显示已做账月份的销项税额、进项税额、本期应交税额、本期实际缴纳税金、差额等数据。其中,"销项税额""进项税额"的数据取自系统原始数据;"本期应交税额"是系统原始数据计算出来的结果;"本期实际缴纳税金"取自企业纳税申报表。用系统原始数据和企业纳税申报数据比对,如果两者一致,差额为零,可以初步判断企业纳税申报基本正确;如果两者不一致,差额不为零,初步判断企业纳税申报有误。

图6-6 稽查增值税税额

在稽查增值税税额界面,于表格下方选择"发票清单""取得增值税发票清单",输入查询时间,单击"查询"按钮(见图6-7)。如果企业在采购业务或易货业务中,没有按时索取发票,电算化界面没有进行账务处理,纳税申报就不正确。因此,系统可通过"发票清单"功能检索企业是否有未索取发票的事项,如果没有,系统提示"暂时没有记录",如果有,会显示在该界面,提示稽查人员针对未索取发票事项进一步稽查。

图6-7 发票清单

6.3.2 其他税费稽查

在辅助稽查(对比数据)界面，单击"稽查其他税费税额"选项卡(见图6-8)，界面上方为系统答案，界面下方为企业填制答案。在辅助稽查(对比数据)界面可以详细对比企业填制的印花税税额与系统答案的印花税税额(见图6-9)。

图6-8 稽查其他税费税额

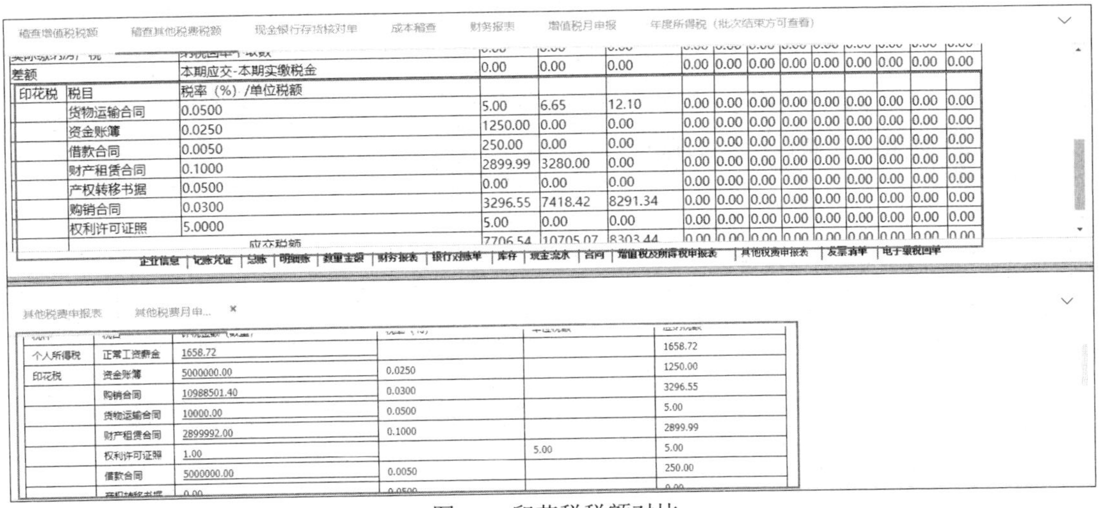

图6-9 印花税税额对比

6.4 现金银行存货稽查

在辅助稽查(对比数据)界面，单击"现金银行存货核对单"选项卡(见图6-10)，该功能分为4个表单，分别是"现金核对单""银行核对单""存货核对单""收入核对单"。

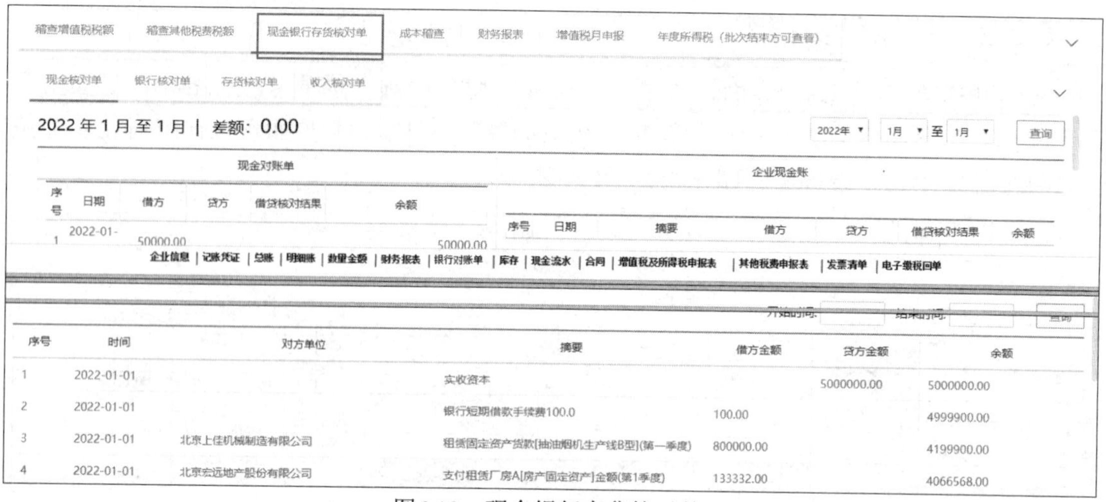

图6-10 现金银行存货核对单

1. 现金核对稽查

在现金银行存货核对单界面，单击"现金核对单"选项卡，输入查询时间，单击"查询"按钮，系统显示现金核对单界面，如图6-11所示。界面左边显示"现金对账单"，数据来源于企业运营界面的经济业务，相当于企业现金实存数；界面右边显示"企业现金账"，数据来源于电算化模块的现金日记账。两边数据对比，若数据完全相符，系统自动在"借贷核对结果"处用"√"表示，说明企业记账正确。对于检索中关键字不相同的数据，系统会用红字表示，提示稽查人员做进一步的调查，有可能是企业记账时出错。差额显示在左上方，如果差额为零，说明企业现金业务记账基本正确；如果不为零，说明企业现金业务记账有错，要做进一步的稽查。

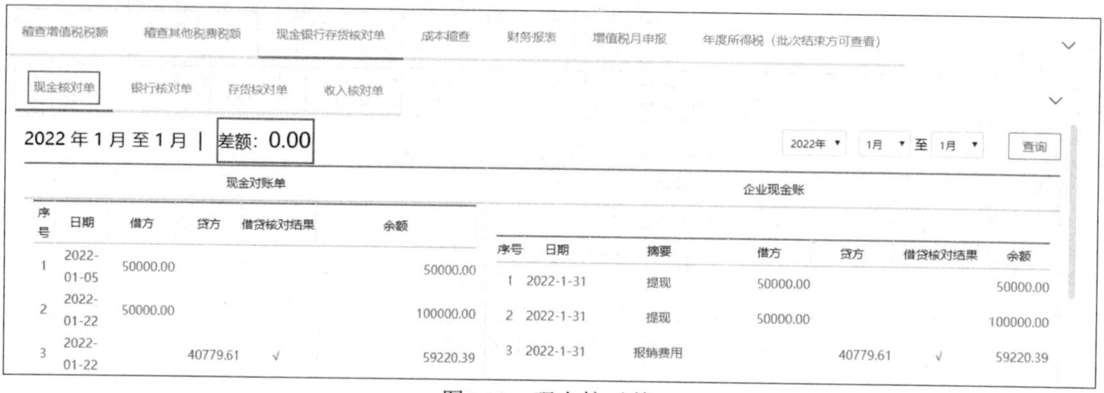

图6-11 现金核对单

2. 银行核对稽查

在现金银行存货核对单界面，单击"银行核对单"选项卡，由于银行存款可开设明细科目进行核算，所以要通过下拉菜单选择明细科目，然后再输入查询年份和月份(与现金核对不同，银行核对一次只能核对一个月的账单)，单击"查询"按钮，系统显示银行核对单界面，如图6-12所示。界面左边显示"银行对账单"，数据来源于企业运营界面的经济业务，相当于实务中的银行对账单；界面右边显示"企业银行账"，数据来源于电算化模块的银行日记账。与"现金核对单"相同，若两边数据完全相符，系统自动在"借贷核对结果"处用"√"表示，说明企业记账正确。对于检索中关键字不相同的数据，系统会用红字表示，提示稽查人员做进一步的调查，有可能是企业记账时出错。差额显示在左上方，如果差额为零，说明企业银行业务记账基本正确，如果不为零，说明银行业务记账有错，要做进一步的稽查。

图6-12　银行核对单

3. 存货核对稽查

在现金银行存货核对单界面，单击"存货核对单"选项卡(见图6-13)，输入查询年份和月份，单击"查询"按钮，系统显示存货核对单界面。该界面显示原材料的账存、实存、盈亏的数量和金额，以及产成品的账存、实存、盈亏的数量和金额。在稽查过程中，如果数量相符，可以忽略不计金额的尾差，金额尾差是凭证和账簿小数点保留位数不一致造成的。

图6-13　存货核对单

4. 收入核对稽查

在现金银行存货核对单界面，单击"收入核对单"选项卡，输入查询年份和月份，单击"查询"按钮，系统显示收入核对单界面，如图6-14所示。界面左边显示"系统发票明细"，界面右边显示"主营业务明细"。同样是用系统数据与企业电算化模块的账簿数据进行比对，如果不符，会显示差额，提示稽查人员做进一步的稽查。相符的情况下，差额为零。

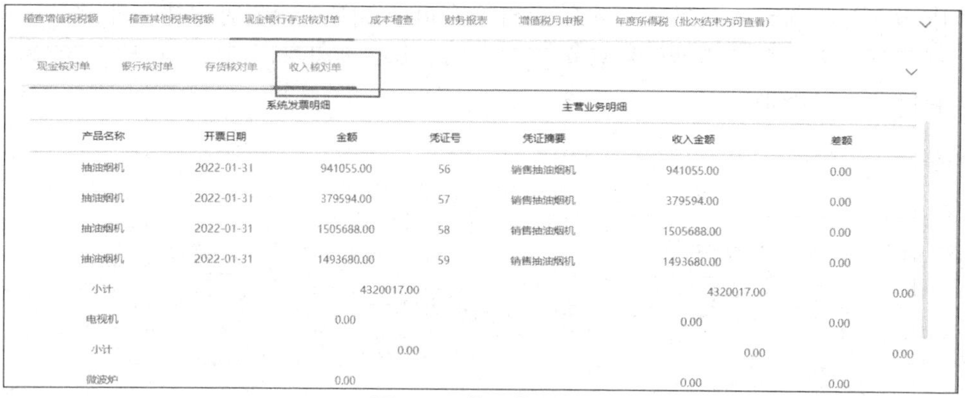

系统发票明细			主营业务明细			
产品名称	开票日期	金额	凭证号	凭证摘要	收入金额	差额
抽油烟机	2022-01-31	941055.00	56	销售抽油烟机	941055.00	0.00
抽油烟机	2022-01-31	379594.00	57	销售抽油烟机	379594.00	0.00
抽油烟机	2022-01-31	1505688.00	58	销售抽油烟机	1505688.00	0.00
抽油烟机	2022-01-31	1493680.00	59	销售抽油烟机	1493680.00	0.00
小计		4320017.00			4320017.00	0.00
电视机		0.00			0.00	0.00
小计		0.00			0.00	0.00
微波炉		0.00			0.00	0.00

图6-14　收入核对单

6.5 成本费用稽查

在辅助稽查(对比数据)界面，单击“成本稽查”选项卡，该功能分为3个表单，分别是“工资薪酬费用分配表”“制造费用分配表”“完工产品与月末在产品成本分配表”。

1. 工资薪酬费用分配表

在成本稽查界面，单击“工资薪酬费用分配表”选项卡，输入查询年份和月份，单击“查询”按钮，系统显示工资薪酬费用分配表界面，如图6-15所示。工资薪酬费用分配表界面左边是企业填制单据，界面右边是系统生成单据，即正确答案。若左右两边数据相符，则不会出现标红情况；若左右两边数据不相符，则会出现标红情况。对于检索不相同的数据，系统会用红字表示，提示稽查人员做进一步的调查，有可能是企业记账时出错。对于检索相同的数据，系统标红，则可能是企业填制单据的顺序排位与系统生成单据顺序排位不一致导致，这不会对企业财务报表数据产生影响，企业可不用理会。

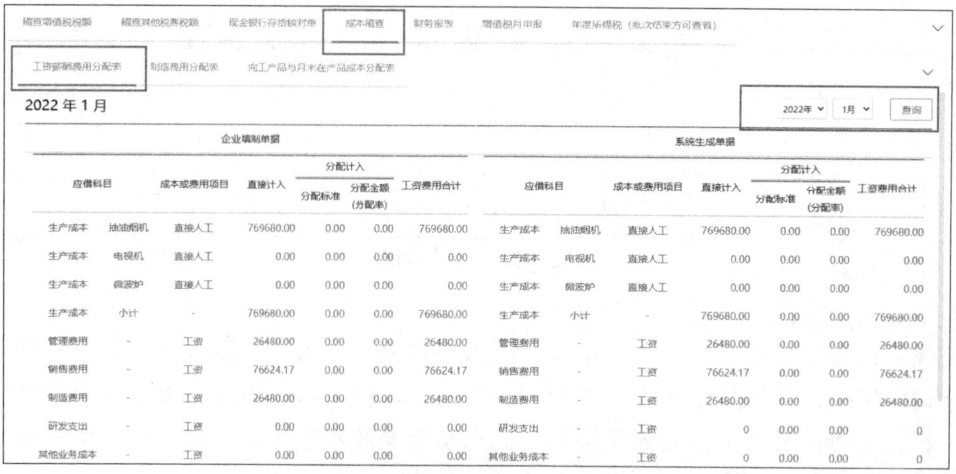

企业填制单据

应借科目		成本或费用项目	直接计入	分配计入-分配标准	分配计入-分配金额(分配率)	工资费用合计
生产成本	抽油烟机	直接人工	769680.00	0.00	0.00	769680.00
生产成本	电视机	直接人工	0.00	0.00	0.00	0.00
生产成本	微波炉	直接人工	0.00	0.00	0.00	0.00
生产成本	小计	-	769680.00	0.00	0.00	769680.00
管理费用	-	工资	26480.00	0.00	0.00	26480.00
销售费用	-	工资	76624.17	0.00	0.00	76624.17
制造费用	-	工资	26480.00	0.00	0.00	26480.00
研发支出	-	工资	0.00	0.00	0.00	0.00
其他业务成本	-	工资	0.00	0.00	0.00	0.00

系统生成单据

应借科目		成本或费用项目	直接计入	分配计入-分配标准	分配计入-分配金额(分配率)	工资费用合计
生产成本	抽油烟机	直接人工	769680.00	0.00	0.00	769680.00
生产成本	电视机	直接人工	0.00	0.00	0.00	0.00
生产成本	微波炉	直接人工	0.00	0.00	0.00	0.00
生产成本	小计	-	769680.00	0.00	0.00	769680.00
管理费用	-	工资	26480.00	0.00	0.00	26480.00
销售费用	-	工资	76624.17	0.00	0.00	76624.17
制造费用	-	工资	26480.00	0.00	0.00	26480.00
研发支出	-	工资	0	0.00	0.00	0
其他业务成本	-	工资	0	0.00	0.00	0

图6-15　工资薪酬费用分配表稽查

2. 制造费用分配表

在成本稽查界面，单击“制造费用分配表”选项卡，输入查询年份和月份，单击“查询”按钮，系统显示制造费用分配表界面，如图6-16所示。制造费用分配表界面左边是企业填制单据，界面右边是系统生成单据，即正确答案。若左右两边数据相符，则不会出现标红情况；若左右两边数据不相符，则会出现标红情况。对于检索不相同的数据，系统会用红字表示，提示稽查人员做进一步的调查，有可能是企业记账时出错。对于检索相同的数据，系统标红，则可能是企业填制单据的顺序排位与系统生成单据顺序排位不一致导致，这不会对企业财务报表数据产生影响，企业可不用理会。

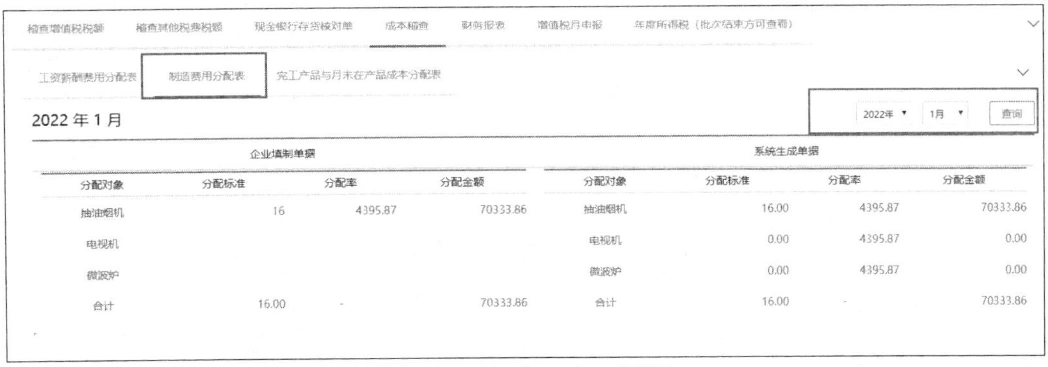
稽查增值税税额 稽查其他税费税额 现金银行存货核对单 成本稽查 财务报表 增值税月申报 年度所得税（批次结束方可查看）

工资薪酬费用分配表 制造费用分配表 完工产品与月末在产品成本分配表

2022 年 1 月 2022年 1月 查询

企业填制单据				系统生成单据			
分配对象	分配标准	分配率	分配金额	分配对象	分配标准	分配率	分配金额
抽油烟机	16	4395.87	70333.86	抽油烟机	16.00	4395.87	70333.86
电视机				电视机	0.00	4395.87	0.00
微波炉				微波炉	0.00	4395.87	0.00
合计	16.00	-	70333.86	合计	16.00	-	70333.86

图6-16 制造费用分配表稽查

3. 完工产品与月末在产品分配表

在成本稽查界面，单击“完工产品与月末在产品分配表”选项卡，选择产品，输入查询年份和月份，单击“查询”按钮，系统显示完工产品与月末在产品分配表界面，如图6-17所示。完工产品与月末在产品分配表界面上方是企业填制单据，界面下方是系统生成单据，即正确答案。若上下两边数据相符，则不会出现标红情况；若上下两边数据不相符，则会出现标红情况。对于检索不相同的数据，系统会用红字表示，提示稽查人员做进一步的调查，有可能是企业记账时出错。对于检索相同的数据，系统标红，则可能是企业填制单据的顺序排位与系统生成单据顺序排位不一致导致，这不会对企业财务报表数据产生影响，企业可不用理会。

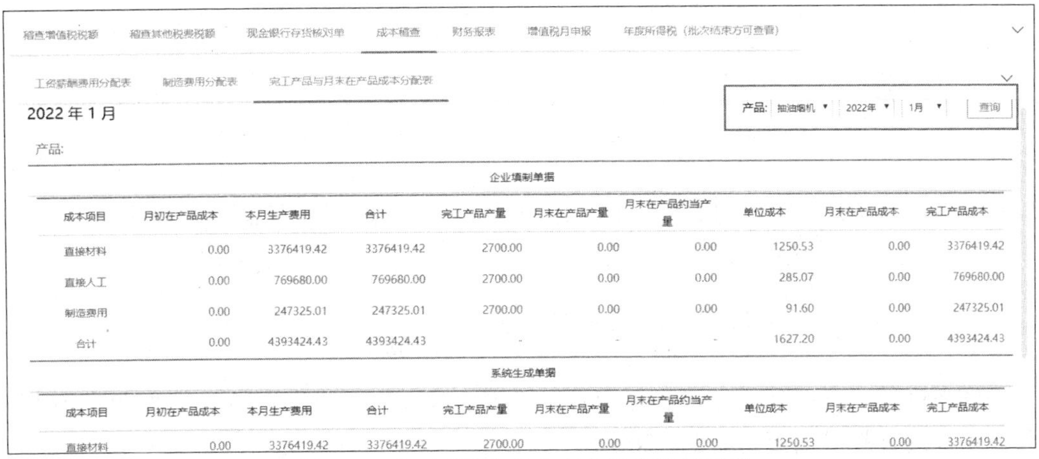
稽查增值税税额 稽查其他税费税额 现金银行存货核对单 成本稽查 财务报表 增值税月申报 年度所得税（批次结束方可查看）

工资薪酬费用分配表 制造费用分配表 完工产品与月末在产品成本分配表

2022 年 1 月 产品: 抽油烟机 2022年 1月 查询

产品:

企业填制单据

成本项目	月初在产品成本	本月生产费用	合计	完工产品产量	月末在产品产量	月末在产品约当产量	单位成本	月末在产品成本	完工产品成本
直接材料	0.00	3376419.42	3376419.42	2700.00	0.00	0.00	1250.53	0.00	3376419.42
直接人工	0.00	769680.00	769680.00	2700.00	0.00	0.00	285.07	0.00	769680.00
制造费用	0.00	247325.01	247325.01	2700.00	0.00	0.00	91.60	0.00	247325.01
合计	0.00	4393424.43	4393424.43	-	-	-	1627.20	0.00	4393424.43

系统生成单据

成本项目	月初在产品成本	本月生产费用	合计	完工产品产量	月末在产品产量	月末在产品约当产量	单位成本	月末在产品成本	完工产品成本
直接材料	0.00	3376419.42	3376419.42	2700.00	0.00	0.00	1250.53	0.00	3376419.42

图6-17 完工产品与月末在产品分配表稽查

6.6 财务报表稽查

在辅助稽查(对比数据)界面，单击"财务报表"选项卡，该功能分为3个表单，分别是"现金流量表""利润表""资产负债表"。

在财务报表界面，单击"利润表"选项卡，输入查询年份和月份，单击"查询"按钮，系统显示利润表界面，如图6-18所示。利润表界面上方是系统生成单据，即正确答案；界面下方是企业填制单据。若上下两边数据相符，则不会出现标红情况；若上下两边数据不相符，则会出现标红情况。

图6-18 利润表稽查

利润表中的"营业收入""营业成本"可通过下拉三角"收入成本"查看具体明细进行核对稽查，如图6-19所示。

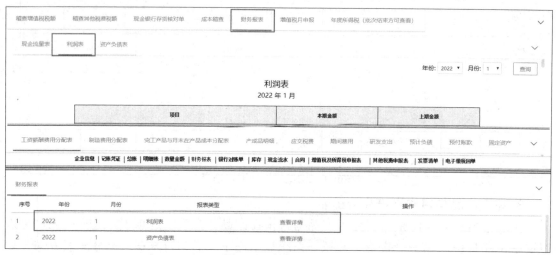

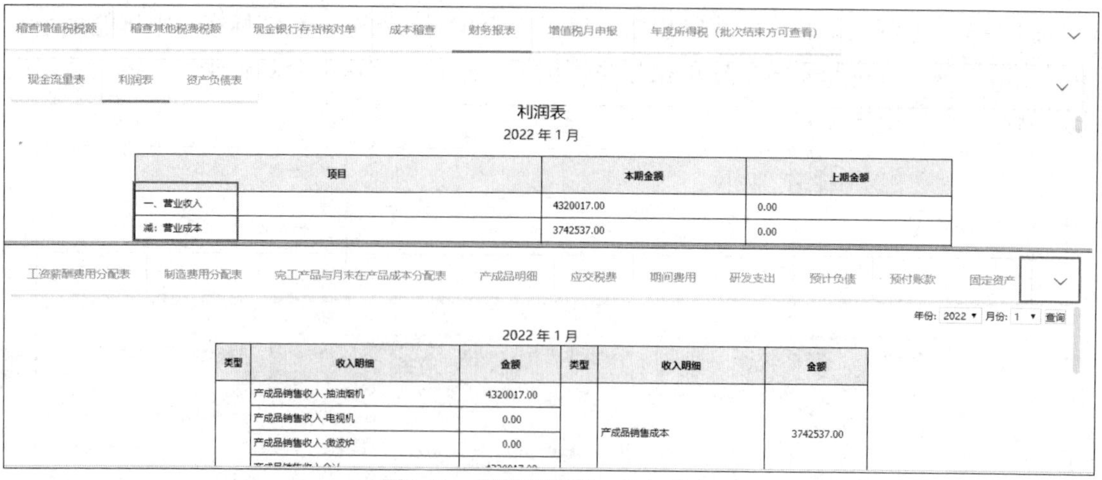

图6-19 利润表稽查—收入成本

利润表中的"财务费用""管理费用""销售费用"可通过表格下方"期间费用"查看具体明细进行核对稽查，如图6-20所示。

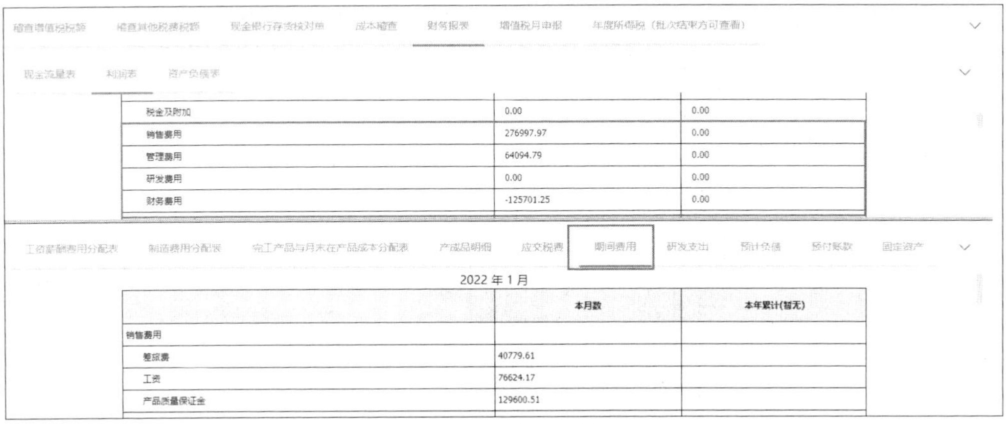

图6-20 利润表稽查—期间费用

利润表中的"研发费用"可通过表格下方"研发支出"查看具体明细进行核对稽查，如图6-21所示。

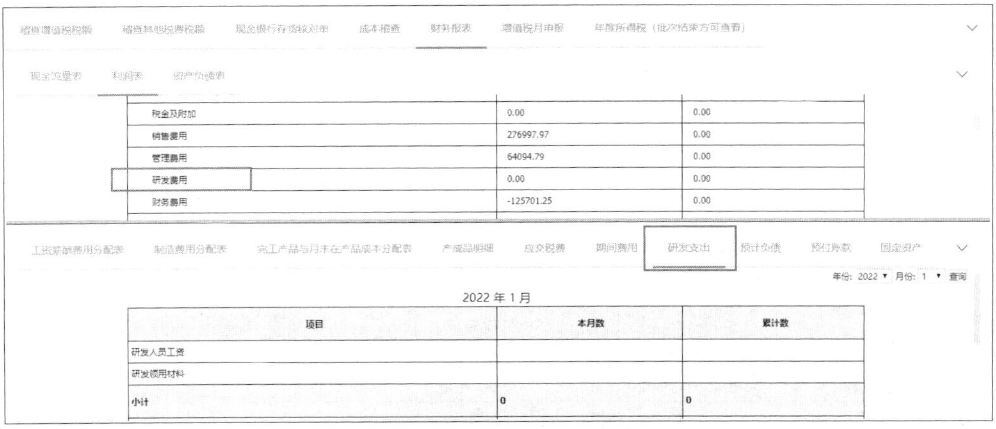

图6-21 利润表稽查—研发支出

利润表中的"税金及附加"可通过表格下方"应交税费"查看具体明细进行核对稽查，如图6-22所示。

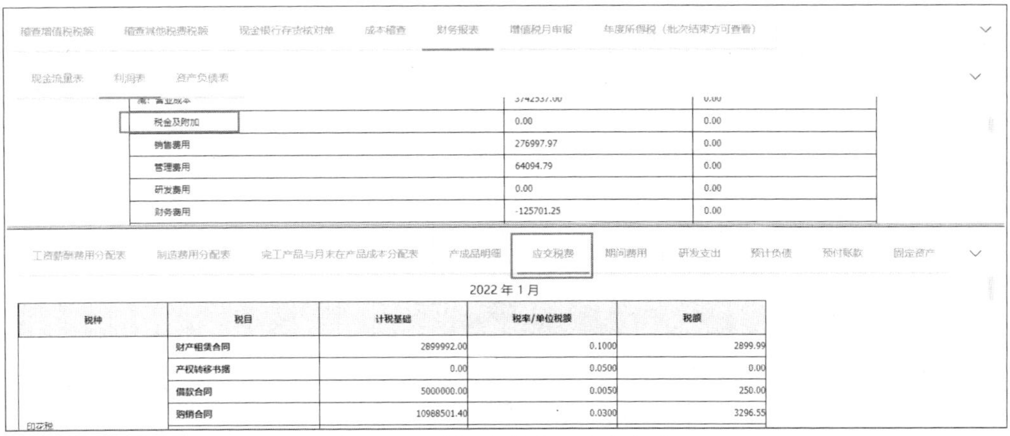

图6-22 利润表稽查—应交税费

在财务报表界面，单击"资产负债表"选项卡，输入查询年份和月份，单击"查询"按钮，系统显示资产负债表界面，如图6-23所示。资产负债表界面上方是系统生成单据，即正确答案；界面下方是企业填制单据。若上下两边数据相符，则不会出现标红情况；若上下两边数据不相符，则会出现标红情况。

图6-23　资产负债表稽查

资产负债表中的"预计负债"可通过表格下方"预计负债"查看具体明细进行核对稽查，如图6-24所示。

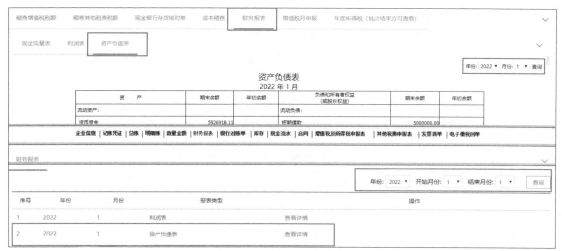

图6-24　资产负债表稽查—预计负债

资产负债表中的"预付款项"可通过表格下方"预付账款"查看具体明细进行核对稽查，如图6-25所示。

图6-25 资产负债表稽查—预付款项

资产负债表中的"固定资产"可通过表格下方"固定资产"查看具体明细进行核对稽查，如图6-26所示。

图6-26 资产负债表稽查—固定资产

第 7 章 会计业务实践

7.1 综合项目一

7.1.1 企业基本资料

钱多多9座落于北京市朝阳区，注册资本人民币500万元整(伍佰万元整)，经营范围为电子产品生产与销售，营业执照和开户许可证如图7-1、图7-2所示。公司本着"诚信为本，顾客至上"的经营理念，致力于打造一个以家用电器为龙头产品，结合多种电子产品生产与销售，并兼营其他业务的现代化企业。

图7-1 营业执照

图7-2 开户许可证

公司为工业企业，采用实际成本法计算材料成本；材料出库成本采用移动加权平均法核算，低值易耗品每月采购一次，一次性投入，直接计入当期制造费用；生产成本采用品种法分配结转；生产材料在生产开始时一次投料，完工产品与在产品所耗原材料费用是相等的，原材料费用按照完工产品和在产品数量分配，制造费用和工资薪金按照完工产品和在产品约当产量进行分配(即：工资根据人工工时分配；制造费用根据机械工时分配；完工比例请依次选择"运营界面""信息管理""资产信息""生产状态"处查询)；固定资产折旧方法采用直线法；产成品出库采用月末一次加权平均法；股票买卖采用移动加权平均法结转股票成本；所得税每季度末一次性根据企业利润计提(无须进行纳税调整，纳税调整事项统一体现在所得税申报表上);本企业员工到岗后,次月起薪,为了保证成本核算均衡,工资及福利费等薪酬当月计提,次月支付;月末无须计提本月利息费用,次月支付时直接计入当期费用;月末无须计提印花税,次月申报缴纳时直接计入对应科目即可;企业在每年第四季度会支付劳保费,主要为生产车间工人提供防寒防冻的用品;关于坏账计提方式:企业在分期收款方式下销售商品,如果二期款在合同约定时间内未收到时,企业财务人员应将未收款项全额计提坏账准备;印花税申报时,货物运输合同、仓储保管合同、加工承揽合同、销售原材料业务的购销合同以企业当期收到的上述发票的未税金额作为计税基础;系统涉及金额最终结果均保留2位小数(采用四舍五入法)。

2022年1月2日,企业采购抽油烟机辅料数量为3 000套,抽油烟机电机数量为3 000套,2022年1月19日,企业采购抽油烟机辅料数量为2 000套,抽油烟机电机数量为2 000套(见图7-3),2022年1月企业共销售抽油烟机2 500件(见图7-4)。

采购原材料[抽油烟机辅料]数量[2000.00]	2022-01-19	2022-01-22	2022-01-31	已完成
采购原材料[抽油烟机电机]数量[2000.00]	2022-01-19	2022-01-22	2022-01-31	已完成
采购原材料[抽油烟机辅料]数量[3000.00]	2022-01-02	2022-01-04	2022-01-31	已完成
采购原材料[抽油烟机电机]数量[3000.00]	2022-01-02	2022-01-05	2022-01-31	已完成

图7-3 采购信息

抽油烟机订单200-02	郑州泰和电器商场	抽油烟机	200	132	2022-01-24	2022-01-28	已完成
抽油烟机订单500-01	宁波广达电器商场	抽油烟机	500	132	2022-01-18	2022-01-28	已完成
抽油烟机订单800-02	天津住友电器批发有限公司	抽油烟机	800	132	2022-01-18	2022-01-28	已完成
抽油烟机订单200-01	北京乐家电器商场	抽油烟机	200	132	2022-01-18	2022-01-21	终止

合同名称	客户名称	合同产品	产品数量	库存	合同签订时间	到期时间	状态
抽油烟机订单800-01	郑州美达电器批发有限公司	抽油烟机	800	132	2022-01-12	2022-01-23	已完成

图7-4 销售信息

企业雇用生产线管理人员10人,工资4 000元/人;管理人员5人,工资4 000元/人;生产人员340人,工资3 000元/人;销售人员10人,工资2 000元/人(见图7-5)。购买笔记本电脑15台,单价4 313元;打印机一台,单价2 933元;复印机一台,单价5 076元(见图7-6)。租赁一条抽油烟机生产线,单位耗时1,产能1 000台,废品率为0.3%,占用面积为400平方米。租赁一间抽油烟机车间,租赁厂房A面积为400平方米,办公用房A面积为50平方米。根据我公司的产品质量保证条款,产品售出后一年内如发生质量问题,公司将负责免费维修。预计发生维修费为销售收入的2%~4%。每月月末计提产品质量保证金。

员工类型	工资	人数	已用人数	可用人数
生产线管理人员	4000.00	10	10	0
管理人员	4000.00	5	5	0
生产人员	3000.00	340	340	0
销售人员	2000.00	10	10	0

图7-5 员工信息

名称	类型	状态	占用面积	购买日期	原价	折旧月份	净残比率	方式
复印机	办公用品	占用	0.00	2022-01-06	5076.00	36	0.00	购买
打印机	办公用品	占用	0.00	2022-01-06	2933.00	36	0.00	购买
笔记本电脑	办公用品	占用	0.00	2022-01-06	4313.00	36	0.00	购买
笔记本电脑	办公用品	占用	0.00	2022-01-06	4313.00	36	0.00	购买
笔记本电脑	办公用品	占用	0.00	2022-01-06	4313.00	36	0.00	购买
笔记本电脑	办公用品	占用	0.00	2022-01-06	4313.00	36	0.00	购买
笔记本电脑	办公用品	占用	0.00	2022-01-06	4313.00	36	0.00	购买
笔记本电脑	办公用品	占用	0.00	2022-01-06	4313.00	36	0.00	购买
笔记本电脑	办公用品	占用	0.00	2022-01-07	4313.00	36	0.00	购买
笔记本电脑	办公用品	占用	0.00	2022-01-07	4313.00	36	0.00	购买
笔记本电脑	办公用品	占用	0.00	2022-01-07	4313.00	36	0.00	购买
笔记本电脑	办公用品	占用	0.00	2022-01-07	4313.00	36	0.00	购买
笔记本电脑	办公用品	占用	0.00	2022-01-07	4313.00	36	0.00	购买
笔记本电脑	办公用品	占用	0.00	2022-01-07	4313.00	36	0.00	购买

图7-6　其他资产信息

7.1.2　1月涉及的凭证与财务处理

视频：资金管理-1月系统生成凭证讲解

根据运营管理2022年1月发生的业务内容，资金管理主要填制的记账凭证如下。

(1) 2022年1月1日，收到投资款500万元(见图7-7)。

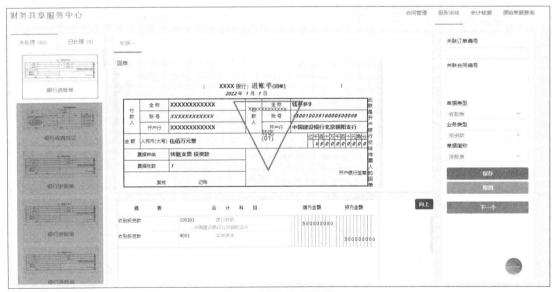

图7-7　进账单(投资款)

借：银行存款——中国建设银行北京朝阳支行　　5 000 000.00
　　贷：实收资本　　　　　　　　　　　　　　　　　　5 000 000.00

(2) 2022年1月1日，签订银行5个月贷款，支付手续费100元(见图7-8)。

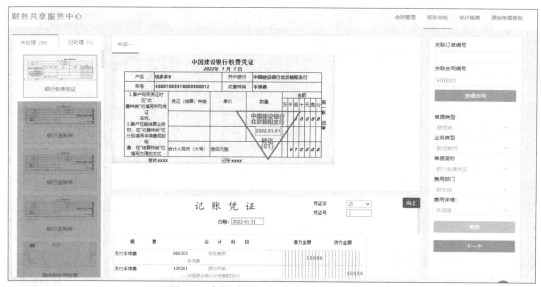

图7-8 中国建设银行收款凭证(手续费)

借：财务费用——手续费　　　　　　　　　　　　　　　　100.00
　　贷：银行存款——中国建设银行北京朝阳支行　　　　　　100.00

(3) 2022年1月1日，租赁北京上佳机械制造有限公司抽油烟机生产线B型，占地400平方米，最大产量1 000台，每月租金200 000元，首次支付4个月的租金，收到银行进账单(见图7-9)。

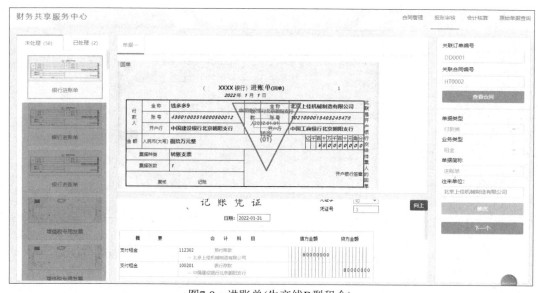

图7-9 进账单(生产线B型租金)

借：预付账款——北京上佳机械制造有限公司　　　　　　800 000.00
　　贷：银行存款——中国建设银行北京朝阳支行　　　　　800 000.00

(4) 2022年1月1日，租赁北京宏远地产股份有限公司厂房A，厂房面积400平方米，每月租金为33 333元，首次支付4个月的租金，收到银行进账单(见图7-10)。

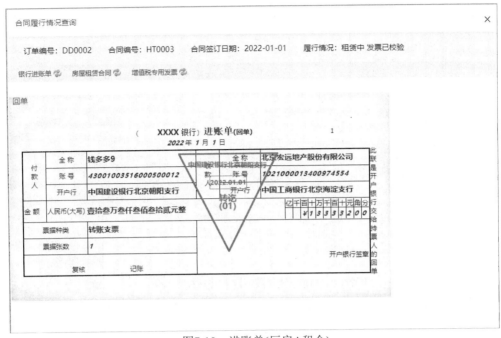

图7-10 进账单(厂房A租金)

　　借：预付账款——北京宏远地产股份有限公司　　　　　　　　　133 332.00
　　　　贷：银行存款——中国建设银行北京朝阳支行　　　　　　　　　133 332.00

(5) 2022年1月1日，租赁北京景深房地产有限公司办公用房A，房屋面积50平方米，每月租金8 333元，首次支付4个月的租金，收到银行进账单(见图7-11)。

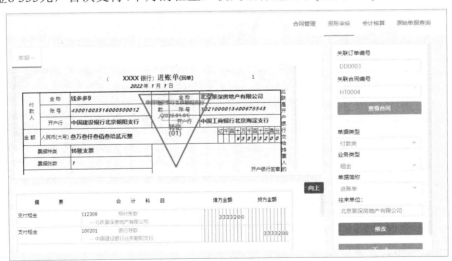

图7-11 进账单(办公用房A租金)

　　借：预付账款——北京景深房地产有限公司　　　　　　　　　　　33 332.00
　　　　贷：银行存款——中国建设银行北京朝阳支行　　　　　　　　　　33 332.00

(6) 2022年1月2日，收到北京上佳机械制造有限公司开具的抽油烟机生产线B型增值税专用发票，金额707 964.6元，税额92 035.4元(见图7-12)。

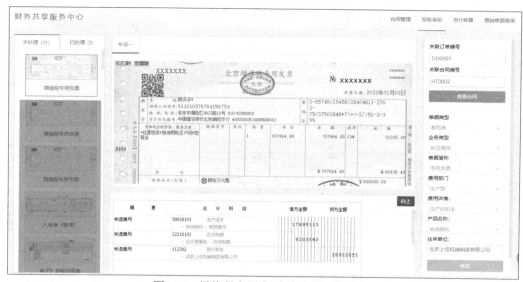

图7-12 增值税专用发票(生产线B型租金)

借：生产成本——抽油烟机——制造费用　　　　　　　　　176 991.15
　　应交税费——应交增值税——进项税额　　　　　　　　　 92 035.40
　　贷：预付账款——北京上佳机械制造有限公司　　　　　　269 026.55

(7) 2022年1月2日，收到北京景深房地产有限公司开具的租赁办公用房A的增值税专用发票，金额为30 579.82元，税率为9%，税额为2 752.18元(见图7-13)。

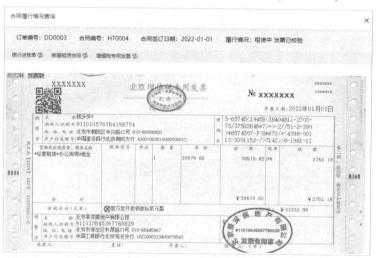

图7-13 增值税专用发票(办公用房A租金)

借：管理费用——房屋租金　　　　　　　　　　　　　　　　7 644.96
　　应交税费——应交增值税——进项税额　　　　　　　　　 2 752.18
　　贷：预付账款——北京景深房地产有限公司　　　　　　　10 397.14

(8) 2022年1月2日，收到北京宏远地产股份有限公司开具的厂房A的增值税专用发票，金额为122 322.94元，税率为9%，税额为11 009.06元(见图7-14)。

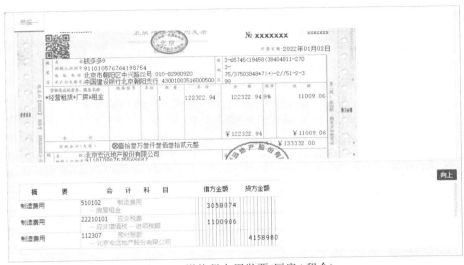

图7-14 增值税专用发票(厂房A租金)

借：制造费用——房屋租金 30 580.74
　　应交税费——应交增值税——进项税额 11 009.06
　　贷：预付账款——北京宏远地产股份有限公司 41 589.80

(9) 2022年1月2日，与济南华纳科技有限公司签订抽油烟机辅料订单，数量3 000套，单价562.26元，购货折扣2%，增值税率13%；2022年1月4日，收到购买的材料入库，实收3 000套，单价551.848 1元(见图7-15)。

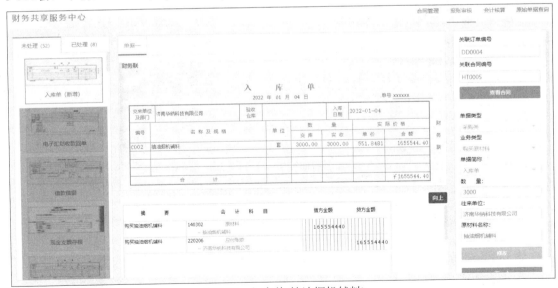

图7-15 入库单(抽油烟机辅料)

借：原材料——抽油烟机辅料 1 655 544.40
　　贷：应付账款——济南华纳科技有限公司 1 655 544.40

(10) 2022年1月4日，收到支付济南华纳科技有限公司抽油烟机辅料3 000套的电子汇划收款回单，支付银行存款1 837 454.28元。抽油烟机辅料价款1 653 044.4元，税率13%，税额214 895.77元；运费2 500元，税率3%，税额75元(见图7-16)。

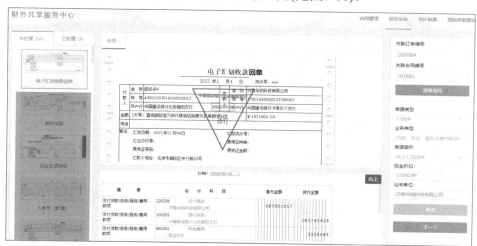

图7-16　电子汇划收款回单(济南华纳科技)

借：应付账款——济南华纳科技有限公司　　　　　　　　　1 870 515.17
　　贷：银行存款——中国建设银行北京朝阳支行　　　　　　1 837 454.28
　　　　财务费用——现金折扣　　　　　　　　　　　　　　　33 060.89

现金折扣计算方式如下。

方法一，查看关联合同原始凭证，货款金额为1 653 044.40元，现金折扣比例为2%，现金折扣额为=1 653 044.4×2%=33 060.89元。

方法二，查看关联合同原始凭证，原材料价税合计金额1 867 940.17元，运费价税合计金额2 575.00元，实际支付金额1 837 454.28元，现金折扣金额=1 867 940.17+2 575.00-1 837 454.28=33 060.89元。

(11) 2022年1月5日，收到借款借据，借款金额500万元(见图7-17)。

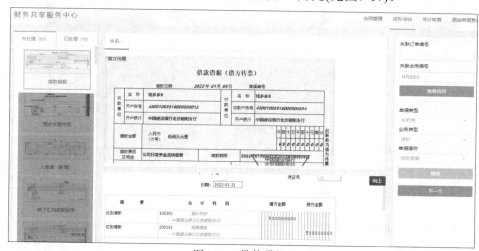

图7-17　借款借据

借：银行存款——中国建设银行北京朝阳支行　　　　　　　　5 000 000.00
　　贷：短期借款——中国建设银行北京朝阳支行　　　　　　5 000 000.00

(12) 2022年1月5日，提取现金50 000元(见图7-18)。

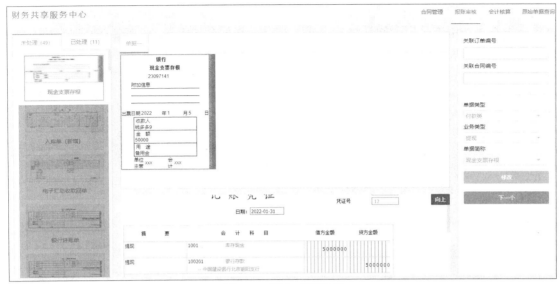

图7-18　现金支票存根

借：库存现金　　　　　　　　　　　　　　　　　　　　　　50 000.00
　　贷：银行存款——中国建设银行北京朝阳支行　　　　　　　　50 000.00

(13) 2022年1月2日，与济南泉城科技有限公司签订抽油烟机电机订单，数量3 000套，单价704.41元，购货折扣2%；2022年1月5日，收到抽油烟机电机入库单，实收3 000套，单价691.155 1元(见图7-19)。

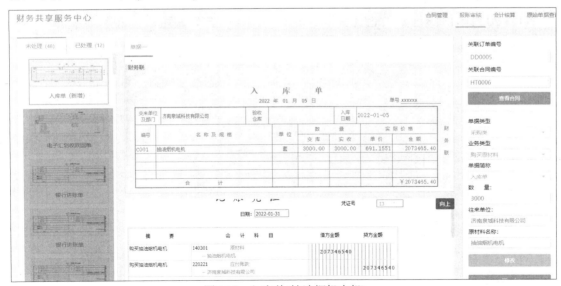

图7-19　入库单(抽油烟机电机)

借：原材料——抽油烟机电机　　　　　　　　　　　　　　　2 073 465.40
　　贷：应付账款——济南泉城科技有限公司　　　　　　　　　2 073 465.40

(14) 2022年1月5日，收到与济南泉城科技有限公司签订材料合同的原材料电子汇划收款回单2 032 121.09元。2022年1月2日,与济南泉城科技有限公司签订抽油烟机电机购买合同,数量3 000套,单价704.41元,购货折扣2%,合同签订后,济南泉城科技有限公司5日内组织发货,甲方采用一次性付款方式,30日内支付全部价税合计款2 070 965.4元。甲方可享受货款的现金折扣2/10, 1/10, n/30(见图7-20)。

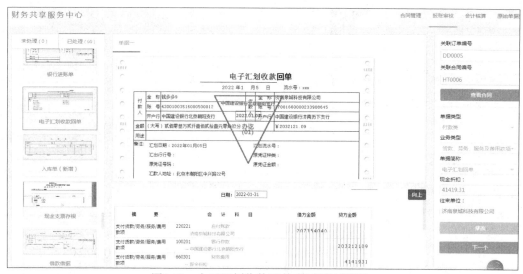

图7-20　电子汇划收款回单(济南泉城科技)

借：应付账款——济南泉城科技有限公司　　　　2 073 540.40
　　贷：银行存款——中国建设银行北京朝阳支行　　2 032 121.09
　　　　财务费用——现金折扣　　　　　　　　　　　41 419.31

(15) 2022年1月5日,在北京美丰电器商场购买一台复印机,价税合计5 735.88元(见图7-21)。

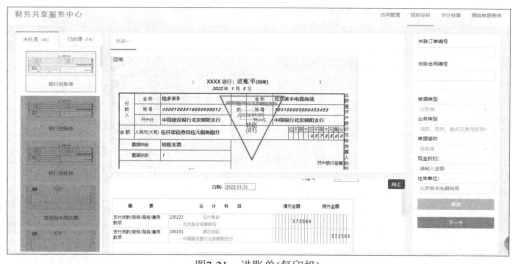

图7-21　进账单(复印机)

借：应付账款——北京美丰电器商场　　　　　　5 735.88
　　贷：银行存款——中国建设银行北京朝阳支行　　5 735.88

(16) 2022年1月5日，在北京美丰电器商场购买一台打印机，价税合计3 314.29元(见图7-22)。

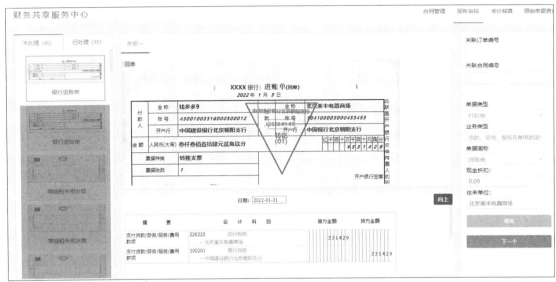

图7-22　进账单(打印机)

借：应付账款——北京美丰电器商场　　　　　　　　　　　　　3 314.29
　　贷：银行存款——中国建设银行北京朝阳支行　　　　　　　　3 314.29

(17) 2022年1月5日，在北京美丰电器商场购买15台笔记本电脑，价税合计73 105.35元(见图7-23)。

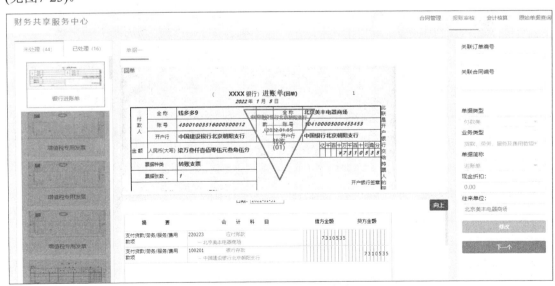

图7-23　进账单(笔记本电脑)

借：应付账款——北京美丰电器商场　　　　　　　　　　　　　73 105.35
　　贷：银行存款——中国建设银行北京朝阳支行　　　　　　　　73 105.35

(18) 2022年1月6日，收到北京美丰电器商场开具的复印机增值税专用发票，金额

5 076元，税率13%，税额为659.88元(见图7-24)。

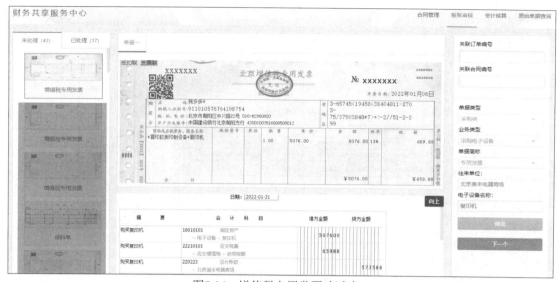

图7-24　增值税专用发票(复印机)

借：固定资产——电子设备——复印机　　　　　　　5 076.00
　　应交税费——应交增值税——进项税额　　　　　　659.88
　　贷：应付账款——北京美丰电器商场　　　　　　　　　　5 735.88

(19) 2022年1月6日，收到北京美丰电器商场开具的打印机增值税专用发票，金额2 933元，税率13%，税额为381.29元(见图7-25)。

图7-25　增值税专用发票(打印机)

借：固定资产——电子设备——打印机　　　　　　　2 933.00
　　应交税费——应交增值税——进项税额　　　　　　381.29
　　贷：应付账款——北京美丰电器商场　　　　　　　　　　3 314.29

(20) 2022年1月6日，收到北京美丰电器商场开具的笔记本电脑增值税专用发票，金额64 695元，税率13%，税额为8 410.35元(见图7-26)。

图7-26　增值税专用发票(笔记本电脑)

借：固定资产——电子设备——笔记本电脑　　　　　　　　　　　64 695.00
　　应交税费——应交增值税——进项税额　　　　　　　　　　　 8 410.35
　贷：应付账款——北京美丰电器商场　　　　　　　　　　　　　73 105.35

(21) 2022年1月12日，抽油烟机车间领用抽油烟机辅料和抽油烟机电机各1 000套，单价分别为551.848 1元和691.155 1元，用于抽油烟机生产(见图7-27)。

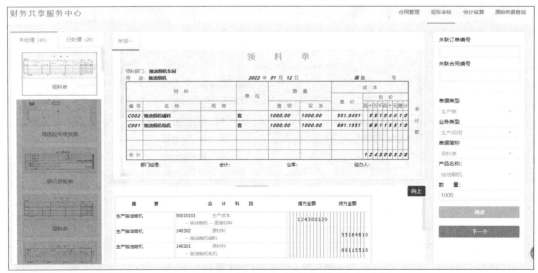

图7-27　领料单(抽油烟机辅料和抽油烟机电机)

借：生产成本——抽油烟机——直接材料　　　　　　　　　　　1 243 003.20
　贷：原材料——抽油烟机辅料　　　　　　　　　　　　　　　　551 848.10
　　　原材料——抽油烟机电机　　　　　　　　　　　　　　　　691 155.10

(22) 2022年1月15日，购买北京高伦仓储有限公司的物流仓储服务，仓储费10 754.72元，税率6%，税额645.28元(见图7-28)。

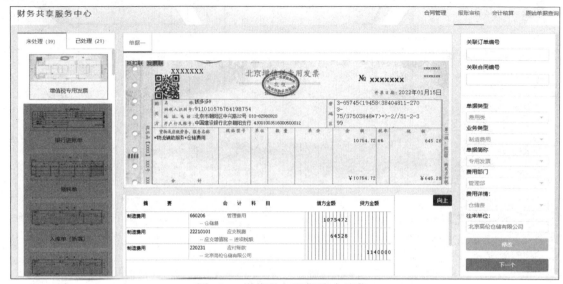

图7-28　增值税专用发票(仓储费)

借：管理费用——仓储费　　　　　　　　　　　　　　　10 754.72
　　应交税费——应交增值税——进项税额　　　　　　　　645.28
　　贷：应付账款——北京高伦仓储有限公司　　　　　　　　　　11 400.00

(23) 2022年1月15日，支付北京高伦仓储有限公司仓储费11 400元(见图7-29)。

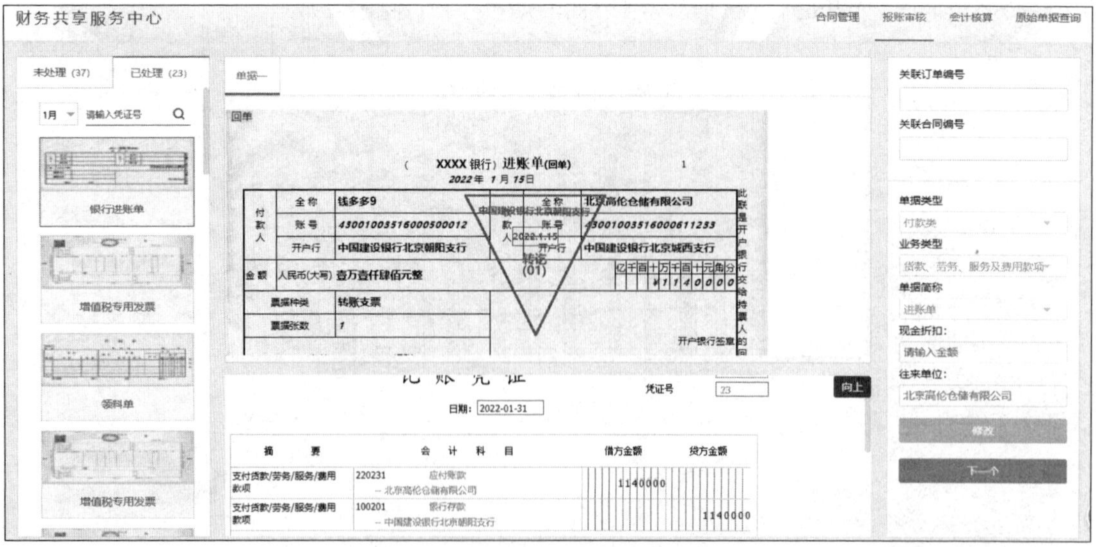

图7-29　进账单(仓储费)

借：应付账款——北京高伦仓储有限公司　　　　　　　　11 400.00
　　贷：银行存款——中国建设银行北京朝阳支行　　　　　　　11 400.00

(24) 2022年1月18日，抽油烟机车间领用抽油烟机辅料1 000套，单价551.848 1元，抽油烟机电机1 000套，单价691.155 1元(见图7-30)。

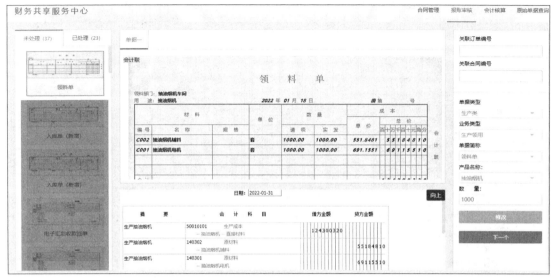

图7-30 领料单(抽油烟机辅料和抽油烟机电机)

借：生产成本——抽油烟机——直接材料　　　　　　　　　1 243 003.20
　　贷：原材料——抽油烟机辅料　　　　　　　　　　　　　　551 848.10
　　　　原材料——抽油烟机电机　　　　　　　　　　　　　　691 155.10

(25) 2022年1月22日，收到济南华纳科技有限公司运送的抽油烟机辅料2 000套，单价550.935 4元(见图7-31)。

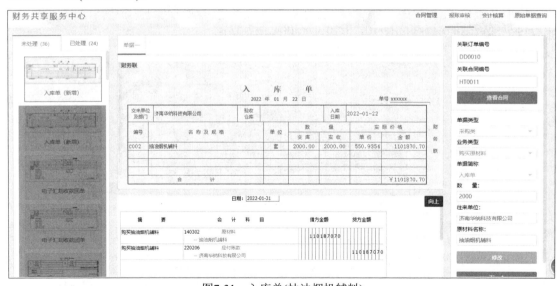

图7-31 入库单(抽油烟机辅料)

借：原材料——抽油烟机辅料　　　　　　　　　　　　　　　1 101 870.70
　　贷：应付账款——济南华纳科技有限公司　　　　　　　　　　1 101 870.70

(26) 2022年1月22日，收到武汉美德电子科技有限公司的抽油烟机电机2 000套，单价735.591元(见图7-32)。

图7-32 入库单(抽油烟机电机)

　　借：原材料——抽油烟机电机　　　　　　　　　　　　　1 471 181.90
　　　　贷：应付账款——武汉美德电子科技有限公司　　　　　1 471 181.90

(27) 2022年1月22日，支付2022年1月19日向济南华纳科技有限公司购买抽油烟机辅料的货款1 222 916.48元。2022年1月19日，与济南华纳科技有限公司签订抽油烟机购买合同，数量2 000套，单价558.31元，购货折扣1.5%，合同签订后，济南华纳科技有限公司5日内组织发货，甲方采用一次性付款方式，30日内支付全部价税合计款1 242 853.89元。甲方可享受货款的现金折扣2/10，1/10，n/30(见图7-33)。

图7-33 电子汇划收款回单(济南华纳科技)

　　借：应付账款——济南华纳科技有限公司　　　　　　　　1 244 913.89
　　　　贷：银行存款——中国建设银行北京朝阳支行　　　　　1 222 916.48
　　　　　　财务费用——现金折扣　　　　　　　　　　　　　21 997.41

(28) 2022年1月22日，支付武汉美德电子科技有限公司购买抽油烟机电机的货款1 632 771.91元。2022年1月19日，与武汉美德电子科技有限公司签订抽油烟机电机采购合同，数量2 000套，单价745.27元，购货折扣1.5%。合同签订后，武汉美德电子科技有限公司5日内组织发货，甲方采用一次性付款方式，30日内支付全部价税合计款1 659 045.44元。甲方可享受货款的现金折扣2/10，1/10，n/30(见图7-34)。

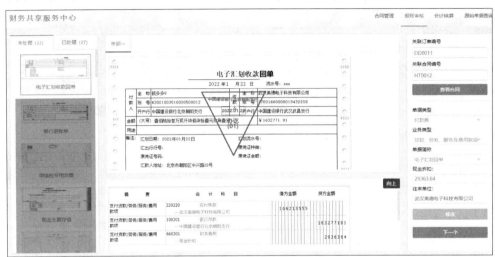

图7-34　电子汇划收款回单(武汉美德电子科技)

借：应付账款——武汉美德电子科技有限公司　　　　　　1 662 135.55
　　贷：银行存款——中国建设银行北京朝阳支行　　　　　1 632 771.91
　　　　财务费用——现金折扣　　　　　　　　　　　　　　　29 363.64

(29) 2022年1月22日，支付中国电信北京分公司通信费6 000.76元(见图7-35)。

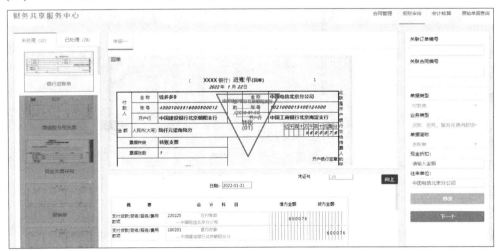

图7-35　进账单(通信费)

借：应付账款——中国电信北京分公司　　　　　　　　　　6 000.76
　　贷：银行存款——中国建设银行北京朝阳支行　　　　　　　6 000.76

(30) 2022年1月22日，收到中国电信北京分公司开具的增值税专用发票，金额5 505.28

元，税率9%，税额495.48元(见图7-36)。

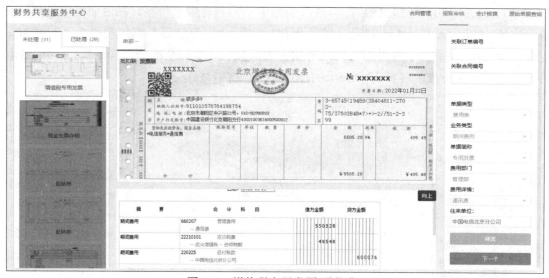

图7-36 增值税专用发票(通信费)

借：管理费用——通信费　　　　　　　　　　　　　　　5 505.28
　　应交税费——应交增值税——进项税额　　　　　　　　495.48
　　贷：应付账款——中国电信北京分公司　　　　　　　　　　　6 000.76

(31) 2022年1月22，提取现金50 000元(见图7-37)。

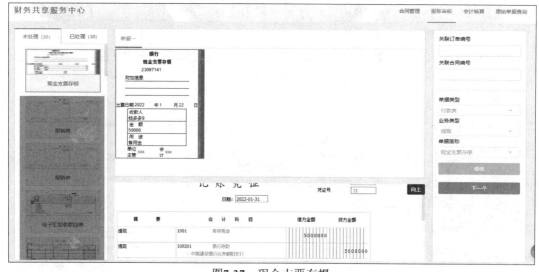

图7-37 现金支票存根

借：库存现金　　　　　　　　　　　　　　　　　　　　50 000.00
　　贷：银行存款——中国建设银行北京朝阳支行　　　　　　　50 000.00

(32) 2022年1月22日，收到销售部万金有差旅费报销，以现金形式报销，报销费用40 779.61元(见图7-38)。

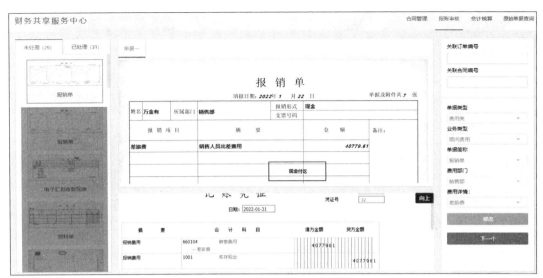

图7-38　报销单(差旅费)

借：销售费用——差旅费　　　　　　　40 779.61
　　贷：库存现金　　　　　　　　　　　40 779.61

(33) 2022年1月22日，收到综合管理部门钱任性办公费报销，以现金形式报销，报销费用为10 388.7元(见图7-39)。

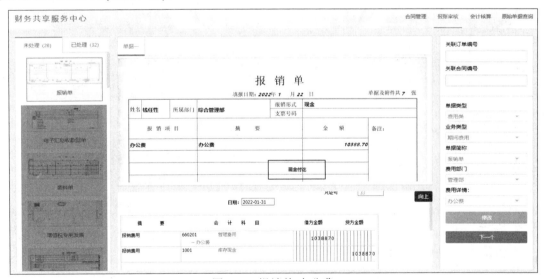

图7-39　报销单(办公费)

借：管理费用——办公费　　　　　　　10 388.70
　　贷：库存现金　　　　　　　　　　　10 388.70

(34) 2022年1月23日，收到郑州美达电器批发有限公司的抽油烟机货款1 687 858.4元(见图7-40)。

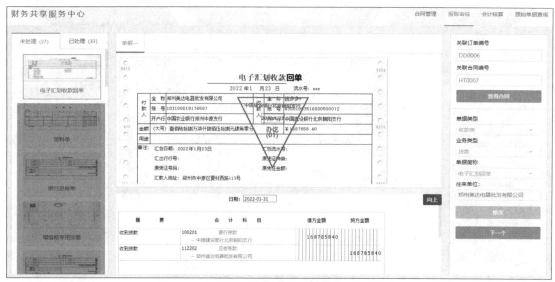

图7-40 电子汇划收款回单(郑州美达电器批发)

借：银行存款——中国建设银行北京朝阳支行　　　　　　　　1 687 858.40
　　贷：应收账款——郑州美达电器批发有限公司　　　　　　　1 687 858.40

(35) 2022年1月24日，抽油烟机车间领用抽油烟机辅料700套，单价551.239 6元；抽油烟机电机700套，单价720.779 0元(见图7-41)。

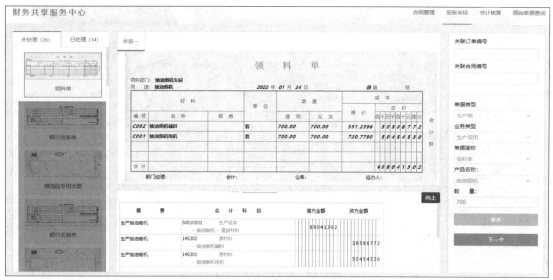

图7-41 领料单(抽油烟机辅料和抽油烟机电机)

借：生产成本——抽油烟机——直接材料　　　　　　　　　　890 413.02
　　贷：原材料——抽油烟机辅料　　　　　　　　　　　　　　385 867.72
　　　　原材料——抽油烟机电机　　　　　　　　　　　　　　504 545.30

(36) 2022年1月28日，支付北京市自来水公司的生产用水费4 050元(见图7-42)。

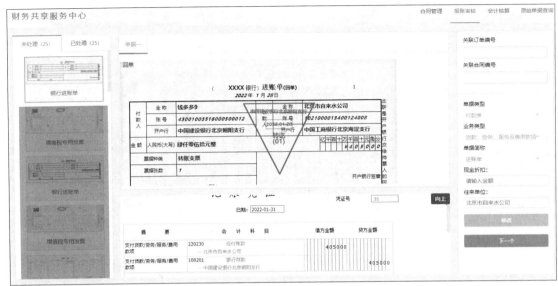

图7-42 进账单(生产用水)

借：应付账款——北京市自来水公司   4 050.00
　　贷：银行存款——中国建设银行北京朝阳支行   4 050.00

(37) 2022年1月28日，收到北京市自来水公司开具的生产用水增值税专用发票，金额3 715.6元，税率9%，税额334.4元(见图7-43)。

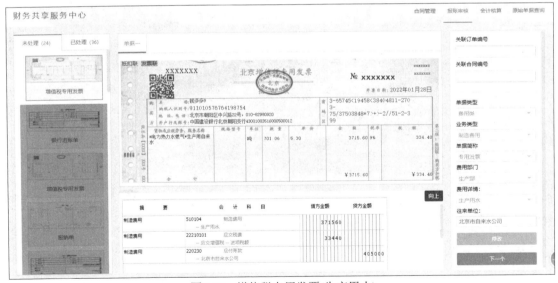

图7-43 增值税专用发票(生产用水)

借：制造费用——生产用水   3 715.60
　　应交税费——应交增值税——进项税额   334.40
　　贷：应付账款——北京市自来水公司   4 050.00

(38) 2022年1月28日，支付北京市自来水公司的办公用水费2 178.92元(见图7-44)。

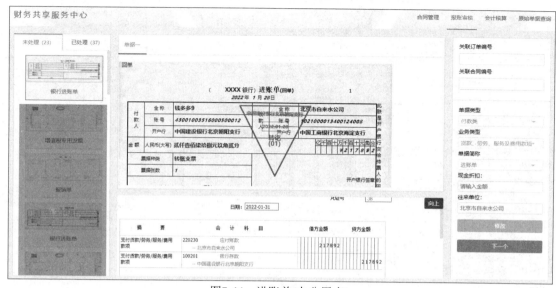

图7-44 进账单(办公用水)

借：应付账款——北京市自来水公司　　　　　　　　　　　　2 178.92
　　贷：银行存款——中国建设银行北京朝阳支行　　　　　　　2 178.92

(39) 2022年1月28日，收到北京市自来水公司开具的办公用水增值税专用发票，金额1 999.01元，税率为9%，税额为179.91元(见图7-45)。

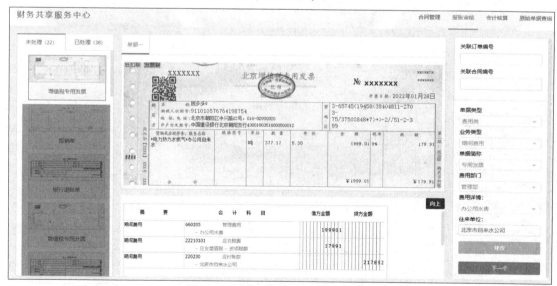

图7-45 增值税专用发票(办公用水)

借：管理费用——办公用水费　　　　　　　　　　　　　　　1 999.01
　　应交税费——应交增值税——进项税额　　　　　　　　　　179.91
　　贷：应付账款——北京市自来水公司　　　　　　　　　　　2 178.92

(40) 2022年1月28日，收到销售部钱多多业务招待费，以现金形式报销，报销费用为29 993.68元(见图7-46)。

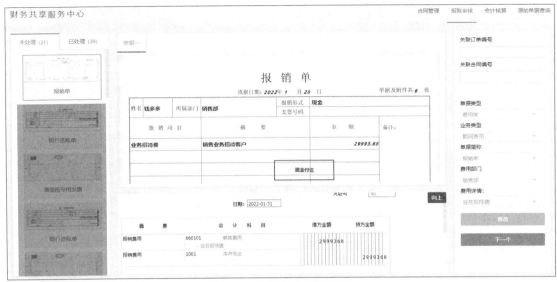

图7-46 报销单(业务招待费)

借：销售费用——业务招待费　　　　　　　　　　　　　　29 993.68
　　贷：库存现金　　　　　　　　　　　　　　　　　　　　29 993.68

(41) 2022年1月28日，支付北京市供电公司的生产用电5 400元(见图7-47)。

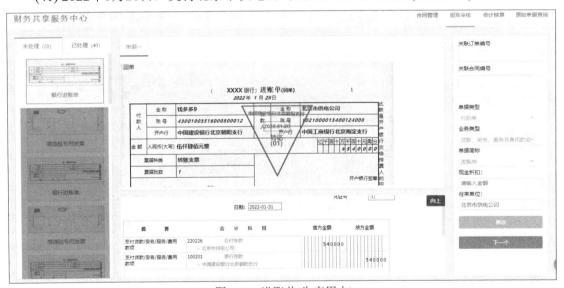

图7-47 进账单(生产用电)

借：应付账款——北京市供电公司　　　　　　　　　　　　5 400.00
　　贷：银行存款——中国建设银行北京朝阳支行　　　　　　5 400.00

(42) 2022年1月28日，收到北京市供电公司开具的生产用电增值税专用发票，金额为4 778.76元，税率13%，税额621.24元(见图7-48)。

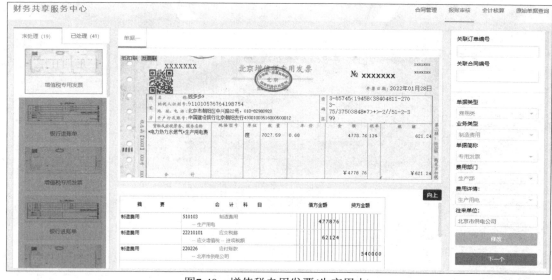

图7-48 增值税专用发票(生产用电)

借：制造费用——生产用电　　　　　　　　　　　　4 778.76
　　应交税费——应交增值税——进项税费额　　　　　621.24
　贷：应付账款——北京市供电公司　　　　　　　　　5 400.00

(43) 2022年1月28日，支付北京市新河里超市低值易耗品5 400元(见图7-49)。

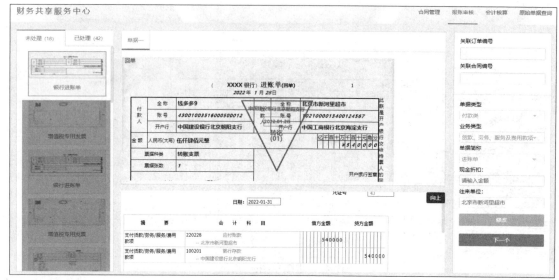

图7-49 进账单(低值易耗品)

借：应付账款——北京市新河里超市　　　　　　　　　5 400.00
　贷：银行存款——中国建设银行北京朝阳支行　　　　5 400.00

(44) 2022年1月28日，收到北京市新河里超市开具的增值税专用发票，金额4 778.76元，税率13%，税额621.24元(见图7-50)。

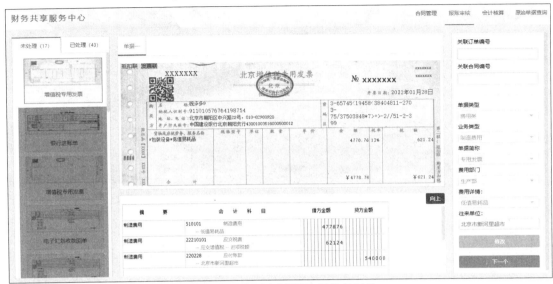

图7-50 增值税专用发票(低值易耗品)

借：制造费用——低值易耗品　　　　　　　　　　　　4 778.76
　　应交税费——应交增值税——进项税额　　　　　　621.24
　　贷：应付账款——北京市新河里超市　　　　　　　　　　5 400.00

(45) 2022年1月28日，支付北京市供电公司办公用电1 494元(见图7-51)。

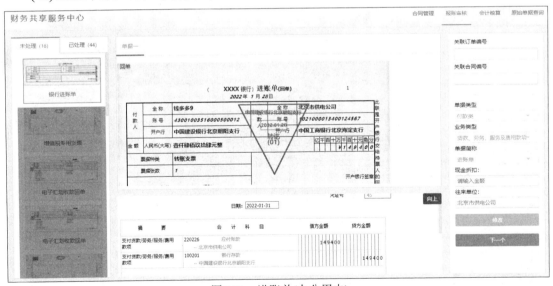

图7-51 进账单(办公用电)

借：应付账款——北京市供电公司　　　　　　　　　　1 494.00
　　贷：银行存款——中国建设银行北京朝阳支行　　　　　　1 494.00

(46) 2022年1月28日，收到北京市供电公司开具的办公用电增值税专用发票，金额1 322.12元，税率13%，税额171.88元(见图7-52)。

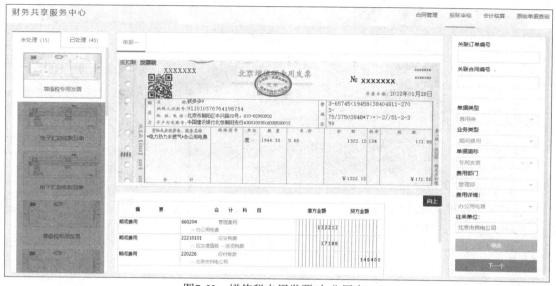

图7-52 增值税专用发票(办公用电)

借：管理费用——办公用电费　　　　　　　　　　　　　　1 322.12
　　应交税费——应交增值税——进项税额　　　　　　　　　171.88
　　贷：应付账款——北京市供电公司　　　　　　　　　　　　1 494.00

(47) 2022年1月29日，收到天津住友电器批发有限公司货款1 701 427.44元(见图7-53)。

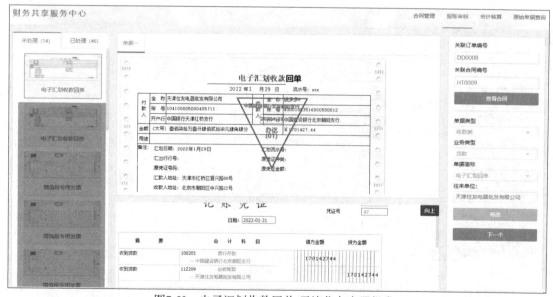

图7-53 电子汇划收款回单(天津住友电器批发)

借：银行存款——中国建设银行北京朝阳支行　　　　　　　1 701 427.44
　　贷：应收账款——天津住友电器批发有限公司　　　　　　　1 701 427.44

(48) 2022年1月29日，收到郑州泰和电器商场货款428 941.22元(见图7-54)。

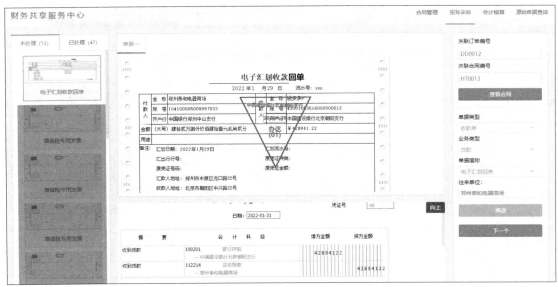

图7-54 电子汇划收款回单(郑州泰和电器商场)

借：银行存款——中国建设银行北京朝阳支行　　　　　　428 941.22
　　贷：应收账款——郑州泰和电器商场　　　　　　　　　　428 941.22

(49) 2022年1月31日，收到税局代开的运费增值税专用发票，金额2 000元，税率3%，税额60元(见图7-55)。

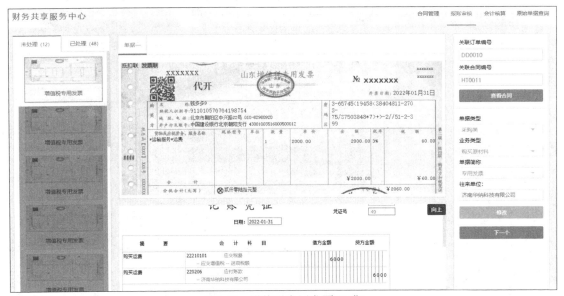

图7-55 增值税专用发票(运费)

借：应交税费——应交增值税——进项税额　　　　　　　60.00
　　贷：应付账款——济南华纳科技有限公司　　　　　　　　60.00

(50) 2022年1月31日，收到济南华纳科技有限公司开具的销售抽油烟机辅料增值税专用发票，金额1 099 870.7元，税率13%，税额142 983.19元(见图7-56)。

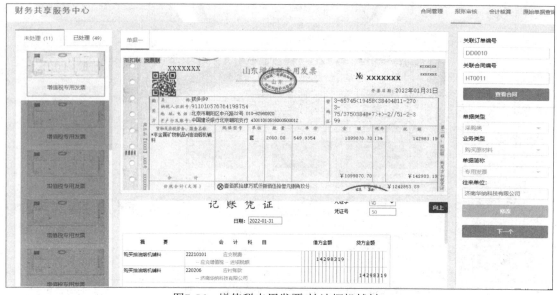

图7-56 增值税专用发票(抽油烟机辅料)

借：应交税费——应交增值税——进项税额　　　142 983.19
　　贷：应付账款——济南华纳科技有限公司　　　　142 983.19

(51) 2022年1月31日，收到武汉美德电子科技有限公司抽油烟机电机增值税专用发票，金额1 468 181.9元，税率13%，税额为190 863.65元(见图7-57)。

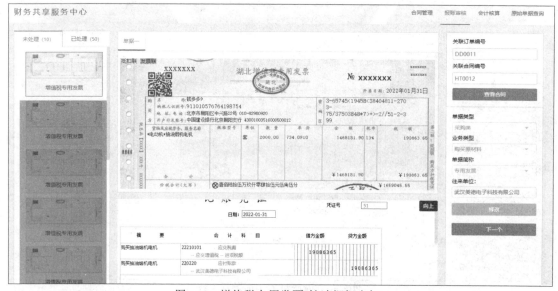

图7-57 增值税专用发票(抽油烟机电机)

借：应交税费——应交增值税——进项税额　　　190 863.65
　　贷：应付账款——武汉美德电子科技有限公司　　190 863.65

(52) 2022年1月31日，收到由税局代开的运费增值税专用发票，金额3 000元，税率3%，税额为90元(见图7-58)。

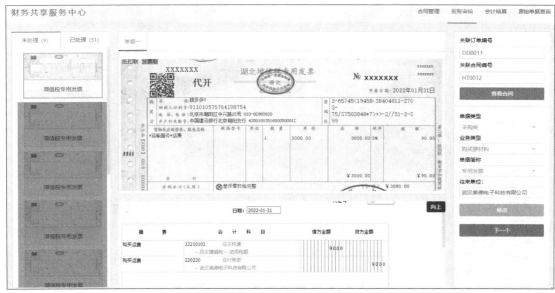

图7-58 增值税专用发票(运费—武汉美德电子科技)

借：应交税费——应交增值税——进项税额　　　　　　　　90.00
　　贷：应付账款——武汉美德电子科技有限公司　　　　　　　90.00

(53) 2022年1月31日，收到由税局代开的运费增值税专用发票，金额2 500元，税率3%，税额为75元(见图7-59)。

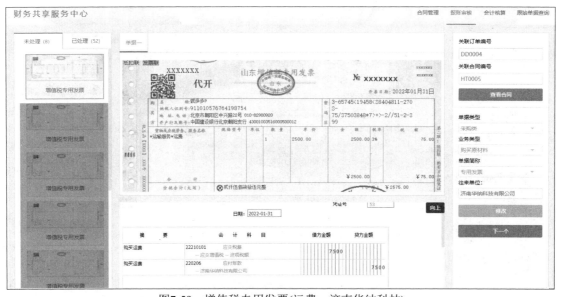

图7-59 增值税专用发票(运费—济南华纳科技)

借：应交税额——应交增值税——进项税额　　　　　　　　75.00
　　贷：应付账款——济南华纳科技有限公司　　　　　　　　　75.00

(54) 2022年月31日，收到济南华纳科技有限公司开具的抽油烟机辅料增值税专用发票，金额1 653 044.4元，税率13%，税额214 895.77元(见图7-60)。

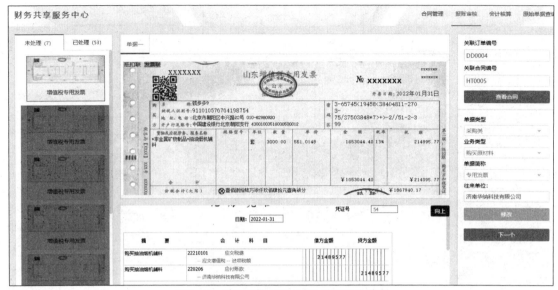

图7-60 增值税专用发票(抽油烟机辅料)

  借：应交税费——应交增值税——进项税额　　　　　　　　214 895.77
   贷：应付账款——济南华纳科技有限公司　　　　　　　　214 895.77

  (55) 2022年1月31日，收到由税局代开的运费增值税专用发票，金额2 500元，税率3%，税额为75元(见图7-61)。

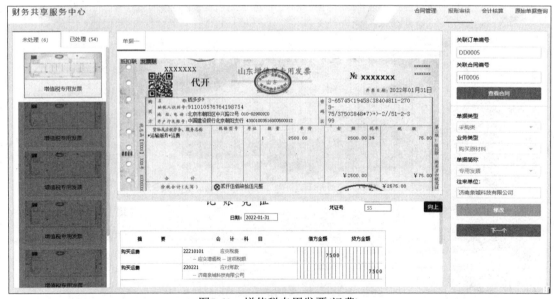

图7-61 增值税专用发票(运费)

  借：应交税费——应交增值税——进项税额　　　　　　　　75.00
   贷：应付账款——济南泉城科技有限公司　　　　　　　　75.00

  (56) 2022年1月31日，向宁波广达电器商场销售抽油烟机，开具增值税专用发票，金额941 055元，税率13%，税额122 337.15元(见图7-62)。

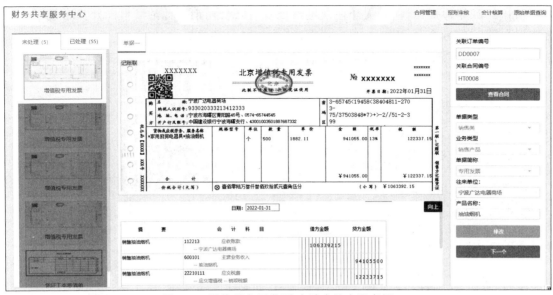

图7-62 增值税专用发票(宁波广达电器商场)

借：应收账款——宁波广达电器商场　　　　　　　　　　　　　　1 063 392.15
　　贷：主营业务收入——抽油烟机　　　　　　　　　　　　　　　941 055.00
　　　　应交税费——应交增值税——销项税额　　　　　　　　　122 337.15

(57) 2022年1月31日，向郑州泰和电器商场销售抽油烟机，开具增值税专用发票，金额379 594元，税率13%，税额49 347.22元(见图7-63)。

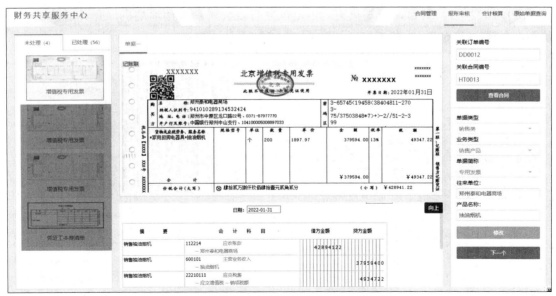

图7-63 增值税专用发票(郑州泰和电器商场)

借：应收账款——郑州泰和电器商场　　　　　　　　　　　　　　428 941.22
　　贷：主营业务收入——抽油烟机　　　　　　　　　　　　　　　379 594.00
　　　　应交税费——应交增值税——销项税额　　　　　　　　　　49 347.22

(58) 2022年1月31日，向天津住友电器批发有限公司销售抽油烟机，开具增值税专用发票，金额1 505 688元，税率13%，税额195 739.44元(见图7-64)。

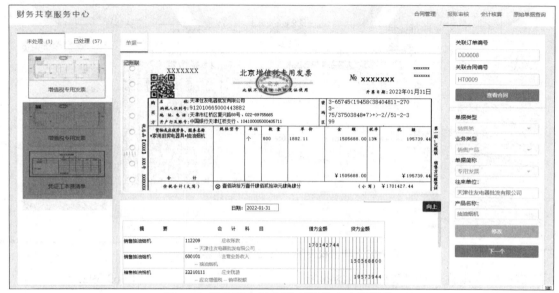

图7-64　增值税专用发票(天津住友电器批发)

借：应收账款——天津住友电器批发有限公司　　　　　　1 701 427.44
　　贷：主营业务收入——抽油烟机　　　　　　　　　　　　1 505 688.00
　　　　应交税费——应交增值税——销项税额　　　　　　　195 739.44

(59) 2022年1月31日，向郑州美达电器批发有限公司销售抽油烟机，开具增值税专用发票，金额1 493 680元，税率13%，税额194 178.4元(见图7-65)。

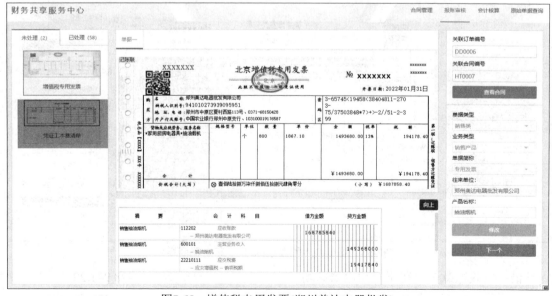

图7-65　增值税专用发票(郑州美达电器批发)

借：应收账款——郑州美达电器批发有限公司　　　　　　　　1 687 858.40
　　贷：主营业务收入——抽油烟机　　　　　　　　　　　　　1 493 680.00
　　　　应交税费——应交增值税——销项税额　　　　　　　　194 178.40

(60) 2022年1月31日，支付手续费40元(见图7-66)。

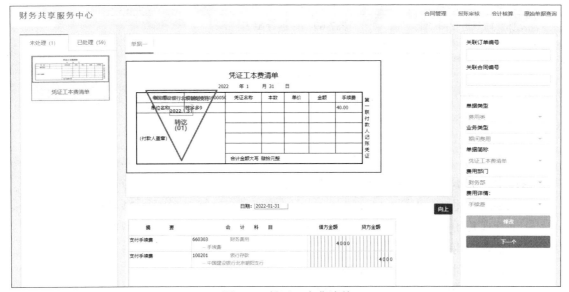

图7-66　凭证工本费清单

借：财务费用——手续费　　　　　　　　　　　　　　　　　40.00
　　贷：银行存款——中国建设银行北京朝阳支行　　　　　　　 40.00

(61) 2022年1月31日，根据成本管理填制的薪资核算表，手工录入计提工资福利税费凭证(见图7-67至图7-70)。

视频：资金管理-1月手工录入凭证

图7-67　工资分配表

图7-68　工资汇总表

图7-69 计提分配工资

图7-70 工时汇总表

借：生产成本——抽油烟机——直接人工	769 680.00
制造费用——工资	26 480.00
管理费用——工资	26 480.00
销售费用——工资	76 624.17
贷：应付职工薪酬——工资	643 200.17
应付职工薪酬——工会经费	12 864.00
应付职工薪酬——职工教育经费	12 000.00
应付职工薪酬——福利费用	100 000.00
应付职工薪酬——社保费用	131 200.00

缴纳个人社保及个税：

借：应付职工薪酬——工资	41 858.72
贷：应交税费——应交个人所得税	1 658.72
其他应付款——个人社保费	40 200.00

(62) 2022年1月31日，根据成本管理填制的制造费用分配表，手工录入制造费用结转凭证(见图7-71)。

图7-71 制造费用分配表

表7-1所示数据来源于制造费用明细账。

表7-1　制造费用明细

制造费用明细	金额
低值易耗品	4 778.76
房屋租金	30 580.74
生产用电	4 778.76
生产用水	3 715.60
工资	26 480.00
合计	70 333.86

借：生产成本——抽烟烟机——制造费用　　70 333.86

　贷：制造费用——低值易耗品　　4 778.76

　　　制造费用——房屋租金　　30 580.74

　　　制造费用——生产用电　　4 778.76

　　　制造费用——生产用水　　3 715.60

　　　制造费用——工资　　26 480.00

(63) 2022年1月31日，根据成本管理填制的完工产品与月末在产品成本分配表，手工录入完工产品入库凭证(见图7-72至图7-75)。

成本计算

完工产品与月末在产品成本分配表

2022年01月31日

产品：抽油烟机

成本项目	月初在产品成本	本月生产费用	合 计	完工产品产量	月末在产品产量	月末在产品约当产量	单位成本	月末在产品成本	完工产品成本
直接材料	0.00	3376419.42	3376419.42	2700.00	0.00	0.00	1250.53	0.00	3376419.42
直接人工	0.00	769680.00	769680.00	2700.00	0.00	0.00	285.07	0.00	769680.00
制造费用	0.00	247325.01	247325.01	2700.00	0.00	0.00	91.60	0.00	247325.01
合计	0.00	4393424.43	4393424.43	--	--	--	1627.20	0.00	4393424.43

保存

图7-72　完工产品与月末在产品成本分配表

入库单（新增）　入库单（新增）　入库单（新增）

入　库　单

2022 年 01 月 18 日　　单号 xxxxxx

交来单位及部门	抽油烟机车间	验收仓库		入库日期	2022-01-18	
编号	名称及规格	单位	数量		实际价格	
			交库	实收	单价	金额
CYYJ	抽油烟机		1000	1000		

财务联

图7-73　入库单(1)

图7-74　入库单(2)

图7-75　入库单(3)

借：库存商品——抽油烟机　　　　　　　　　　　　　　　4 393 424.43
　　贷：生产成本——抽油烟机——直接材料　　　　　　　　3 376 419.42
　　　　生产成本——抽油烟机——直接人工　　　　　　　　　769 680.00
　　　　生产成本——抽油烟机——制造费用　　　　　　　　　247 325.01

(64) 2022年1月31日，根据本月的出库单，手工录入产品出库凭证(见图7-76)。

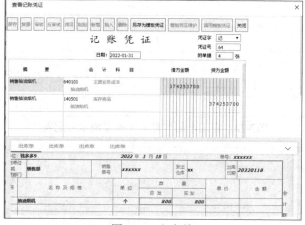

图7-76　出库单

借：主营业务成本　　　　　　　　　　　　　　　　　　　3 742 537.00
　　贷：库存商品——抽油烟机　　　　　　　　　　　　　　3 742 537.00

(65) 2022年1月31日，计提质量保证金(无原始凭证)，按本期主营业务收入4 320 017元的3%比例计提，手工录入凭证(见图7-77、图7-78)。

6001	主营业务收入	2022	1	1		建账初始余额	0.00	0.00	贷	0.00
		2022	1	31	汇	本期合计	4320017.00	4320017.00	贷	
		2022	1	31		本年累计	4320017.00	4320017.00	贷	

图7-77　主营业务收入总账

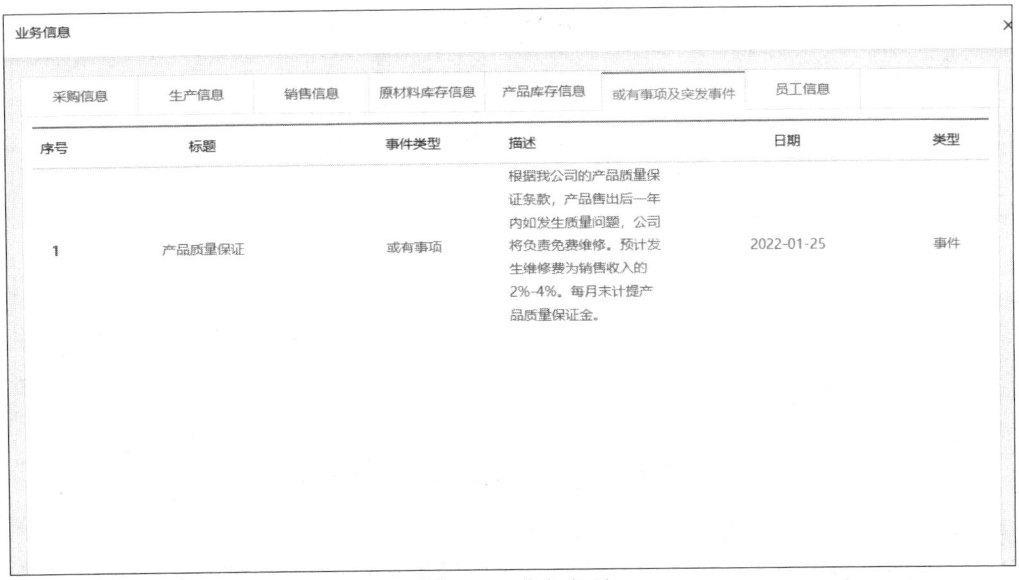

业务信息

采购信息　生产信息　销售信息　原材料库存信息　产品库存信息　或有事项及突发事件　员工信息

序号	标题	事件类型	描述	日期	类型
1	产品质量保证	或有事项	根据我公司的产品质量保证条款，产品售出后一年内如发生质量问题，公司将负责免费维修。预计发生维修费为销售收入的2%-4%。每月末计提产品质量保证金。	2022-01-25	事件

图7-78　或有事项

质量保证金计算公式为

质量保证金=主营业务收入×比例

质量保证金=4 320 017×3%=129 600.51元

借：销售费用——质量保证金　　129 600.51

　　贷：预计负债　　129 600.51

(66) 2022年1月31日，结转本月销项税额(无原始凭证)561 602.21元，手工录入记账凭证。

借：应交税费——应交增值税——销项税额　　561 602.21

　　贷：应交税费——应交增值税——转出未交增值税　　561 602.21

(67) 2022年1月31日，结转本月进项税额(无原始凭证)667 360.2元，手工录入记账凭证。

借：应交税费——应交增值税——转出未交增值税　　667 360.20

　　贷：应交税费——应交增值税——进项税额　　667 360.20

(68) 2022年1月31日，结转增值税(无原始凭证)105 757.99元，手工录入记账凭证。

借：应交税费——未交增值税　　105 757.99

　　贷：应交税费——应交增值税——转出未交增值税　　105 757.99

(69) 财务总监，自动生成结转损益凭证。

7.1.3　1月发出存货成本核算

本平台采用月末加权平均发出存货计量方法，根据运营管理的1月业务内容，1月发出存货成本核算如下(见图7-79)。

完工产品与月末在产品成本分配表
2022年01月31日

产品：抽油烟机 ▼

成本项目	月初在产品成本	本月生产费用	合计	完工产品产量	月末在产品产量	月末在产品的当产	单位成本	月末在产品成本	完工产品成本
直接材料	0.00	3376419.42	3376419.42	2700.00	0.00	0.00	1250.53	0.00	3376419.42
直接人工	0.00	769680.00	769680.00	2700.00	0.00	0.00	285.07	0.00	769680.00
制造费用	0.00	247325.01	247325.01	2700.00	0.00	0.00	91.60	0.00	247325.01
合计	0.00	4393424.43	4393424.43	--	--	--	1627.20	0.00	4393424.43

图7-79 完工产品与月末在产品成本分配表

1月抽油烟机的单位成本=1 627.19元

1月抽油烟机的主营业务成本=1月抽油烟机的销量×1月抽油烟机的单位成本

$$=2\,300×1\,627.19$$
$$=3\,742\,537元$$

1月结存的抽油烟机成本=1月抽油烟机完工产品成本−1月抽油烟机的主营业务成本

$$=4\,393\,424.43-3\,742\,537$$
$$=650\,887.43元$$

7.2 综合项目二

7.2.1 企业基本资料

企业2022年2月6日，采购电视机显示屏数量3 000套，电视机辅料3 000套；2022年2月12日，采购抽油烟机数量2 000台，抽油烟机电机数量2 000套；2022年2月27日，采购抽油烟机数量2 000台，抽油烟机电机数量2 000套。企业2022年2月销售电视机2 800台，抽油烟机2 800台。企业雇佣生产线管理人员10人，工资4 000元/人；管理人员5人，工资4 000元/人；生产人员340人，工资3 000元/人；销售人员10人，工资2 000元/人，如图7-5所示。企业购买电脑15台，单价4 313元；打印机一台，单价2 933元；复印机一台，单价5 076元，如图7-6所示。新增租赁一条电视机生产线，单位耗时1，产能1 000，废品率0.3%，占用面积400平方米。租赁一间抽油烟机车间，新增租赁厂房A面积为400平方米。根据我司的产品质量保证条款，产品售出后一年内如发生质量问题，公司将负责免费维修。预计发生维修费为销售收入的2%~4%。每月月末计提产品质量保证金。

7.2.2 2月涉及的凭证与财务处理

根据运营管理2022年2月的业务内容，资金管理主要填制的记账凭证如下。

(1) 2022年2月1日，抽油烟机车间领用抽油烟机辅料1 000套，单价551.239 6元；抽油烟机电机1 000套，单价720.779元(见图7-80)。

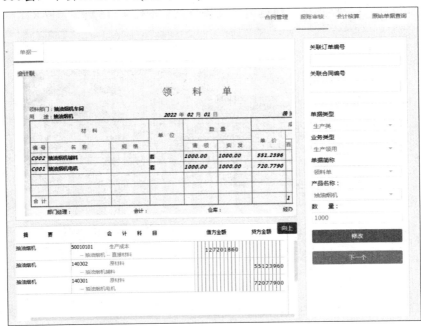

图7-80　领料单(抽油烟机辅料及抽油烟机电机)

借：生产成本——抽油烟机——直接材料　　　　　　　　　　1 272 018.60
　　贷：原材料——抽油烟机辅料　　　　　　　　　　　　　　　551 239.60
　　　　原材料——抽油烟机电机　　　　　　　　　　　　　　　720 779.00

(2) 2022年2月1日，支付北京裕丰机械制造有限公司货款960 000元(见图7-81)。

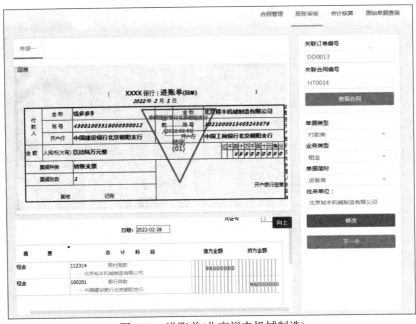

图7-81　进账单(北京裕丰机械制造)

借：预付账款——北京裕丰机械制造有限公司　　　　　　　960 000.00
　　贷：银行存款——中国建设银行北京朝阳支行　　　　　　　960 000.00

(3) 2022年2月2日，收到宁波广达电器商场货款1 063 392.15元(见图7-82)。

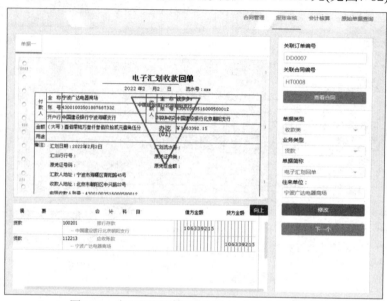

图7-82　电子汇划收款回单(宁波广达电器商场)

借：银行存款——中国建设银行北京朝阳支行　　　　　　1 063 392.15
　　贷：应收账款——宁波广达电器商场　　　　　　　　　　1 063 392.15

(4) 2022年2月2日，收到北京裕丰机械制造有限公司开具的增值税专用发票，电视机生产线B型租金金额849 557.52元，税率13%，税额110 442.48元(见图7-83)。

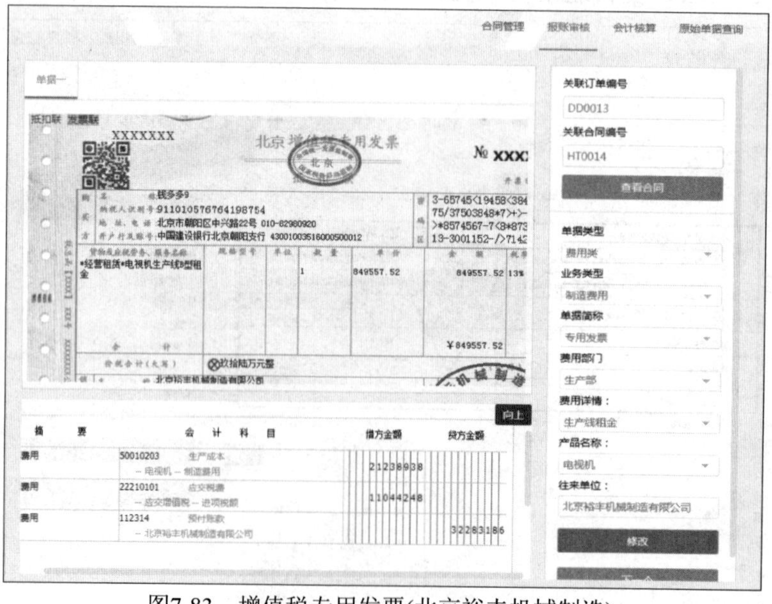

图7-83　增值税专用发票(北京裕丰机械制造)

借：生产成本——电视机——制造费用　　　　　　　　　　　　212 389.38
　　应交税费——应交增值税——进项税额　　　　　　　　　110 442.48
　　贷：预付账款——北京裕丰机械制造有限公司　　　　　　　　　322 831.86

(5) 2022年2月5日，支付1月贷款的银行利息29 166.67元(见图7-84)。

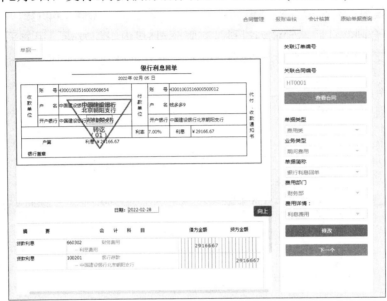

图7-84　银行利息回单

借：财务费用——利息费用　　　　　　　　　　　　　　　　29 166.67
　　贷：银行存款——中国建设银行北京朝阳支行　　　　　　　　29 166.67

(6) 2022年2月7日，抽油烟机车间领用抽油烟机辅料1 000套，单价551.239 6元；抽油烟机电机1 000套，单价720.779元(见图7-85)。

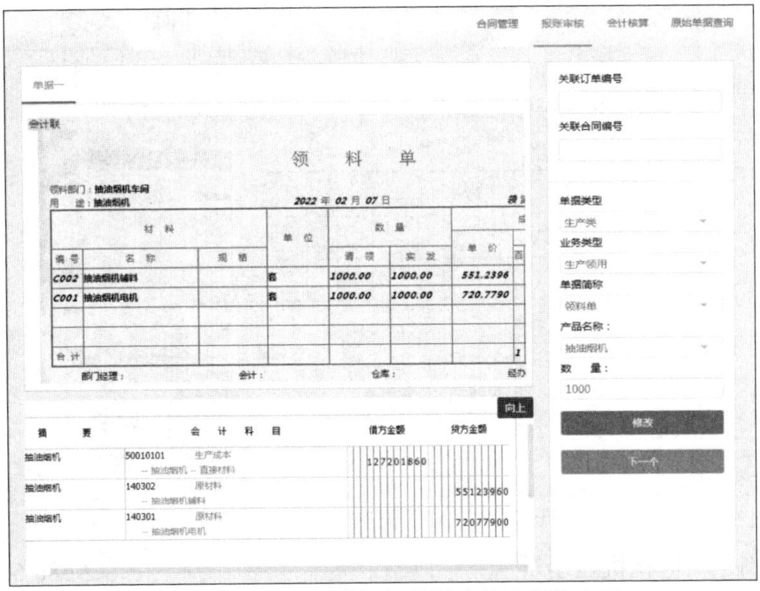

图7-85　领料单(抽油烟机辅料及抽油烟机电机)

借：生产成本——抽油烟机——直接材料　　　　　　　　　　　　1 272 018.60
　　贷：原材料——抽油烟机辅料　　　　　　　　　　　　　　　　551 239.60
　　　　原材料——抽油烟机电机　　　　　　　　　　　　　　　　720 779.00

(7) 2022年2月10日，支付宁波创投科技有限公司原材料货款2 686 812元。2022年2月6日，与宁波创投科技有限公司签订电视机显示屏采购合同，数量3 000套，单价912.2元，购货折扣2%。合同签订后，宁波创投科技有限公司5日内组织发货，甲方采用一次性付款方式，30日内支付全部价税合计款2 681 868元。甲方可享受货款的现金折扣2/10，1/10，$n/30$(见图7-86)。

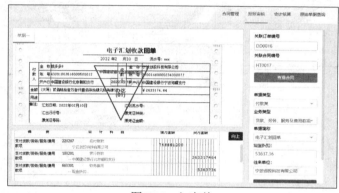

图7-86　入库单

借：应付账款——宁波创投科技有限公司　　　　　　　　　　　2 686 812.00
　　贷：银行存款——中国建设银行北京朝阳支行　　　　　　　　2 633 174.64
　　　　财务费用——现金折扣　　　　　　　　　　　　　　　　　53 637.36

(8) 2022年2月10日，收到宁波创投科技有限公司电视机显示屏入库，数量3 000套，单价895.556元(见图7-87)。

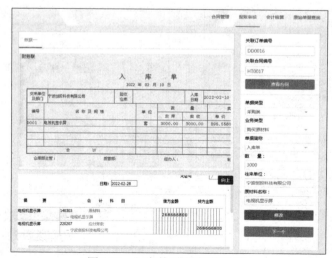

图7-87　入库单(电视机显示屏)

借：原材料——电视机显示屏　　　　　　　　　　　　　　　　2 686 668.00
　　贷：应付账款——宁波创投科技有限公司　　　　　　　　　　2 686 668.00

(9) 2022年2月11日，支付郑州黄河科技有限公司原材料货款2 261 262.93元。2022年2月6日，与郑州黄河科技有限公司签订电视机辅料采购合同，数量3 000套，单价783.94元，购货折扣2%。合同签订后，郑州黄河科技有限公司5日内组织发货，甲方采用一次性付款方式，30日内支付全部价税合计款2 304 783.6元。甲方可享受货款的现金折扣2/10，1/10，n/30(见图7-88)。

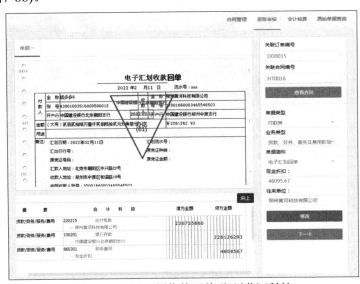

图7-88　电子汇划收款回单(郑州黄河科技)

借：应付账款——郑州黄河科技有限公司　　　　　　　　2 307 358.60
　　贷：银行存款——中国建设银行北京朝阳支行　　　　　　2 261 262.93
　　　　财务费用——现金折扣　　　　　　　　　　　　　　46 095.67

(10) 2022年2月11日，收到郑州黄河科技有限公司电视机辅料，材料入库3 000套，单价769.094 5元(见图7-89)。

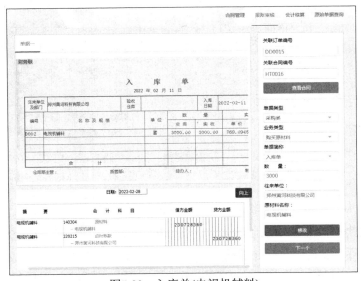

图7-89　入库单(电视机辅料)

借：原材料——电视机辅料 2 307 283.60
　　贷：应付账款——郑州黄河科技有限公司 2 307 283.60

(11) 2022年2月12日，收到国美电器北京分店货款2 062 555.1元(见图7-90)。

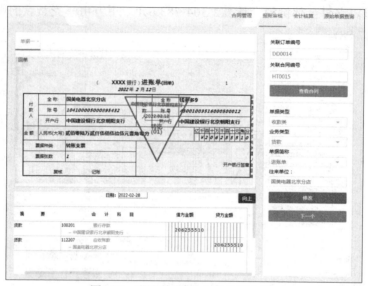

图7-90　进账单(国美电器北京分店)

借：银行存款——中国建设银行北京朝阳支行 2 062 555.10
　　贷：应收账款——国美电器北京分店 2 062 555.10

(12) 2022年2月12日，支付北京宏远地产股份有限公司厂房A租赁133 332元(见图7-91)。

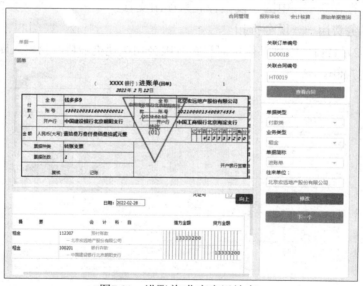

图7-91　进账单(北京宏远地产)

借：预付账款——北京宏远地产股份有限公司 133 332.00
　　贷：银行存款——中国建设银行北京朝阳支行 133 332.00

(13) 2022年2月13日，收到北京宏远地产股份有限公司开具的租赁厂房的增值税专用发票，金额122 322.94元，税率9%，税额11 009.06元(见图7-92)。

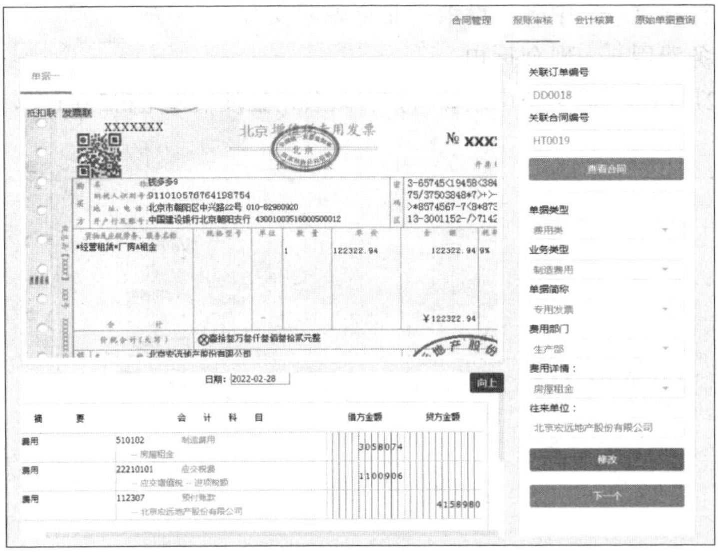

图7-92 增值税专用发票(房屋租金)

借：制造费用——房屋租金　　　　　　　　　　　　　　　　30 580.74
　　应交税费——应交增值税——进项税额　　　　　　　　　11 009.06
　　贷：预付账款——北京宏远地产股份有限公司　　　　　　　41 589.80

(14) 2022年2月13日，支付济南泉城科技有限公司原材料货款1 419 525.83元。2022年2月12日，与济南泉城科技有限公司签订抽油烟机电机采购合同，数量2 000套，单价734.21元，购货折扣1.5%。合同签订后，济南泉城科技有限公司5日内组织发货，甲方采用一次性付款方式，30日内支付全部价税合计款1 448 393.7元。甲方可享受货款的现金折扣2/10，1/10，n/30(见图7-93)。

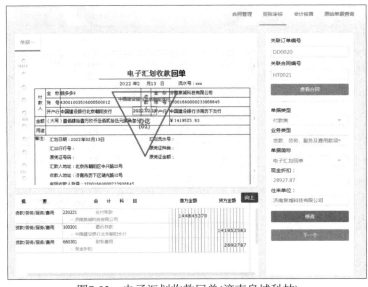

图7-93 电子汇划收款回单(济南泉城科技)

借：应付账款——济南泉城科技有限公司　　　　　　　　　　　1 448 453.70
　　贷：银行存款——中国建设银行北京朝阳支行　　　　　　　1 419 525.83
　　　　财务费用——现金折扣　　　　　　　　　　　　　　　　28 927.87

(15) 2022年2月13日，收到济南泉城科技有限公司抽油烟机电机2 000套，单价724.196 9元(见图7-94)。

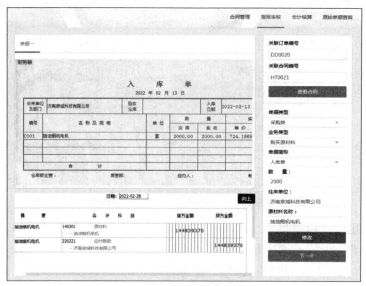

图7-94　入库单(抽油烟机电机)

借：原材料——抽油烟机电机　　　　　　　　　　　　　　　1 448 393.70
　　贷：应付账款——济南泉城科技有限公司　　　　　　　　　1 448 393.70

(16) 2022年2月13日，电视机车间领用电视机辅料1 000套，单价769.094 5元；电视机显示屏1 000套，单价895.556元(见图7-95)。

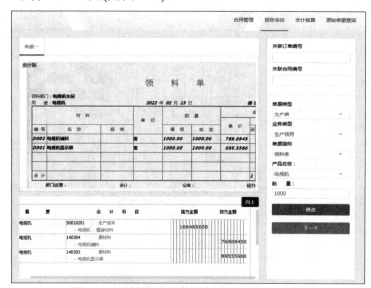

图7-95　领料单(电视机辅料及电视机显示屏)

借：生产成本——电视机——直接材料	1 664 650.50
贷：原材料——电视机辅料	769 094.50
原材料——电视机显示屏	895 556.00

(17) 2022年2月15日，支付1月工资601 341.45元(见图7-96、图7-97)。

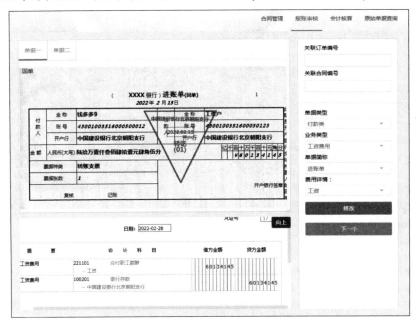

图7-96　进账单(工资)

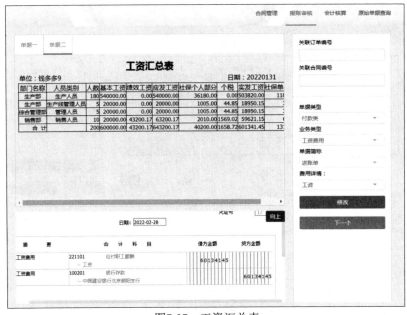

图7-97　工资汇总表

| 借：应付职工薪酬——工资 | 601 341.45 |
| 贷：银行存款——中国建设银行北京朝阳支行 | 601 341.45 |

(18) 2022年2月15日，支付职工教育经费12 000元(见图7-98、图7-99)。

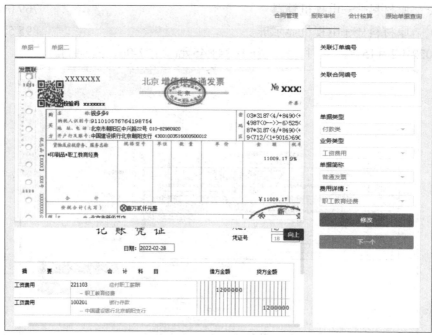

图7-98　增值税普通发票(职工教育经费)

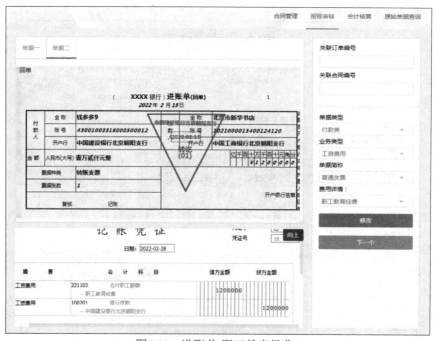

图7-99　进账单(职工教育经费)

借：应付职工薪酬——职工教育经费　　　　　　　　　　　　12 000.00
　　贷：银行存款——中国建设银行北京朝阳支行　　　　　　　12 000.00
(19) 2022年2月15日，支付社保费用171 400元(见图7-100)。

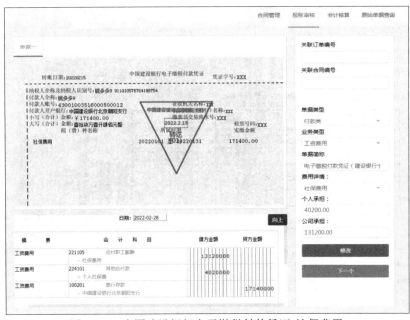

图7-100　中国建设银行电子缴税付款凭证(社保费用)

借：应付职工薪酬——社保费用　　　　131 200.00(数据来源1月成本管理工资分配表)
　　其他应付款——个人社保费　　　　　40 200.00(数据来源1月成本管理工资分配表)
　　贷：银行存款——中国建设银行北京朝阳支行　　　171 400.00

(20) 2022年2月15日，支付农副食品福利费100 000元(见图7-101、图7-102)。

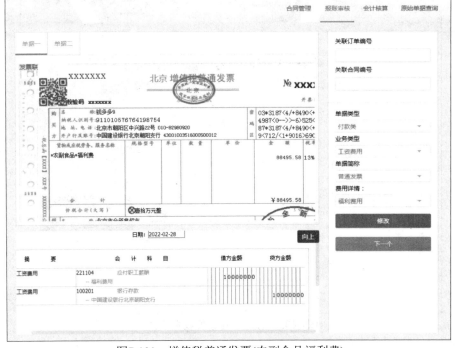

图7-101　增值税普通发票(农副食品福利费)

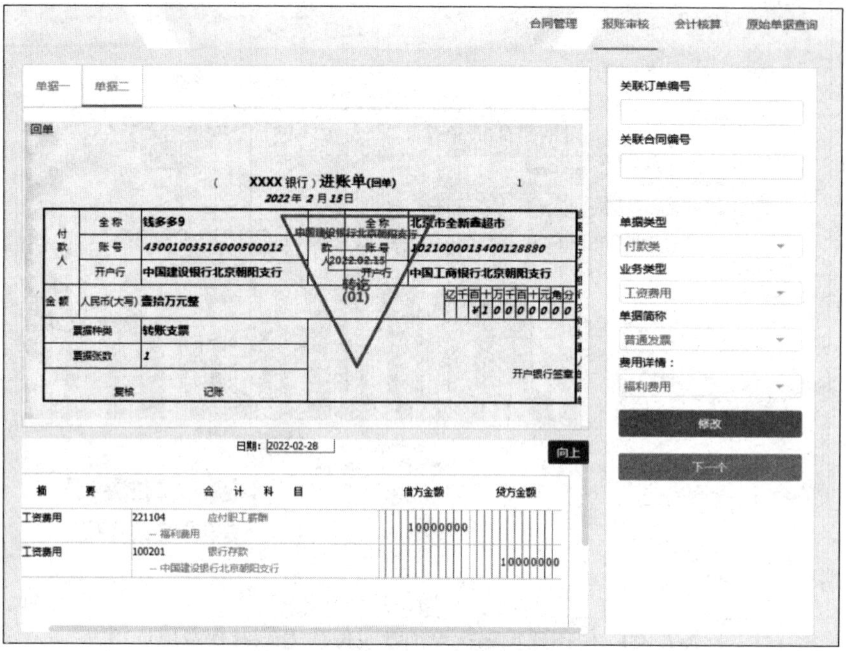

图7-102 进账单(农副食品福利费)

借：应付职工薪酬——福利费用　　　　　　　　　　　100 000.00
　　贷：银行存款——中国建设银行北京朝阳支行　　　　100 000.00

(21) 2022年2月15日，支付工会经费12 864元(见图7-103、图7-104)。

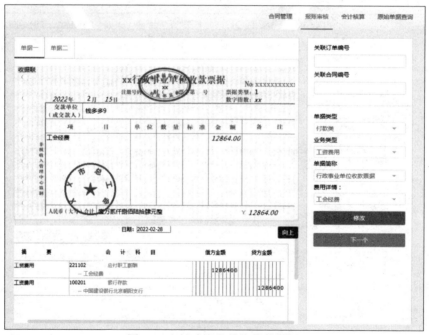

图7-103 行政事业单位收款票据

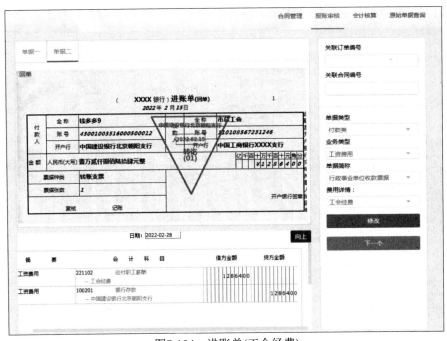

图7-104 进账单(工会经费)

借：应付职工薪酬——工会经费　　　　　　　　　　　　　12 864.00
　　贷：银行存款——中国建设银行北京朝阳支行　　　　　　　　　12 864.00

(22) 2022年2月15日，支付北京高伦仓储有限公司仓储费19 700元(见图7-105)。

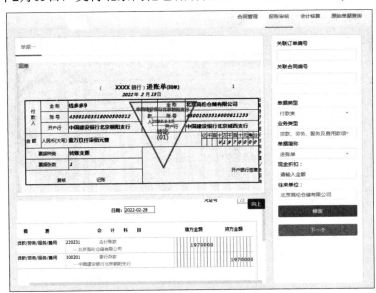

图7-105 进账单(北京高伦仓储)

借：应付账款——北京高伦仓储有限公司　　　　　　　　　　19 700.00
　　贷：银行存款——中国建设银行北京朝阳支行　　　　　　　　　19 700.00

(23) 2022年2月15日，收到北京高伦仓储有限公司开具的增值税专用发票，仓储费金额18 584.91元，税率6%，税额1 115.09元(见图7-106)。

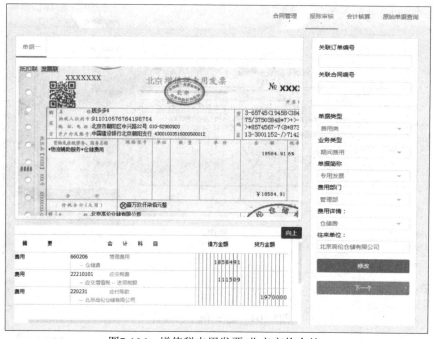

图7-106 增值税专用发票(北京高伦仓储)

借：管理费用——仓储费　　　　　　　　　　　　　　　　18 584.91
　　应交税费——应交增值税——进项税额　　　　　　　　1 115.09
　　贷：应付账款——北京高伦仓储有限公司　　　　　　　19 700.00

(24) 2022年2月17日，收到从济南华纳科技有限公司购买的原材料，材料入库2 000套，单价594.058 7元(见图7-107)。

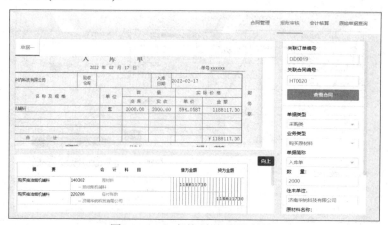

图7-107 入库单(济南华纳科技)

借：原材料——抽油烟机辅料　　　　　　　　　　　　　　1 188 117.30
　　贷：应付账款——济南华纳科技有限公司　　　　　　　1 188 117.30
　　(注：此处数据存在系统程序错误，实际金额应为1 188 117.40元，特此说明。)

(25) 2022年2月18日，收到上海信达电器批发有限公司货款2 125 360.5元(见图7-108)。

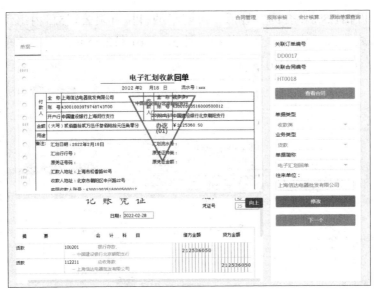

图7-108 电子汇划收款回单(上海信达电器批发)

借：银行存款——中国建设银行北京朝阳支行 2 125 360.50
　　贷：应收账款——上海信达电器批发有限公司 2 125 360.50

(26) 2022年2月18日，抽油烟机车间领用抽油烟机电机1 000套，单价723.751元；抽油烟机辅料1 000套，单价588.473 6元(见图7-109)。

图7-109 领料单(抽油烟机电机及抽油烟机辅料)

借：生产成本——抽油烟机——直接材料 1 312 224.60
　　贷：原材料——抽油烟机电机 723 751.00
　　　　原材料——抽油烟机辅料 588 473.60

(27) 2022年2月19日，支付济南华纳科技有限公司原材料货款1 342 372.55元。2022年2月12日，与济南华纳科技有限公司签订抽油烟机辅料采购合同，数量2 000套，单价

602.09元，购货折扣1.5%。合同签订后，济南华纳科技有限公司5日内组织发货，甲方采用一次性付款方式，30日内支付全部价税合计款1 340 312.55元。甲方可享受货款的现金折扣2/10，1/10，*n*/30(见图7-110)。

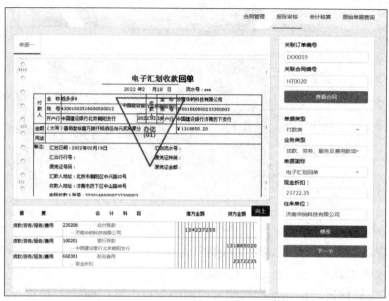

图7-110　电子汇划收款回单(济南华纳科技)

借：应付账款——济南华纳科技有限公司　　　　　　　1 342 372.55
　　贷：银行存款——中国建设银行北京朝阳支行　　　　　1 318 650.20
　　　　财务费用——现金折扣　　　　　　　　　　　　　　23 722.35

(28) 2022年2月20日，电视机车间领用电视机辅料1 000套，单价769.094 5元；电视机显示屏1 000套，单价895.556元(见图7-111)。

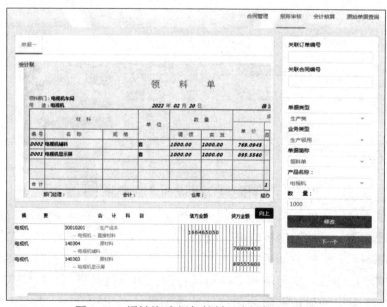

图7-111　领料单(电视机辅料及电视机显示屏)

借：生产成本——电视机——直接材料　　　　　　　　　　　　　　1 664 650.50
　　贷：原材料——电视机辅料　　　　　　　　　　　　　　　　　769 094.50
　　　　原材料——电视机显示屏　　　　　　　　　　　　　　　　895 556.00

(29) 2022年2月20日，支付中国电信北京分公司通信费6 164.33元(见图7-112)。

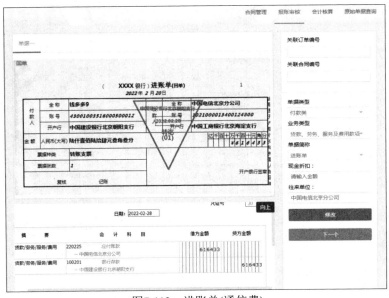

图7-112　进账单(通信费)

借：应付账款——中国电信北京分公司　　　　　　　　　　　　　6 164.33
　　贷：银行存款——中国建设银行北京朝阳支行　　　　　　　　　6 164.33

(30) 2022年2月20日，收到中国电信北京分公司开具的增值税专用发票，通信费金额为5 655.35元，税率9%，税额508.98元(见图7-113)。

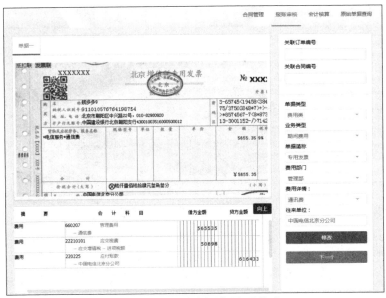

图7-113　增值税专用发票(通信费)

借：管理费用——通信费　　　　　　　　　　　　　　　　5 655.35
　　应交税费——应交增值税——进项税额　　　　　　　　508.98
　　贷：应付账款——中国电信北京分公司　　　　　　　　　　6 164.33

(31) 2022年2月20日，报销综合管理部钱任性办公费10 834.39元(见图7-114)。

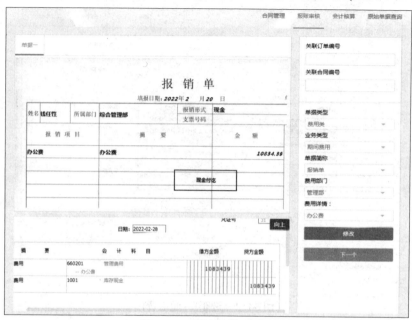

图7-114　报销单(办公费)

借：管理费用——办公费　　　　　　　　　　　10 834.39
　　贷：库存现金　　　　　　　　　　　　　　　　　　10 834.39

(32) 2022年2月20日，提取现金50 000元(见图7-115)。

图7-115　现金支票存根

借：库存现金　　　　　　　　　　　　　　　　　　　　　　　　　50 000.00
　　贷：银行存款——中国建设银行北京朝阳支行　　　　　　　　　　50 000.00

(33) 2022年2月20日，报销销售部钱来乐差旅费38 768.97元，以现金形式报销(见图7-116)。

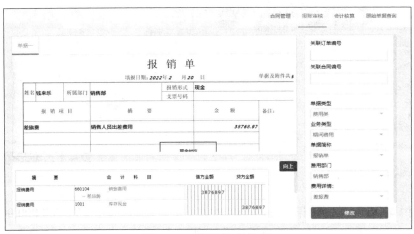

图7-116　报销单(差旅费)

借：销售费用——差旅费　　　　　　　　　　　　　　　　　　　38 768.97
　　贷：库存现金　　　　　　　　　　　　　　　　　　　　　　　　38 768.97

(34) 2022年2月24日，抽油烟机车间领用抽油烟机电机700套，单价723.751元；抽油烟机辅料700套，单价588.473 6元(见图7-117)。

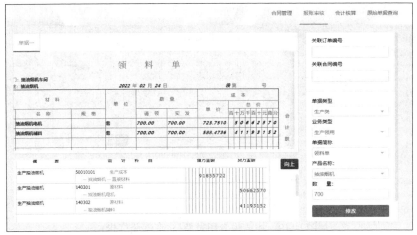

图7-117　领料单(抽油烟机电机及抽油烟机辅料)

借：生产成本——抽油烟机——直接材料　　　　　　　　　　　　918 557.22
　　贷：原材料——抽油烟机电机　　　　　　　　　　　　　　　　　506 625.70
　　　　原材料——抽油烟机辅料　　　　　　　　　　　　　　　　　411 931.52

(35) 2022年2月24日，支付北京创美广告有限公司广告费700 000元(见图7-118)。

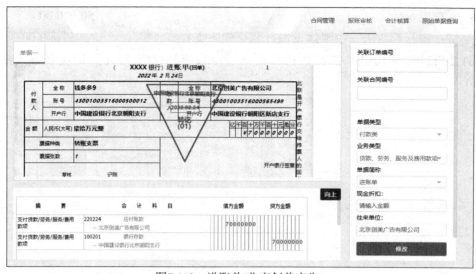

图7-118 进账单(北京创美广告)

借：应付账款——北京创美广告有限公司　　　　　　　　　700 000.00
　　贷：银行存款——中国建设银行北京朝阳支行　　　　　　　700 000.00

(36) 2022年2月24日，收到北京创美广告有限公司开具的增值税专用发票，金额660 377.36元，税率6%，税额39 622.64元(见图7-119)。

图7-119 增值税专用发票(北京创美广告)

借：销售费用——广告费　　　　　　　　　　　　　　　　660 377.36
　　应交税费——应交增值税——进项税额　　　　　　　　　39 622.64
　　贷：应付账款——北京创美广告有限公司　　　　　　　　700 000.00

(37) 2022年2月25日，收到北京麦琳电器商场货款2 043 121.36元(见图7-120)。

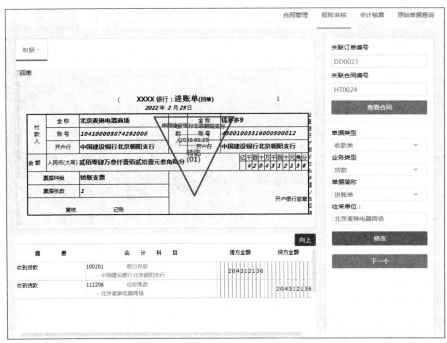

图7-120 进账单(北京麦琳电器商场)

借：银行存款——中国建设银行北京朝阳支行　　　　　　　2 043 121.36
　　贷：应收账款——北京麦琳电器商场　　　　　　　　　　　2 043 121.36

(38) 2022年2月25日，收到天津劝业家电商行货款411 374.24元(见图7-121)。

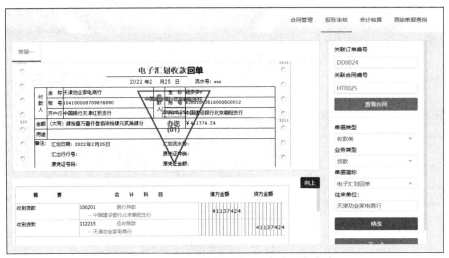

图7-121 电子汇划收款回单(天津劝业家电商行)

借：银行存款——中国建设银行北京朝阳支行　　　　　　　411 374.24
　　贷：应收账款——天津劝业家电商行　　　　　　　　　　　411 374.24

(39) 2022年2月27日，电视机车间领用电视机辅料900套，单价769.094 5元；电视机显示屏900套，单价895.556 0元(见图7-122)。

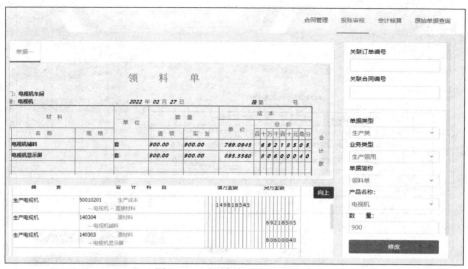

图7-122 领料单(电视机辅料)

借：生产成本——电视机——直接材料　　　1 498 185.45
　　贷：原材料——电视机辅料　　　　　　　　　　　692 185.05
　　　　原材料——电视机显示屏　　　　　　　　　　806 000.40

(40) 2022年2月28日，收到济南华纳科技有限公司销售的抽油烟机辅料，材料入库2 000套，单价572.782 7元(见图7-123)。

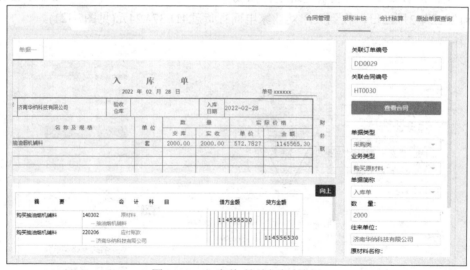

图7-123 入库单(抽油烟机辅料)

借：原材料——抽油烟机辅料　　　　　　　　　　　1 145 565.30
　　贷：应付账款——济南华纳科技有限公司　　　　　　　1 145 565.30

(41) 2022年2月28日，抽油烟机车间领用抽油烟机电机540套，单价723.751元，抽油烟机辅料540套，单价576.403 6元(见图7-124)。

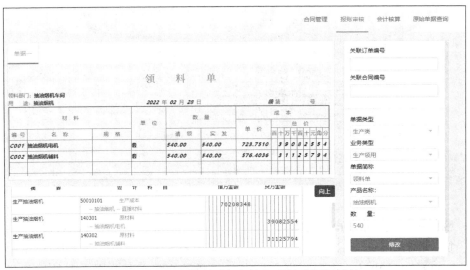

图7-124　领料单(抽油烟机电机及抽油烟机辅料)

借：生产成本——抽油烟机——直接材料　　　　　　　　　702 083.48
　　贷：原材料——抽油烟机电机　　　　　　　　　　　　390 825.54
　　　　原材料——抽油烟机辅料　　　　　　　　　　　　311 257.94

(42) 2022年2月28日，支付手续费36元(见图7-125)。

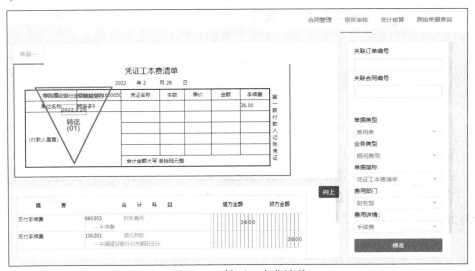

图7-125　凭证工本费清单

借：财务费用——手续费　　　　　　　　　　　　　　　　36.00
　　贷：银行存款——中国建设银行北京朝阳支行　　　　　　36.00

(43) 2022年2月28日，支付北京市供电公司办公用电费1 286.42元(见图7-126)。

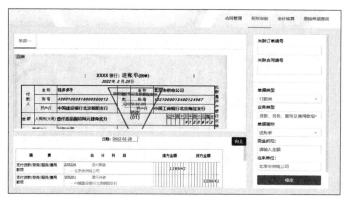

图7-126 进账单(办公用电)

借：应付账款——北京市供电公司　　　　　　　　　　1 286.42
　　贷：银行存款——中国建设银行北京朝阳支行　　　　1 286.42

(44) 2022年2月28日，收到北京市供电公司开具的购买办公用电费的增值税专用发票，金额1 138.42元，税率13%，税额148元(见图7-127)。

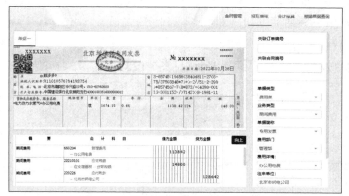

图7-127 增值税专用发票(办公用电)

借：管理费用——办公用电费　　　　　　　　　　　　1 138.42
　　应交税费——应交增值税——进项税额　　　　　　　148.00
　　贷：应付账款——北京市供电公司　　　　　　　　　1 286.42

(45) 2022年2月28日，支付北京市新河里超市货款12 800元(见图7-128)。

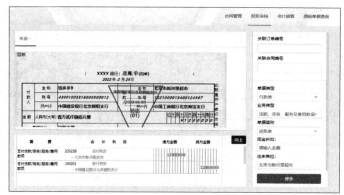

图7-128 进账单(北京市新河里超市)

借：应付账款——北京市新河里超市　　　　　　　　　　　　　　　　12 800.00
　　贷：银行存款——中国建设银行北京朝阳支行　　　　　　　　　　12 800.00

(46) 2022年2月28日，收到北京新河里超市开具的低值易耗品增值税专用发票，金额11 327.43元，税率13%，税额1 472.57元(见图7-129)。

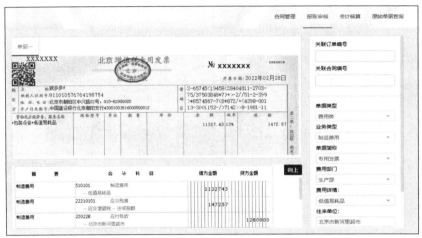

图7-129　增值税专用发票(北京市新河里超市)

借：制造费用——低值易耗品　　　　　　　　　　　　　　　　　　11 327.43
　　应交税费——应交增值税——进项税额　　　　　　　　　　　　 1 472.57
　　贷：应付账款——北京市新河里超市　　　　　　　　　　　　　　12 800.00

(47) 2022年2月28日，支付北京市自来水公司的办公用自来水费2 068.46元(见图7-130)。

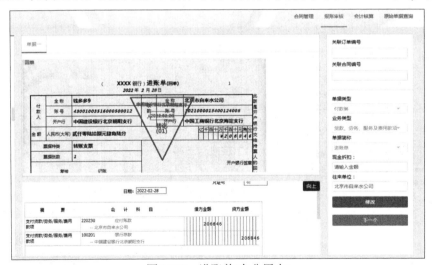

图7-130　进账单(办公用水)

借：应付账款——北京市自来水公司　　　　　　　　　　　　　　　　2 068.46
　　贷：银行存款——中国建设银行北京朝阳支行　　　　　　　　　　 2 068.46

(48) 2022年2月28日，收到北京自来水公司开具的购买办公用自来水增值税专用发票，金额1 897.67元，税率9%，税额170.79元(见图7-131)。

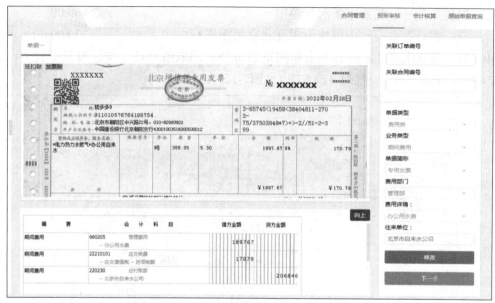

图7-131 增值税专用发票(办公用水)

借：管理费用——办公用水费　　　　　　　　　　　　1 897.67
　　应交税费——应交增值税——进项税额　　　　　　　170.79
　　贷：应付账款——北京市自来水公司　　　　　　　　2 068.46

(49) 2022年2月28日，报销销售部钱多多业务招待费113 172.69元(见图7-132、图7-133)。

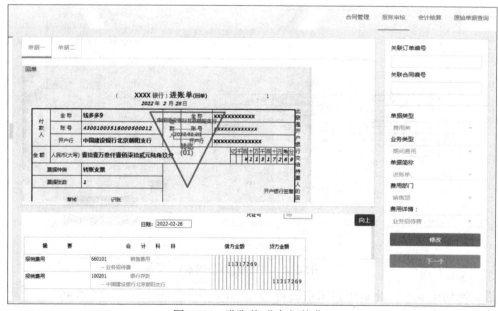

图7-132 进账单(业务招待费)

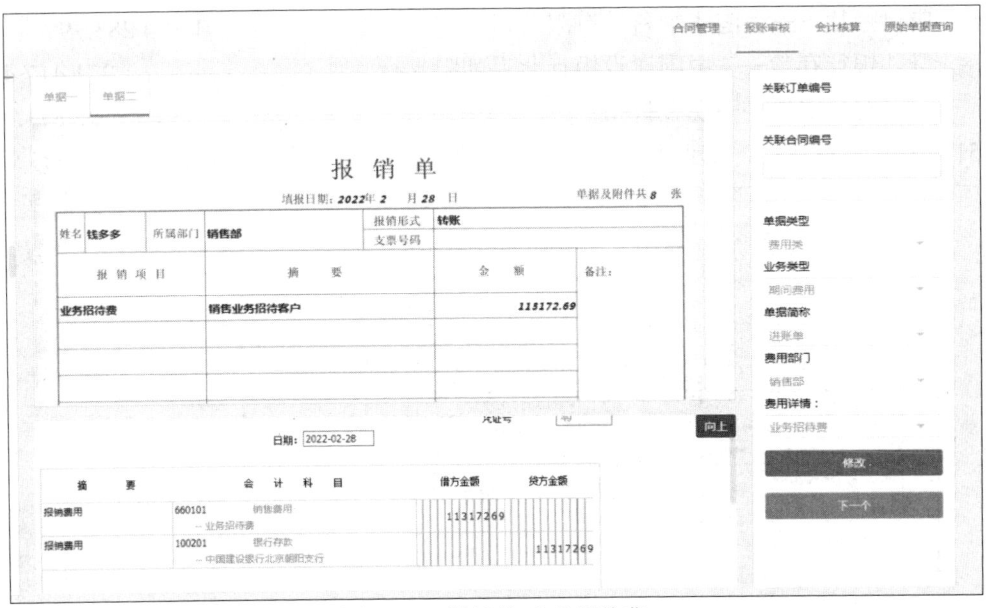

图7-133 报销单(业务招待费)

借：销售费用——业务招待费　　　　　　　　　　　　　113 172.69
　　贷：银行存款——中国建设银行北京朝阳支行　　　　　113 172.69

(50) 2022年2月28日，支付济南华纳科技有限公司抽油烟机辅料货款1 271 417.48元。2022年2月27日，与济南华纳科技有限公司签订抽油烟机辅料采购合同，数量2 000套，单价580.49元，购货折扣1.5%。合同签订后，济南华纳科技有限公司5日内组织发货，甲方采用一次性付款方式，30日内支付全部价税合计款1 292 228.79元。甲方可享受货款的现金折扣2/10，1/10，$n/30$(见图7-134)。

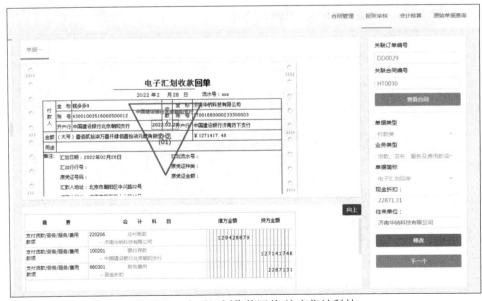

图7-134 电子汇划收款回单(济南华纳科技)

借：应付账款——济南华纳科技有限公司　　　　　　　　1 294 288.79
　　贷：银行存款——中国建设银行北京朝阳支行　　　　　　1 271 417.48
　　　　财务费用——现金折扣　　　　　　　　　　　　　　　22 871.31

(51) 2022年2月28日，支付北京市自来水公司的生产用水费9 600元(见图7-135)。

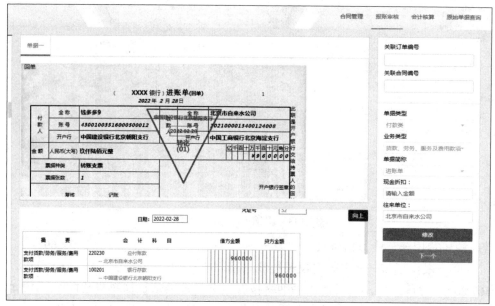

图7-135　进账单(生产用水)

借：应付账款——北京市自来水公司　　　　　　　　　　9 600.00
　　贷：银行存款——中国建设银行北京朝阳支行　　　　　　9 600.00

(52) 2022年2月28日，收到北京市自来水公司开具的生产用自来水增值税专用发票，金额8 807.34元，税率9%，税额792.66元(见图7-136)。

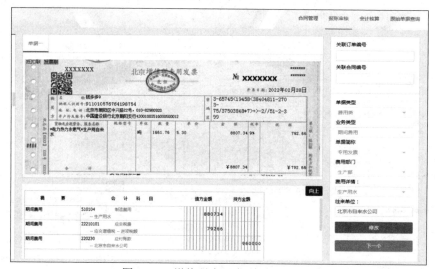

图7-136　增值税专用发票(生产用水)

借：制造费用——生产用水　　　　　　　　　　　　　　　　　8 807.34
　　　应交税费——应交增值税——进项税额　　　　　　　　　 792.66
　　　贷：应付账款——北京市自来水公司　　　　　　　　　　　　　9 600.00

(53) 2022年2月28日，支付北京市供电公司生产用电费12 800元(见图7-137)。

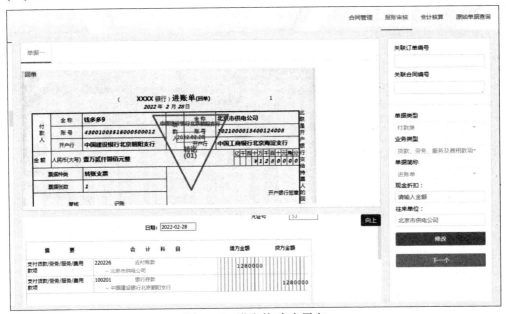

图7-137　进账单(生产用电)

借：应付账款——北京市供电公司　　　　　　　　　　　　　12 800.00
　　　贷：银行存款——中国建设银行北京朝阳支行　　　　　　　　12 800.00

(54) 2022年2月28日，收到北京市供电公司生产用电费增值税专用发票，金额11 327.43元，税率13%，税额1 472.57元(见图7-138)。

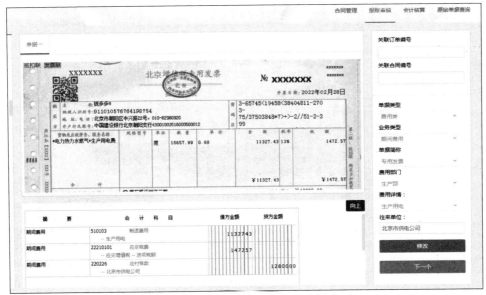

图7-138　增值税专用发票(生产用电)

借：制造费用——生产用电 11 327.43
　　应交税费——应交增值税——进项税额 1 472.57
　　贷：应付账款——北京市供电公司 12 800.00

(55) 2022年2月28日，收到向济南华纳科技有限公司购买抽油烟机的增值税专用发票，金额1 143 565.3元，税率13%，税额148 663.49元(见图7-139)。

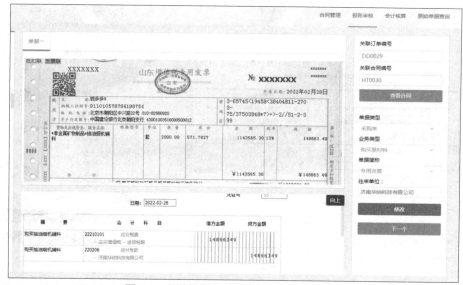

图7-139　增值税专用发票(济南华纳科技)

借：应交税费——应交增值税——进项税额 148 663.49
　　贷：应付账款——济南华纳科技有限公司 148 663.49

(56) 2022年2月28日，收到济南华纳科技有限公司委托税局代开的增值税专用发票，金额2 000元，税率3%，税额60元(见图7-140)。

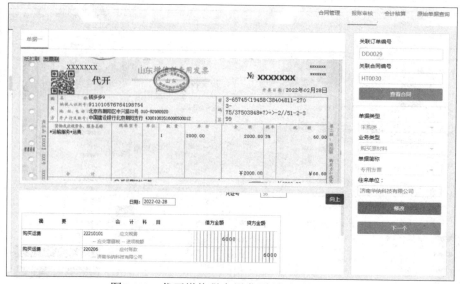

图7-140　代开增值税专用发票(济南华纳科技)

借：应交税费——应交增值税——进项税额　　　　　　　　　　　　60.00
　　贷：应付账款——济南华纳科技有限公司　　　　　　　　　　　60.00

(57) 2022年2月28日，收到济南华纳科技有限公司委托税局代开的增值税专用发票，金额2 000元，税率3%，税额60元(见图7-141)。

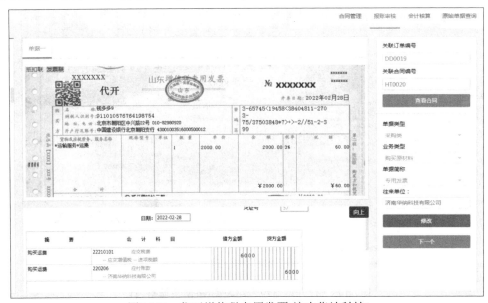

图7-141　代开增值税专用发票(济南华纳科技)

借：应交税费——应交增值税——进项税额　　　　　　　　　　　　60.00
　　贷：应付账款——济南华纳科技有限公司　　　　　　　　　　　60.00

(58) 2022年2月28日，收到采购济南华纳科技有限公司抽油烟机辅料开具的增值税专用发票，金额1 186 117.3元，税率13%，税额154 195.25元(见图7-142)。

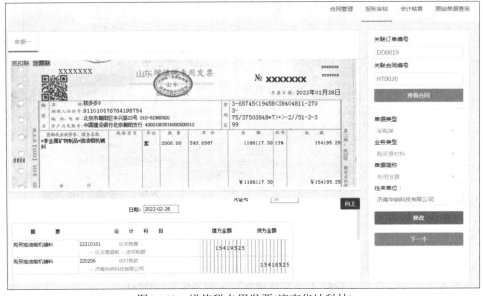

图7-142　增值税专用发票(济南华纳科技)

借：应交税额——应交增值税——进项税额　　　　　　　　154 195.25
　　贷：应付账款——济南华纳科技有限公司　　　　　　　　154 195.25

(59) 2022年2月28日，收到济南泉城科技有限公司委托税局代开的增值税专用发票，金额2 000元，税率3%，税额60元(见图7-143)。

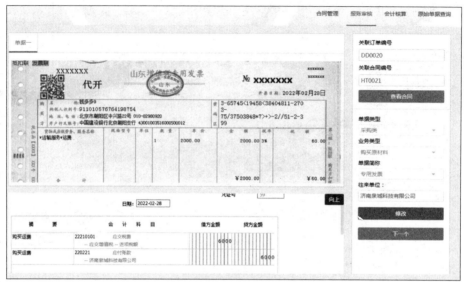

图7-143　代开增值税专用发票(济南泉城科技)

借：应交税费——应交增值税——进项税额　　　　　　　　60.00
　　贷：应付账款——济南泉城科技有限公司　　　　　　　　60.00

(60) 2022年2月28日，收到郑州黄河科技有限公司委托税局代开的增值税专用发票，金额2 500元，税率3%，税额75元(见图7-144)。

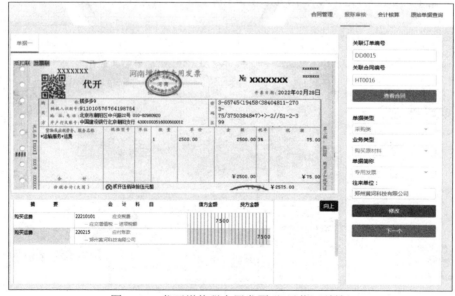

图7-144　代开增值税专用发票(郑州黄河科技)

借：应交税费——应交增值税——进项税额　　　　　　　　　　　　75.00
　　贷：应付账款——郑州黄河科技有限公司　　　　　　　　　　　75.00

(61) 2022年2月28日，收到宁波创投科技有限公司委托税局代开的增值税专用发票，金额4 800元，税率3%，税额144元(见图7-145)。

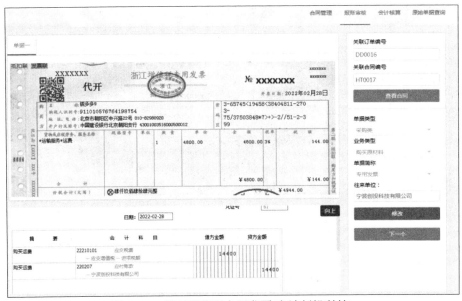

图7-145　代开增值税专用发票(宁波创投科技)

借：应交税费——应交增值税——进项税额　　　　　　　　　　　　144.00
　　贷：应付账款——宁波创投科技有限公司　　　　　　　　　　　144.00

(62) 2022年2月28日，向天津住友电器批发有限公司销售抽油烟机，开具增值税专用发票，金额1 109 100元，税率13%，税额144 183元(见图7-146)。

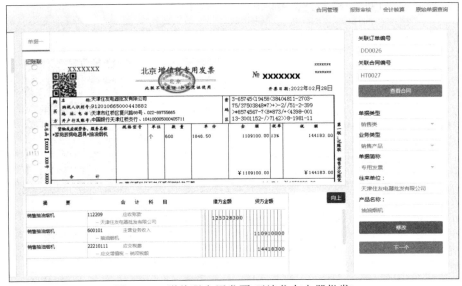

图7-146　增值税专用发票(天津住友电器批发)

借：应收账款——天津住友电器批发有限公司　　　　　　1 253 283.00
　　贷：主营业务收入——抽油烟机　　　　　　　　　　　　1 109 100.00
　　　　应交税费——应交增值税——销项税额　　　　　　　　144 183.00

(63) 2022年2月28日，向苏宁电器北京旧宫店销售电视机，开具增值税专用发票，金额2 298 140元，税率13%，税额298 758.2元(见图7-147)。

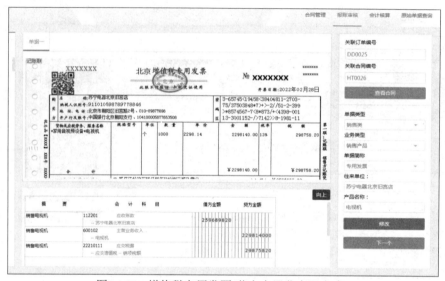

图7-147　增值税专用发票(苏宁电器北京旧宫店)

借：应收账款——苏宁电器北京旧宫店　　　　　　　　　2 596 898.20
　　贷：主营业务收入——电视机　　　　　　　　　　　　　2 298 140.00
　　　　应交税费——应交增值税——销项税额　　　　　　　　298 758.20

(64) 2022年2月28日，向宁波广达电器商场销售抽油烟机，开具增值税专用发票，金额1 456 192元，税率13%，税额189 304.96元(见图7-148)。

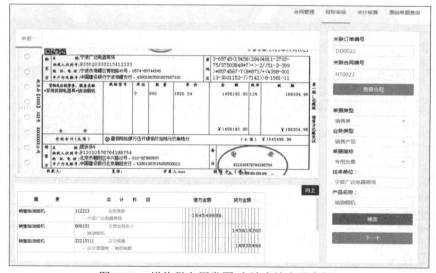

图7-148　增值税专用发票(宁波广达电器商场)

借：应收账款——宁波广达电器商场　　　　　　　　　　　　　　1 645 496.96
　　贷：主营业务收入——抽油烟机　　　　　　　　　　　　　　　1 456 192.00
　　　　应交税费——应交增值税——销项税额　　　　　　　　　　　189 304.96

(65) 2022年2月28日，向苏州兴贸电器商场销售抽油烟机，开具增值税专用发票，金额364 048元，税率13%，税额47 326.24元(见图7-149)。

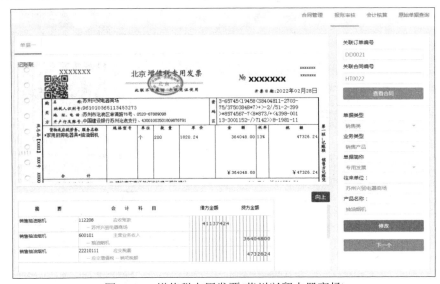

图7-149　增值税专用发票(苏州兴贸电器商场)

借：应收账款——苏州兴贸电器商场　　　　　　　　　　　　　　411 374.24
　　贷：主营业务收入——抽油烟机　　　　　　　　　　　　　　　　364 048.00
　　　　应交税费——应交增值税——销项税额　　　　　　　　　　　 47 326.24

(66) 2022年2月28日，向北京麦琳电器商场销售电视机，开具增值税专用发票，金额1 808 072元，税率13%，税额235 049.36元(见图7-150)。

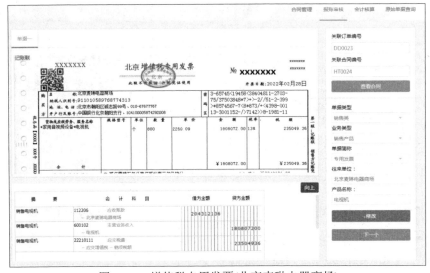

图7-150　增值税专用发票(北京麦琳电器商场)

借：应收账款——北京麦琳电器商场　　　　　　　　　　　　2 043 121.36
　　贷：主营业务收入——电视机　　　　　　　　　　　　　1 808 072.00
　　　　应交税费——应交增值税——销项税额　　　　　　　　235 049.36

(67) 2022年2月28日，向天津劝业家电商行销售抽油烟机，开具增值税专用发票，金额364 048元，税率13%，税额47 326.24元(见图7-151)。

图7-151　增值税专用发票(天津劝业家电商行)

借：应收账款——天津劝业家电商行　　　　　　　　　　　　411 374.24
　　贷：主营业务收入——抽油烟机　　　　　　　　　　　　364 048.00
　　　　应交税费——应交增值税——销项税额　　　　　　　　47 326.24

(68) 2022年2月28日，向上海信达电器批发有限公司销售抽油烟机，开具增值税专用发票，金额1 880 850元，税率13%，税额244 510.5元(见图7-152)。

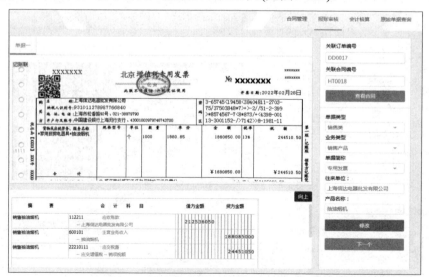

图7-152　增值税专用发票(上海信达电器批发)

借：应收账款——上海信达电器批发有限公司　　　　　　　　　　2 125 360.50
　　贷：主营业务收入——抽油烟机　　　　　　　　　　　　　　　1 880 850.00
　　　　应交税费——应交增值税——销项税额　　　　　　　　　　　244 510.50

(69) 2022年2月28日，向国美电器北京分店销售抽油烟机，开具增值税专用发票，金额1 825 270元，税率13%，税额237 285.1元(见图7-153)。

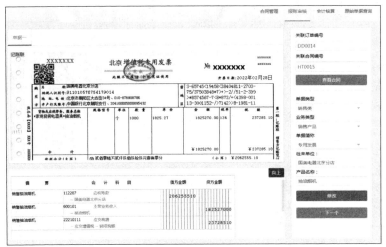

图7-153　增值税专用发票(国美电器北京分店)

借：应收账款——国美电器北京分店　　　　　　　　　　　　　　2 062 555.10
　　贷：主营业务收入——抽油烟机　　　　　　　　　　　　　　　1 825 270.00
　　　　应交税费——应交增值税——销项税额　　　　　　　　　　　237 285.10

(70) 2022年2月28日，手工录入无原始凭证，分摊1月租赁抽油烟机生产线租金176 991.15元(见图7-154)。

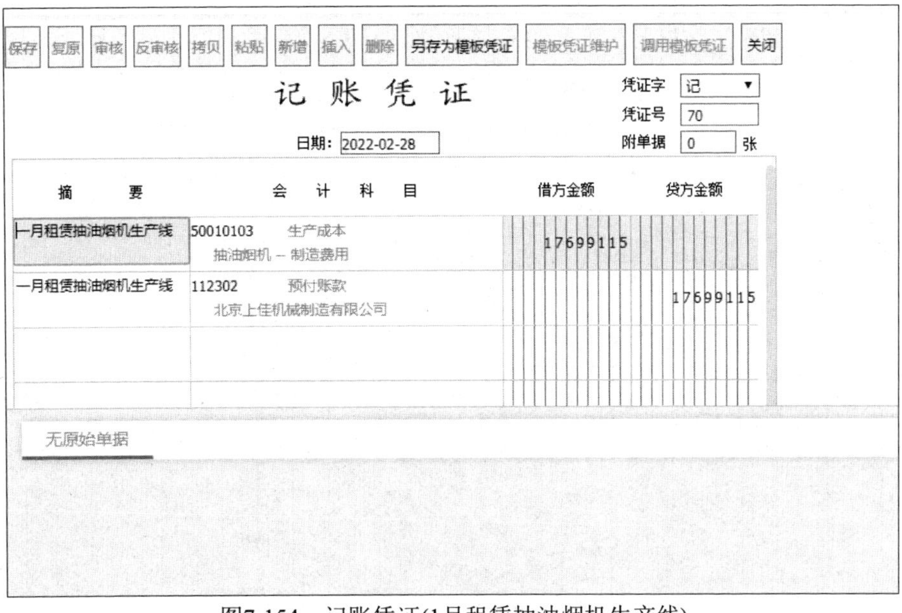

图7-154　记账凭证(1月租赁抽油烟机生产线)

借：生产成本——抽油烟机——制造费用　　　　　　　　　　　176 991.15
　　　贷：预付账款——北京上佳机械制造有限公司　　　　　　　176 991.15

(71) 2022年2月28日，手工录入无原始凭证，分摊1月租赁厂房A租金30 580.74元(见图7-155)。

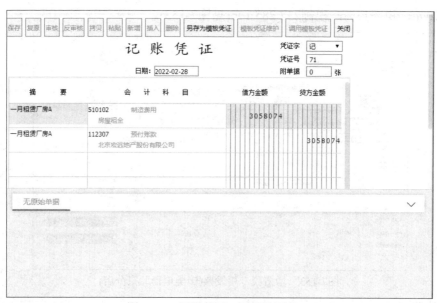

图7-155　记账凭证(1月租赁厂房A)

借：制造费用——房屋租金　　　　　　　　　　　　　　　　　30 580.74
　　　贷：预付账款——北京宏远地产股份有限公司　　　　　　　　30 580.74

(72) 2022年2月28日，手工录入无原始凭证，分摊1月租赁办公用房租金7 644.96元(见图7-156)。

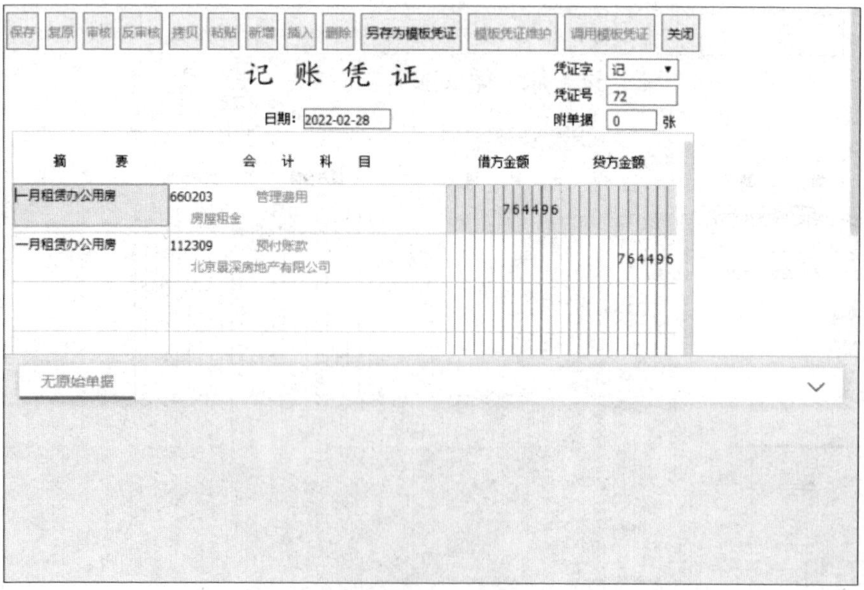

图7-156　记账凭证(1月租赁办公用房)

借：管理费用——房屋租金 7 644.96
　　贷：预付账款——北京景深房地产有限公司 7 644.96

(73) 2022年2月28日，计提2月质量保证金333 171.6元，无原始凭证(见图7-157)。

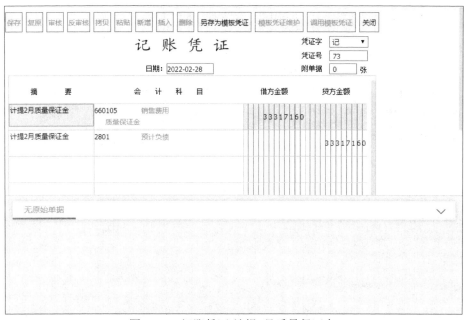

图7-157　记账凭证(计提2月质量保证金)

借：销售费用——质量保证金 333 171.60
　　贷：预计负债 333 171.60

(74) 2022年2月28日，结转本月增值税进项税额470 012.58元，无原始凭证(见图7-158)。

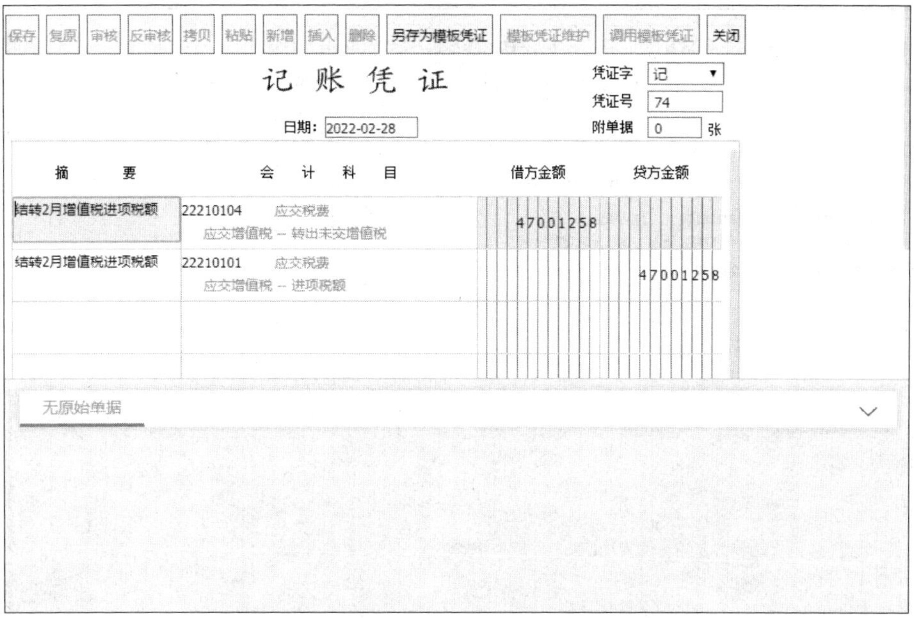

图7-158　记账凭证(结转2月增值税进项税额)

借：应交税费——应交增值税——转出未交增值税　　　　　　470 012.58
　　贷：应交税费——应交增值税——进项税额　　　　　　　　470 012.58

(75) 2022年2月28日，结转本月增值税销项税额1 443 743.6元，无原始凭证(见图7-159)。

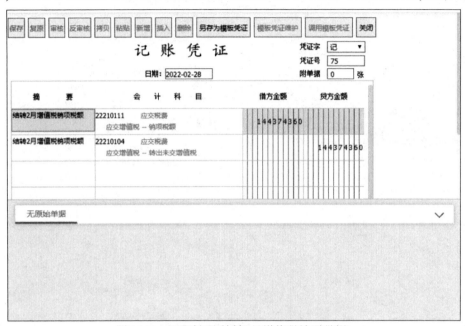

图7-159　记账凭证(结转2月增值税销项税额)

借：应交税费——应交增值税——销项税额　　　　　　　　1 443 743.60
　　贷：应缴税费——应交增值税——转出未交增值税　　　　　1 443 743.60

(76) 2022年2月28日，结转本月增值税额973 731.02元，无原始凭证(见图7-160)。

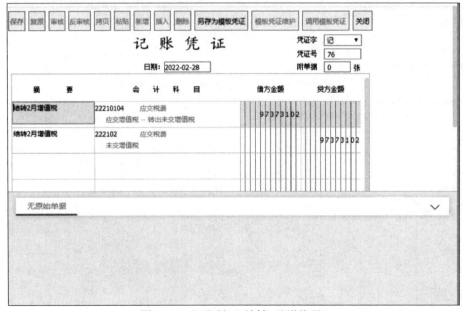

图7-160　记账凭证(结转2月增值税)

借：应交税费——应交增值税——转出未交增值税　　　　973 731.02
　　贷：应交税费——未交增值税　　　　　　　　　　　　973 731.02

(77) 2022年2月28日，计提本月城市维护建设税60 758.11元及教育费附加26 039.19元，无原始凭证(见图7-161)。

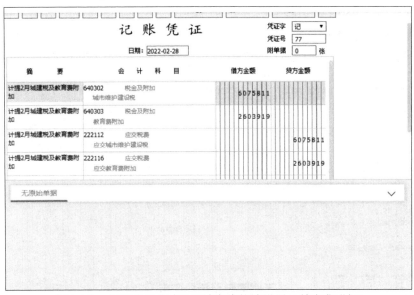

图7-161　记账凭证(计提2月城市维护建设税及教育费附加)

借：税金及附加——城市维护建设税　　　　　　　　　　60 758.11
　　税金及附加——教育费附加　　　　　　　　　　　　26 039.19
　　贷：应交税费——应交城市维护建设税　　　　　　　60 758.11
　　　　应交税费——应交教育费附加　　　　　　　　　26 039.19

(78) 2022年2月28日，缴纳1月其他税费9 365.26元(见图7-162)。

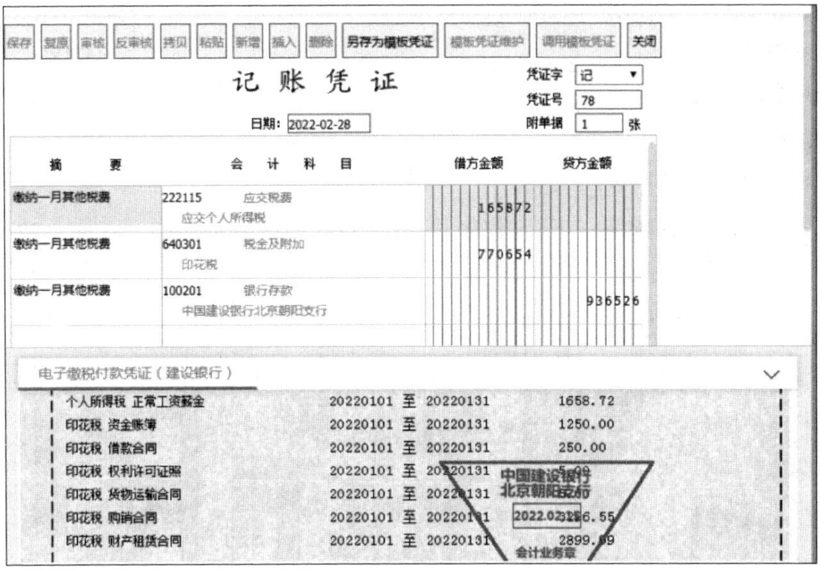

图7-162　电子缴税付款凭证(建设银行)

借：应交税费——应交个人所得税　　　　　　　　　　　　　1 658.72
　　　税金及附加——印花税　　　　　　　　　　　　　　　7 706.54
　　贷：银行存款——中国建设银行北京朝阳支行　　　　　　9 365.26

(79) 2022年2月28日，计提分配2月工资及福利费，生产工人工资费用合计1 453 840元，管理人员工资费用26 480元，销售人员工资费用134 525.52元，车间管理人员工资费用52 960元。工资总额1 199 966.2元，工会经费23 999.32元，福利费182 500元，职工教育经费21 900元，单位社保费239 440元，个人社保费73 365元，个人所得税11 175.79元(见图7-163)。

图7-163　工资薪酬费用分配表

借：生产成本——抽油烟机——直接人工　　　　　　　　905 221.13
　　生产成本——电视机——直接人工　　　　　　　　　548 618.87
　　管理费用——工资　　　　　　　　　　　　　　　　 26 480.00
　　销售费用——工资　　　　　　　　　　　　　　　　134 525.52
　　制造费用——工资　　　　　　　　　　　　　　　　 52 960.00
　　贷：应付职工薪酬——工资　　　　　　　　　　　　1 199 966.20
　　　　应付职工薪酬——工会经费　　　　　　　　　　　23 999.32
　　　　应付职工薪酬——职工教育经费　　　　　　　　　21 900.00
　　　　应付职工薪酬——福利费用　　　　　　　　　　　182 500.00
　　　　应付职工薪酬——社保费用　　　　　　　　　　　239 440.00

计提2月个人所得税及个人社保
借：应付职工薪酬——工资　　　　　　　　　　　　　　　　84 540.79
　　贷：应交税费——个人所得税　　　　　　　　　　　　　　11 175.79
　　　　其他应付款——个人社保　　　　　　　　　　　　　　73 365.00

(80) 2022年2月28日，结转2月制造费用分配表，抽油烟机86 563.27元，电视机59 020.41元(见图7-164)。

图7-164　制造费用分配表

借：生产成本——抽油烟机——制造费用　　　　　　　　　　86 563.27
　　生产成本——电视机——制造费用　　　　　　　　　　　59 020.41
　　贷：制造费用——低值易耗品　　　　　　　　　　　　　　11 327.43
　　　　制造费用——房屋租金　　　　　　　　　　　　　　　61 161.48
　　　　制造费用——生产用电　　　　　　　　　　　　　　　11 327.43
　　　　制造费用——生产用水　　　　　　　　　　　　　　　 8 807.34
　　　　制造费用——工资　　　　　　　　　　　　　　　　　52 960.00

(81) 2022年2月28日，结转2月抽油烟机完工入库产品成本5 947 818.84元，电视机完工入库产品成本4 091 574.94元(见图7-165)。

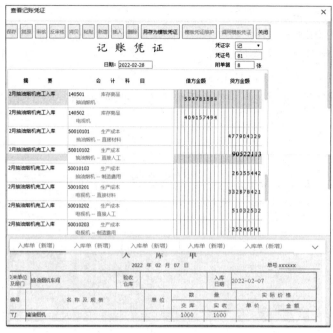

图7-165　入库单

借：库存商品——抽油烟机　　　　　　　　　　　　　　　5 947 818.84
　　库存商品——电视机　　　　　　　　　　　　　　　　4 091 574.94
　贷：生产成本——抽油烟机——直接材料　　　　　　　　4 779 043.29
　　　生产成本——抽油烟机——直接人工　　　　　　　　　 905 221.13
　　　生产成本——抽油烟机——制造费用　　　　　　　　　 263 554.42
　　　生产成本——电视机——直接材料　　　　　　　　　3 328 784.21
　　　生产成本——电视机——直接人工　　　　　　　　　　 510 325.32
　　　生产成本——电视机——制造费用　　　　　　　　　　 252 465.41

(82) 2022年2月28日，计提电子产品折旧费2 019.55元(见图7-166)。

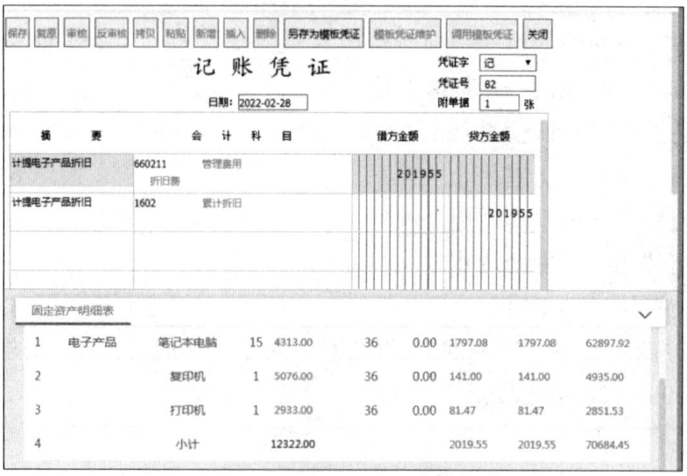

图7-166　固定资产明细表

借：管理费用——折旧费 2 019.55
　　贷：累计折旧 2 019.55

(83) 2022年2月28日，结转2月已销抽油烟机成本6 118 874元，已销电视机成本3 684 258元(见图7-167)。

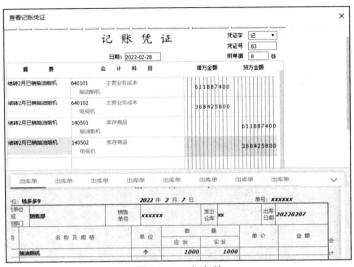

图7-167　出库单

借：主营业务成本——抽油烟机 6 118 874.00
　　主营业务成本——电视机 3 684 258.00
　　贷：库存商品——抽油烟机 6 118 874.00
　　　　库存商品——电视机 3 684 258.00

7.2.3　2月发出存货成本核算

本平台采用月末加权平均发出存货计量方法，根据运营管理的2月业务内容，2月发出存货成本核算如下(见图7-168、图7-169)。

成本项目	月初在产品成本	本月生产费用	合计	完工产品产量	月末在产品产量	月末在产品约当产量	单位成本	月末在产品成本	完工产品成本
直接材料	0.00	5476902.50	5476902.50	3698.00	540.00	540.00	1292.33	697859.21	4779043.29
直接人工	0.00	905221.13	905221.13	3698.00	540.00	0.00	244.79	0.00	905221.13
制造费用	0.00	263554.42	263554.42	3698.00	540.00	0.00	71.27	0.00	263554.42
合计	0.00	6645678.05	6645678.05	--	--	--	1608.39	697859.21	5947818.84

图7-168　完工产品与月末在产品成本分配表—抽油烟机

1月抽油烟机有结存，2月抽油烟机的单位成本=(1月产品结存成本+2月完工产品成本)/(1月结存数量+2月完工产品数量)=(650 887.43+5 947 818.84) /(400+3 698)=1 610.23元；

2月抽油烟机主营业务成本=2月抽油烟机销量×2月抽油烟机单位成本=3 800×1 610.23=6 118 874元；

2月抽油烟机结存成本=2月抽油烟机期初成本(1月抽油烟机结存成本)+2月抽油烟机完工产品成本-2月抽油烟机主营业务成本=650 887.43+5 947 818.84-6 118 874=479 832.27元。

完工产品与月末在产品成本分配表
2022年02月28日

产品：电视机									
成本项目	月初在产品成本	本月生产费用	合计	完工产品产量	月末在产品产量	月末在产品约当产量	单位成本	月末在产品成本	完工产品成本
直接材料	0.00	4827486.45	4827486.45	1999.00	900.00	900.00	1665.22	1498702.24	3328784.21
直接人工	0.00	548618.87	548618.87	1999.00	900.00	150.00	255.29	38293.55	510325.32
制造费用	0.00	271409.79	271409.79	1999.00	900.00	150.00	126.30	18944.38	252465.41
合计	0.00	5647515.11	5647515.11	--	--	--	2046.81	1555940.17	4091574.94

图7-169　完工产品与月末在产品成本分配表—电视机

2月电视机的单位成本为2 046.81元；

2月电视机主营业务成本=2月电视机销量×2月电视机单位成本=1 800×2 046.81=3 684 258元。

7.3 综合项目三

7.3.1 企业基本资料

企业2022年3月1日，采购电视机显示屏3 000套；2022年3月4日，采购电视机辅料3 000套；2022年3月9日，采购抽油烟机电机和抽油烟机辅料各1 500套；2022年3月12日，采购抽油烟机辅料和抽油烟机电机数量各1 500套；2022年3月22日，采购电视机辅料和电视机显示屏各600套。企业2022年3月销售电视机3 500台，抽油烟机5 100台。企业雇佣生产线管理人员10人，工资4 000元/人；管理人员5人，工资4 000元/人；生产人员340人，工资3 000元/人；销售人员10人，工资2 000元/人，如图7-5所示。企业购买电脑15台，单价4 313元；打印机一台，单价2 933元；复印机一台，单价5 076元，如图7-6所示。新增租赁一条电视机生产线，单位耗时1，产能1 000，废品率0.3%，占用面积400平方米。租赁一间抽油烟机车间，新增租赁厂房A面积为400平方米。根据我司的产品质量保证条款，产品售出后一年内如发生质量问题，公司将负责免费维修。预计发生维修费为销售收入的2%～4%。每月月末计提产品质量保证金。

7.3.2 3月涉及的凭证与账务处理

根据运营管理2022年3月发生的业务内容，资金管理角色主要填制的记账凭证如下。

(1) 2022年3月1日，收到宁波广达电器商场货款1 645 496.96元(见图7-170)。

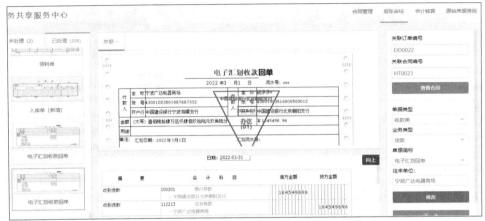

图7-170 电子汇划收款回单(宁波广达电器商场)

借：银行存款——中国建设银行北京朝阳支行　　　　　　　　1 645 496.96
　　贷：应收账款——宁波广达电器商场　　　　　　　　　　　　　　　1 645 496.96

(2) 2022年3月1日，收到苏州兴贸电器商场货款411 374.24元(见图7-171)。

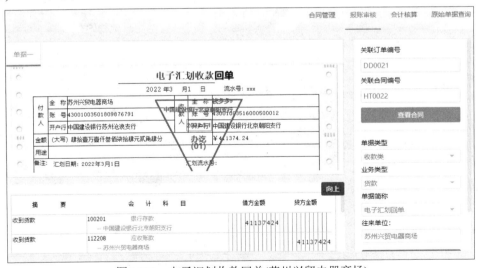

图7-171 电子汇划收款回单(苏州兴贸电器商场)

借：银行存款——中国建设银行北京朝阳支行　　　　　　　　411 374.24
　　贷：应收账款——苏州兴贸电器商场　　　　　　　　　　　　　　　411 374.24

(3) 2022年3月3日，收到济南泉城科技有限公司材料入库，数量2 000套，单价724.512 1元(见图7-172)。

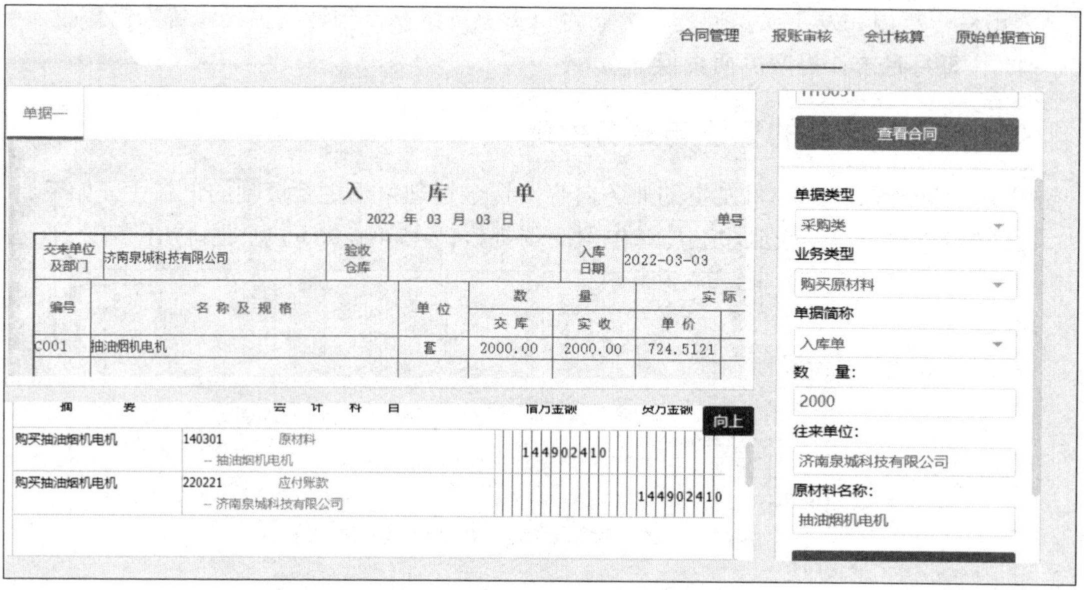

图7-172 入库单(济南泉城科技)

借：原材料——抽油烟机电机　　　　　　　　　　　　　　1 449 024.10
　　贷：应付账款——济南泉城科技有限公司　　　　　　　　　1 449 024.10

(4) 2022年3月3日，抽油烟机车间领用抽油烟机电机1 000套，单价724.489 9元；抽油烟机辅料1 000套，单价576.403 6元(见图7-173)。

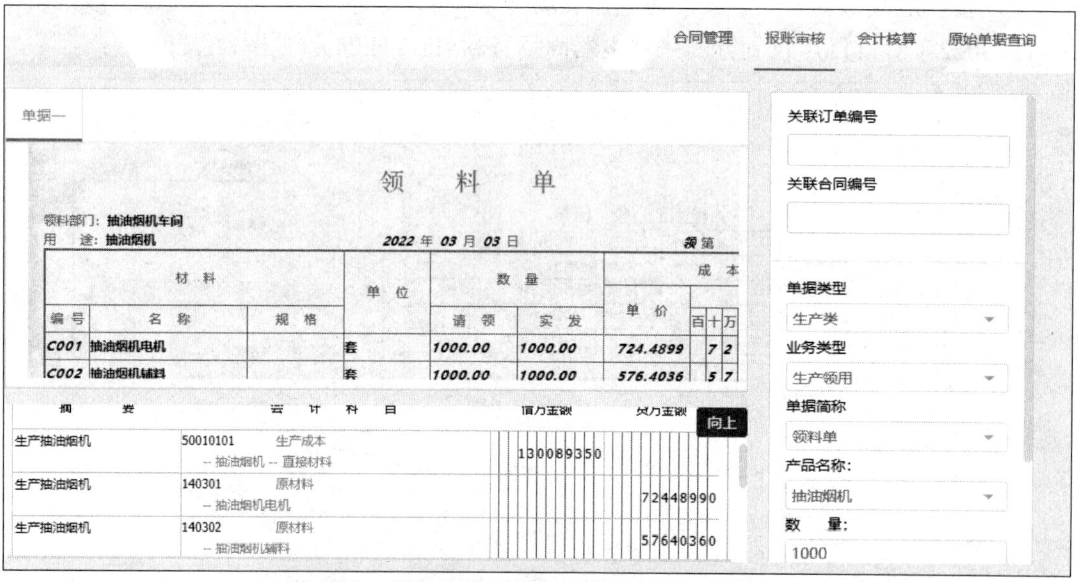

图7-173 领料单(抽油烟机电机及抽油烟机辅料)

借：生产成本——抽油烟机——直接材料　　　　　　　　　1 300 893.50
　　贷：原材料——抽油烟机电机　　　　　　　　　　　　　　724 489.90
　　　　原材料——抽油烟机辅料　　　　　　　　　　　　　　576 403.60

(5) 2022年3月4日，收到苏宁电器北京旧宫店货款2 596 898.2元(见图7-174)。

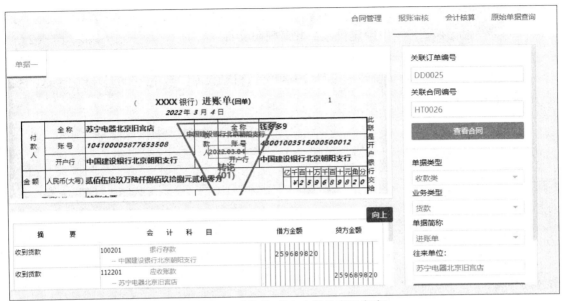

图7-174 进账单(苏宁电器北京旧宫店)

借：银行存款——中国建设银行北京朝阳支行　　　　　　2 596 898.20
　　贷：应收账款——苏宁电器北京旧宫店　　　　　　　　　　　　2 596 898.20

(6) 2022年3月4日，支付济南泉城科技有限公司货款1 420 143.62元。2022年2月27日，与济南泉城科技有限公司签订抽油烟机电机采购合同，数量2 000套，单价734.53元，购货折扣1.5%。合同签订后，济南泉城科技有限公司5日内组织发货，甲方采用一次性付款方式，30日内支付全部价税合计款1 447 024.1元。甲方可享受货款的现金折扣2/10，1/10，n/30(见图7-175)。

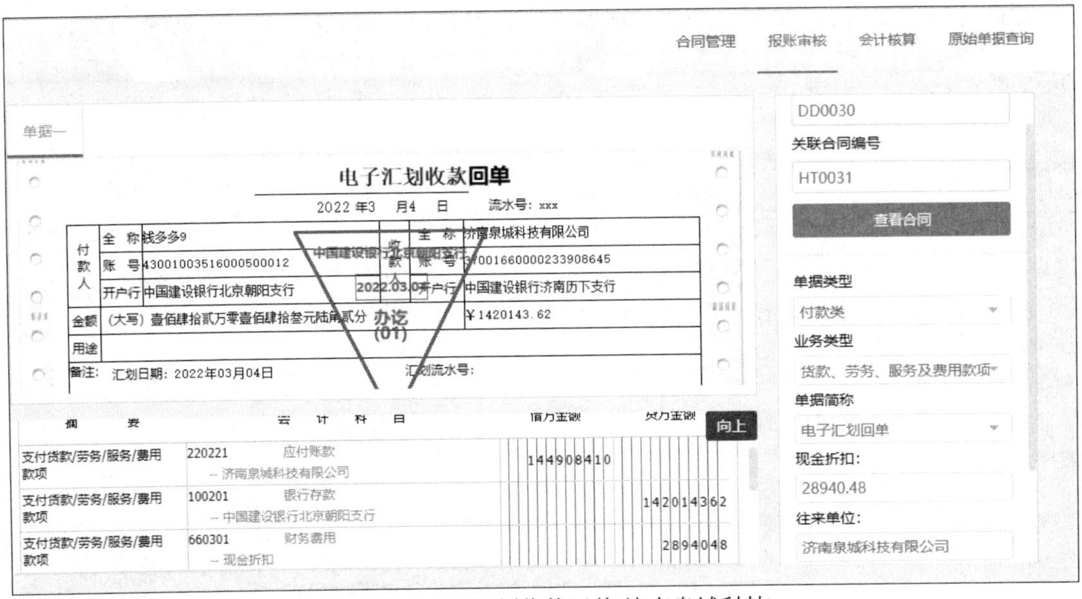

图7-175 电子汇划收款回单(济南泉城科技)

借：应付账款——济南泉城科技有限公司　　　　　　　　　　1 449 084.10
　　贷：银行存款——中国建设银行北京朝阳支行　　　　　　1 420 143.62
　　　　财务费用——现金折扣　　　　　　　　　　　　　　　28 940.48

(7) 2022年3月5日，收到宁波创投科技有限公司材料入库，数量3 000套，单价903.043 2元(见图7-176)。

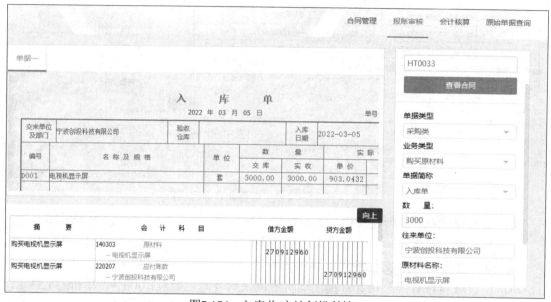

图7-176　入库单(宁波创投科技)

借：原材料——电视机显示屏　　　　　　　　　　　　　　2 709 129.60
　　贷：应付账款——宁波创投科技有限公司　　　　　　　2 709 129.60

(8) 2022年3月5日，收到天津住友电器批发有限公司货款1 253 283元(见图7-177)。

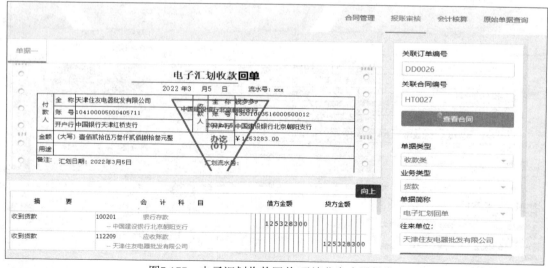

图7-177　电子汇划收款回单(天津住友电器批发)

借：银行存款——中国建设银行北京朝阳支行　　　　　　　　1 253 283.00
　　贷：应收账款——天津住友电器批发有限公司　　　　　　　　1 253 283.00

(9) 2022年3月5日，支付1月银行贷款利息29 166.67元(见图7-178)。

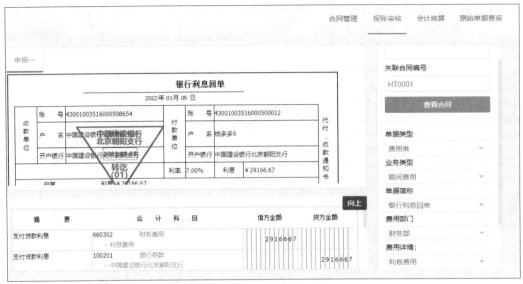

图7-178　银行利息回单

借：财务费用——利息费用　　　　　　　　　　　　　　　　29 166.67
　　贷：银行存款——中国建设银行北京朝阳支行　　　　　　　　29 166.67

(10) 2022年3月5日，支付宁波创投科技有限公司支付货款2 655 187.01元。2022年3月1日，与宁波创投科技有限公司签订电视机显示屏采购合同，数量3 000套，单价919.84元，购货折扣2%。合同签订后，宁波创投科技有限公司5日内组织发货，甲方采用一次性付款方式，30日内支付全部价税合计款2 704 329.6元。甲方可享受货款的现金折扣2/10，1/10，n/30(见图7-179)。

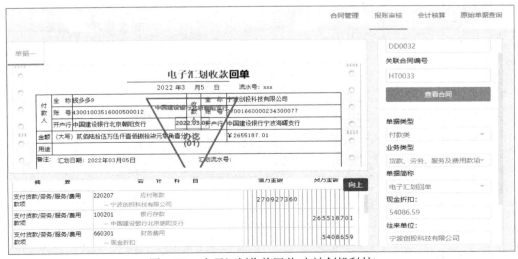

图7-179　电子汇划收款回单(宁波创投科技)

借：应付账款——宁波创投科技有限公司　　　　　　　　　　　　2 709 273.60
　　贷：银行存款——中国建设银行北京朝阳支行　　　　　　　2 655 187.01
　　　　财务费用——现金折扣　　　　　　　　　　　　　　　　54 086.59

(11) 2022年3月8日，收到天津住友电器批发有限公司货款1 269 358.38元(见图7-180)。

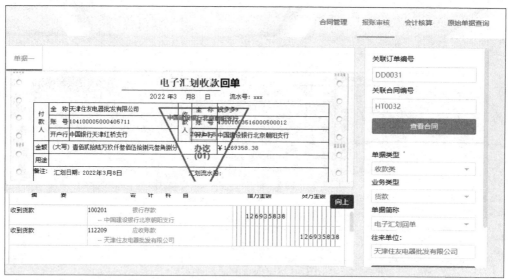

图7-180　电子汇划收款回单(天津住友电器批发)

借：银行存款——中国建设银行北京朝阳支行　　　　　　　　1 269 358.38
　　贷：应收账款——天津住友电器批发有限公司　　　　　　　1 269 358.38

(12) 2022年3月8日，支付郑州黄河科技有限公司货款2 141 116.89元。2022年3月4日，与郑州黄河科技有限公司签订电视机辅料采购合同，数量3 000套，单价742.24元，购货折扣2%。合同签订后，郑州黄河科技有限公司5日内组织发货，甲方采用一次性付款方式，30日内支付全部价税合计款2 182 185.6元。甲方可享受货款的现金折扣2/10，1/10，n/30(见图7-181)。

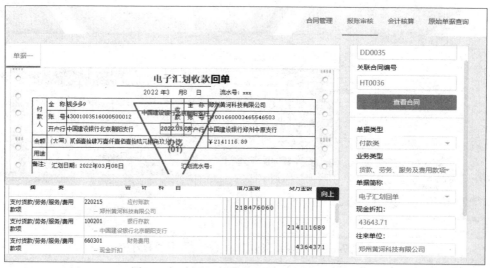

图7-181　电子汇划收款回单(郑州黄河科技)

借：应付账款——郑州黄河科技有限公司　　　　　　　　　　　2 184 760.60
　　贷：银行存款——中国建设银行北京朝阳支行　　　　　　　 2 141 116.89
　　　　财务费用——现金折扣　　　　　　　　　　　　　　　　　 43 643.71

(13) 2022年3月8日，收到郑州黄河科技有限公司材料入库，数量3 000套，单价728.228 5元(见图7-182)。

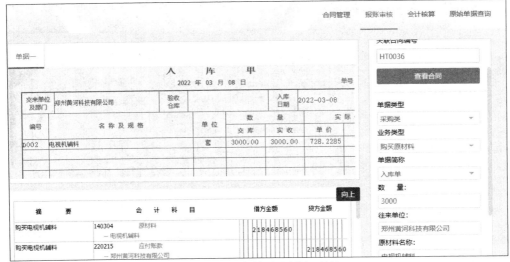

图7-182　入库单(郑州黄河科技)

借：原材料——电视机辅料　　　　　　　　　　　　　　　　　2 184 685.60
　　贷：应付账款——郑州黄河科技有限公司　　　　　　　　　　2 184 685.60

(14) 2022年3月8日，电视机车间领用电视辅料1 000套，单价729.546 8元；电视机显示屏1 000套，单价902.801 7元(见图7-183)。

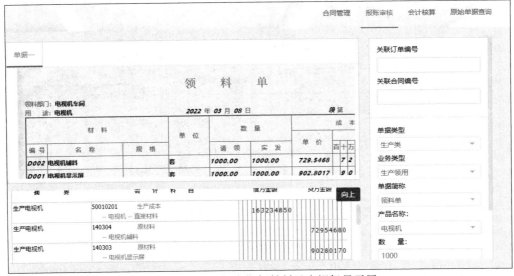

图7-183　领料单(电视机辅料及电视机显示屏)

借：生产成本——电视机——直接材料　　　　　　　　　　　 1 632 348.50

贷：原材料——电视机辅料　　　　　　　　　　　　　　　　　　729 546.80
　　　　原材料——电视机显示屏　　　　　　　　　　　　　　　　902 801.70

(15) 2022年3月9日，抽油烟机车间领用抽油烟机电机1 000套，单价724.489 9元；抽油烟机辅料1 000套，单价576.403 6元(见图7-184)。

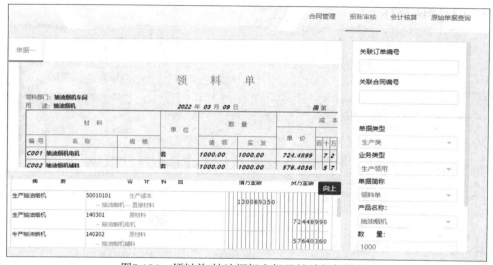

图7-184　领料单(抽油烟机电机及抽油烟机辅料)

　　借：生产成本——抽油烟机——直接材料　　　　　　　　　　1 300 893.50
　　贷：原材料——抽油烟机电机　　　　　　　　　　　　　　　　724 489.90
　　　　原材料——抽油烟机辅料　　　　　　　　　　　　　　　　576 403.60

(16) 2022年3月10日，收到上海信达电器批发有限公司货款517 377.28元(见图7-185)。

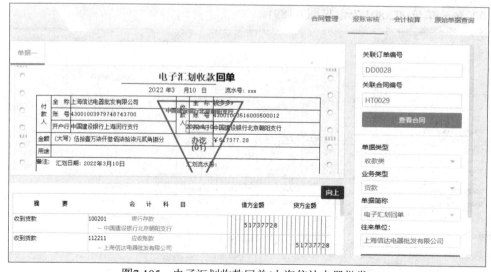

图7-185　电子汇划收款回单(上海信达电器批发)

　　借：银行存款——中国建设银行北京朝阳支行　　　　　　　　　517 377.28
　　贷：应收账款——上海信达电器批发有限公司　　　　　　　　　517 377.28

(17) 2022年3月12日，支付武汉美德电子科技有限公司货款1 202 336.8元。2022年3月9日，与武汉美德电子科技有限公司签订抽油烟机电机采购合同，数量1 500套，单价727.7元，购货折扣1%。合同签订后，武汉美德电子科技有限公司5日内组织发货，甲方采用一次性付款方式，30日内支付全部价税合计款1 221 116.99元。甲方可享受货款的现金折扣2/10，1/10，n/30(见图7-186)。

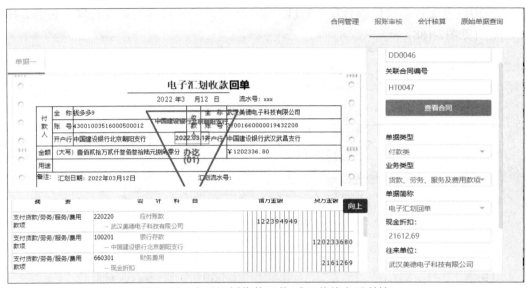

图7-186　电子汇划收款回单(武汉美德电子科技)

借：应付账款——武汉美德电子科技有限公司　　　　　1 223 949.49
　　贷：银行存款——中国建设银行北京朝阳支行　　　　　1 202 336.80
　　　　财务费用——现金折扣　　　　　　　　　　　　　　21 612.69

(18) 2022年3月12日，收到武汉美德电子科技有限公司抽油烟机电机入库，数量1 500套，单价722.256 3元(见图7-187)。

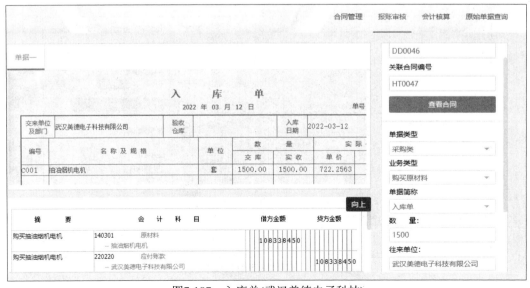

图7-187　入库单(武汉美德电子科技)

借：原材料——抽油烟机电机　　　　　　　　　　　　　　1 083 384.50
　　贷：应付账款——武汉美德电子科技有限公司　　　　　　1 083 384.50

(19) 2022年3月13日，支付济南泉城科技有限公司货款1 095 038.41元。2022年3月12日，与济南泉城科技有限公司签订采购合同，抽油烟机电机数量1 500套，单价751.21元，购货折扣1%。合同签订后，济南泉城科技有限公司5日内组织发货，甲方采用一次性付款方式，30日内支付全部价税合计款1 115 546.85元。甲方可享受货款的现金折扣2/10，1/10，n/30(见图7-188)。

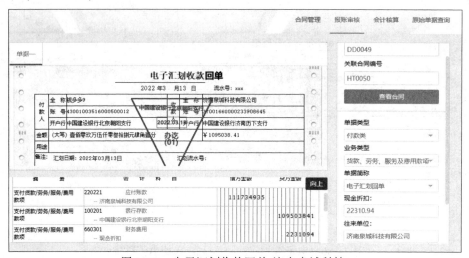

图7-188　电子汇划收款回单(济南泉城科技)

借：应付账款——济南泉城科技有限公司　　　　　　　　1 117 349.35
　　贷：银行存款——中国建设银行北京朝阳支行　　　　　　1 095 038.41
　　　　财务费用——现金折扣　　　　　　　　　　　　　　　22 310.94

(20) 2022年3月13日，收到济南泉城科技有限公司抽油烟机电机入库，数量1 500套，单价744.864 6元(见图7-189)。

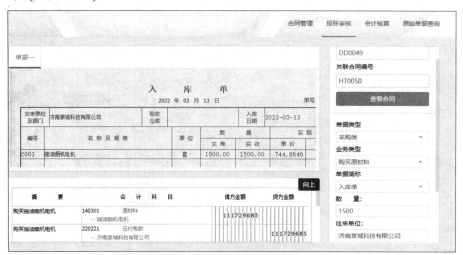

图7-189　入库单(济南泉城科技)

借：原材料——抽油烟机电机 1 117 296.85
　　贷：应付账款——济南泉城科技有限公司 1 117 296.85

(21) 2022年3月14日，收到宁波广达电器商场货款2 054 231.52元(见图7-190)。

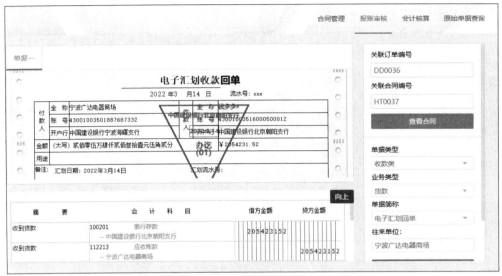

图7-190　电子汇划收款回单(宁波广达电器商场)

借：银行存款——中国建设银行北京朝阳支行 2 054 231.52
　　贷：应收账款——宁波广达电器商场 2 054 231.52

(22) 2022年3月14日，收到上海易德电器批发有限公司货款432 979.84元(见图7-191)。

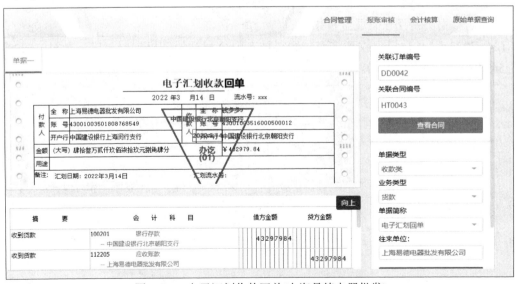

图7-191　电子汇划收款回单(上海易德电器批发)

借：银行存款——中国建设银行北京朝阳支行 432 979.84
　　贷：应收账款——上海易德电器批发有限公司 432 979.84

(23) 2022年3月14日，支付济南华纳科技有限公司货款913 999.39元。2022年3月9日，与济南华纳科技有限公司签订抽油烟机辅料采购合同，数量1 500套，单价553.4元，购货折扣1%。合同签订后，济南华纳科技有限公司5日内组织发货，甲方采用一次性付款方式，30日内支付全部价税合计款9 928 632.87元。甲方可享受货款的现金折扣2/10，1/10，n/30(见图7-192)。

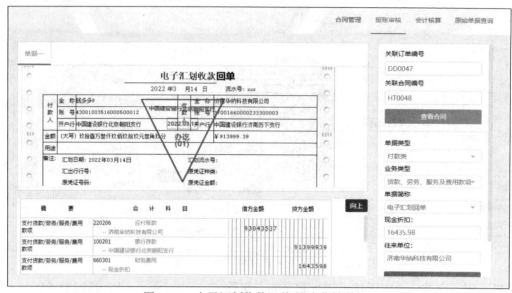

图7-192　电子汇划收款回单(济南华纳科技)

借：应付账款——济南华纳科技有限公司　　　　　　930 435.37
　　贷：银行存款——中国建设银行北京朝阳支行　　　913 999.39
　　　　财务费用——现金折扣　　　　　　　　　　　　16 435.98

(24) 2022年3月14日，收到济南华纳科技有限公司抽油烟机辅料入库，数量1 500套，单价549.032 7元(见图7-193)。

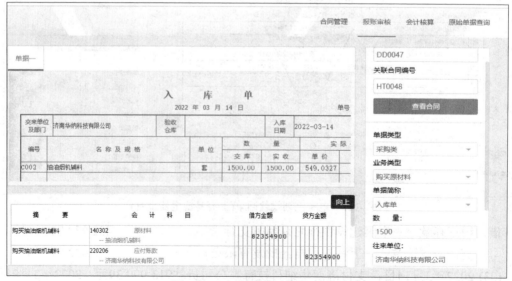

图7-193　入库单(济南华纳科技)

借：原材料——抽油烟机辅料　　　　　　　　　　　　　　　　823 549.00
　　贷：应付账款——济南华纳科技有限公司　　　　　　　　　823 549.00

(25) 2022年3月14日，支付江西复兴电子电器有限公司货款982 339.54元。2022年3月12日，与江西复兴电子电器有限公司签订抽油烟机辅料采购合同，数量1500套，单价593.61元，购货折扣1%。合同签订后，江西复兴电子电器有限公司5日内组织发货，甲方采用一次性付款方式，30日内支付全部价税合计款996 107.26元。甲方可享受货款的现金折扣2/10，1/10，n/30(见图7-194)。

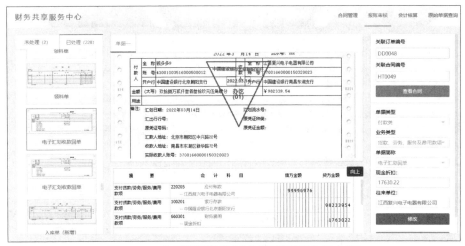

图7-194　电子汇划收款回单(江西复兴电子电器)

借：应付账款——江西复兴电子电器有限公司　　　　　　　999 969.76
　　贷：银行存款——中国建设银行北京朝阳支行　　　　　　982 339.54
　　　　财务费用——现金折扣　　　　　　　　　　　　　　 17 630.22

(26) 2022年3月14日，收到江西复兴电子电器有限公司抽油烟机辅料入库，数量1 500套，单价590.173 9元(见图7-195)。

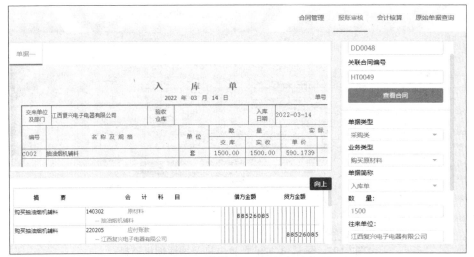

图7-195　入库单(江西复兴电子电器)

借：原材料——抽油烟机辅料　　　　　　　　　　　　　　　885 260.85
　　贷：应付账款——江西复兴电子电器有限公司　　　　　　885 260.85

(27) 2022年3月15日，电视机车间领用电视机辅料1 000套，单价729.546 8元；电视机显示屏1 000套，单价902.801 7元(见图7-196)。

图7-196　领料单(电视机辅料及电视机显示屏)

借：生产成本——电视机——直接材料　　　　　　　　　　1 632 348.50
　　贷：原材料——电视机辅料　　　　　　　　　　　　　　729 546.80
　　　　原材料——电视机显示屏　　　　　　　　　　　　　902 801.70

(28) 2022年3月15日，抽油烟机车间领用抽油烟机电机1 000套，单价733.382 6元；抽油烟机辅料1 000套，单价569.736 6元(见图7-197)。

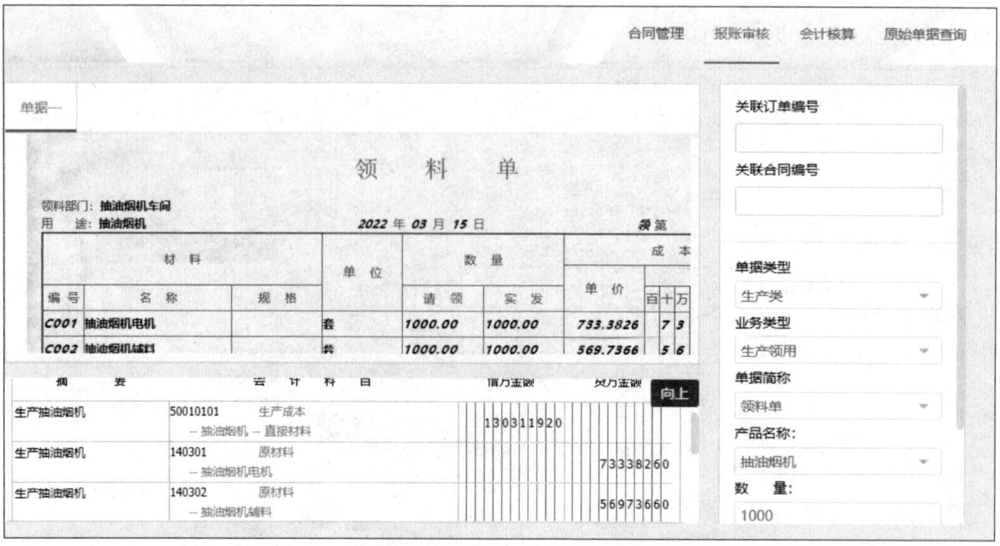

图7-197　领料单(抽油烟机电机及抽油烟机辅料)

借：生产成本——抽油烟机——直接材料　　　　　　　　　　　　1 303 119.20
　　贷：原材料——抽油烟机电机　　　　　　　　　　　　　　　　733 382.60
　　　　原材料——抽油烟机辅料　　　　　　　　　　　　　　　　569 736.60

(29) 2022年3月15日，收到济南国贸电器商场货款2 164 899.2元(见图7-198)。

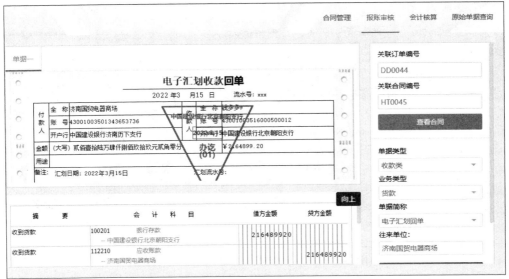

图7-198　电子汇划收款回单(济南国贸电器商场)

借：银行存款——中国建设银行北京朝阳支行　　　　　　　　　2 164 899.20
　　贷：应收账款——济南国贸电器商场　　　　　　　　　　　　2 164 899.20

(30) 2022年3月15日，支付工会经费23 999.32元(见图7-199)。

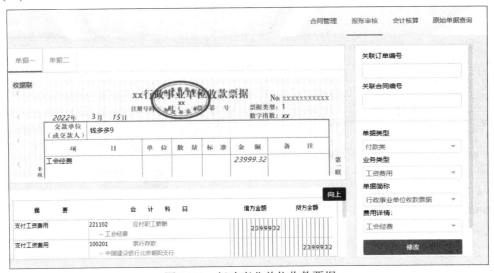

图7-199　行政事业单位收款票据

借：应付职工薪酬——工会经费　　　　　　　　　　　　　　　　23 999.32
　　贷：银行存款——中国建设银行北京朝阳支行　　　　　　　　　23 999.32

(31) 2022年3月15日，收到北京市新华书店开具的增值税普通发票，职工教育经费20 091.74元，税率9%，税额1 808.26元(见图7-200)。

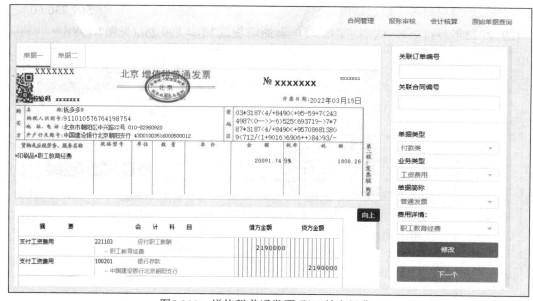

图7-200　增值税普通发票(职工教育经费)

借：应付职工薪酬——职工教育经费　　　　　　　　　　　　21 900.00
　　贷：银行存款——中国建设银行北京朝阳支行　　　　　　　　21 900.00

(32) 2022年3月15日，支付工资1 115 425.41元(见图7-201)。

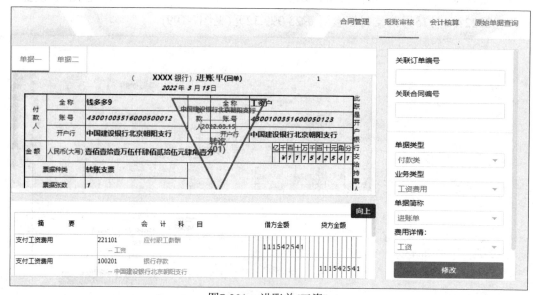

图7-201　进账单(工资)

借：应付职工薪酬——工资　　　　　　　　　　　　　　　1 115 425.41
　　贷：银行存款——中国建设银行北京朝阳支行　　　　　　1 115 425.41

(33) 2022年3月15日，支付社保费用312 805元(见图7-202)。

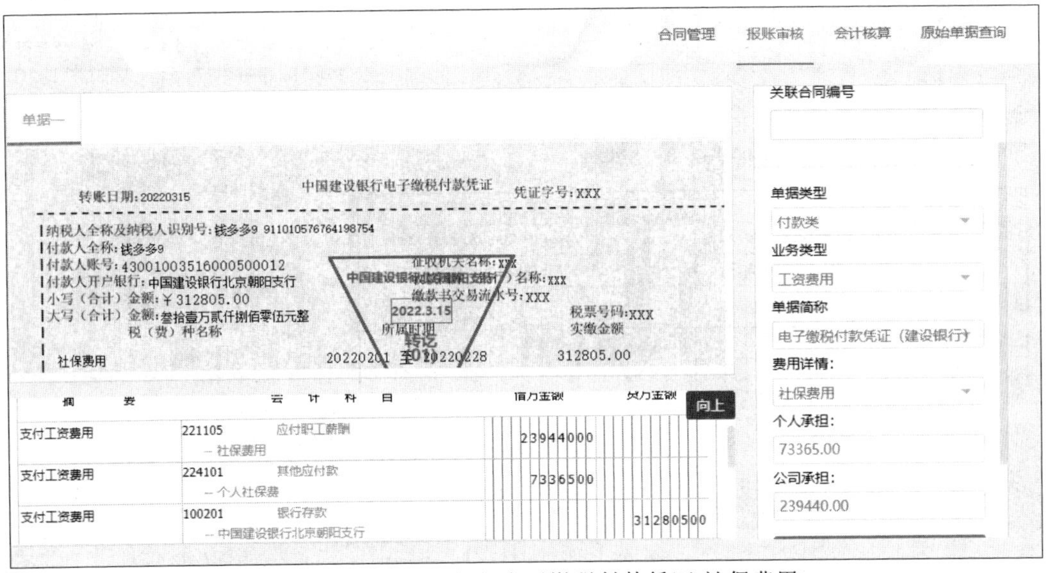

图7-202　中国建设银行电子缴税付款凭证(社保费用)

借：应付职工薪酬——社保费用　　　　　　　　　　　　　　　239 440.00
　　其他应付款——个人社保费　　　　　　　　　　　　　　　　73 365.00
　　贷：银行存款——中国建设银行北京朝阳支行　　　　　　　　312 805.00

(34) 2022年3月15日，收到增值税普通发票，农副食品福利费161 504.42元，税率13%，税额20 995.58元(见图7-203)。

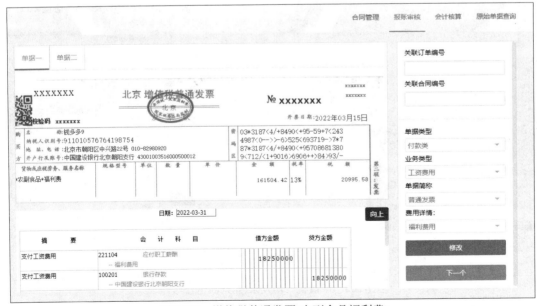

图7-203　增值税普通发票(农副食品福利费)

借：应付职工薪酬——福利费用　　　　　　　　　　　　　　　182 500.00
　　贷：银行存款——中国建设银行北京朝阳支行　　　　　　　　182 500.00

(35) 2022年3月15日，支付北京高伦仓储有限公司仓储费14 489.34元(见图7-204)。

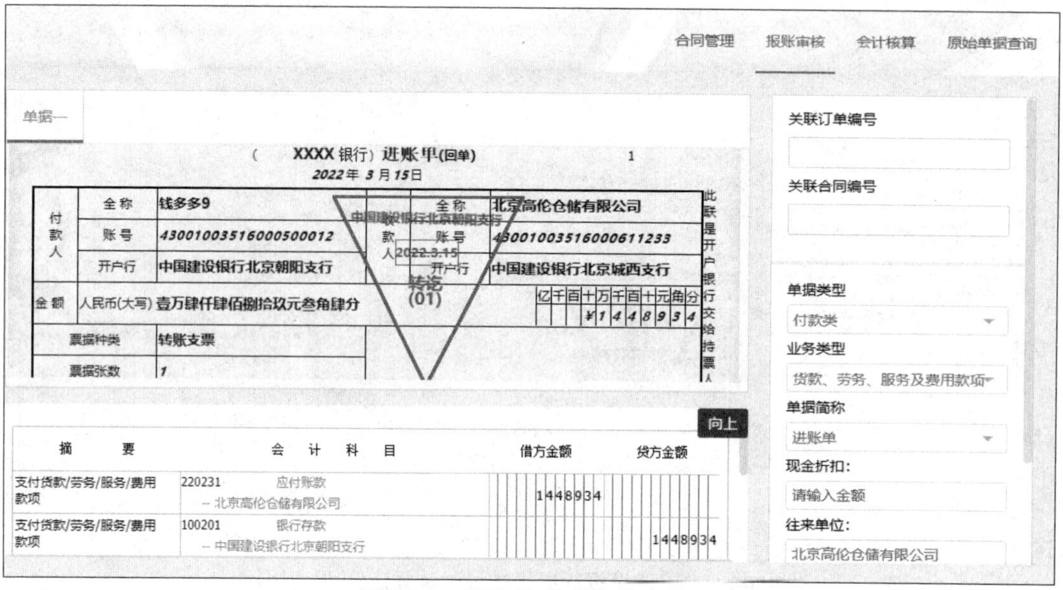

图7-204　进账单(北京高伦仓储)

借：应付账款——北京高伦仓储有限公司　　14 489.34
　　贷：银行存款——中国建设银行北京朝阳支行　　14 489.34

(36) 2022年3月15日，收到北京高伦仓储有限公司开具的增值税专用发票，仓储费用13 669.19元，税率6%，税额820.15元(见图7-205)。

图7-205　增值税专用发票(北京高伦仓储)

借：管理费用——仓储费　　13 669.19
　　应交税费——应交增值税——进项税额　　820.15
　　贷：应付账款——北京高伦仓储有限公司　　14 489.34

(37) 2022年3月20日，收到北京乐家电器商场货款1 061 725.4元(见图7-206)。

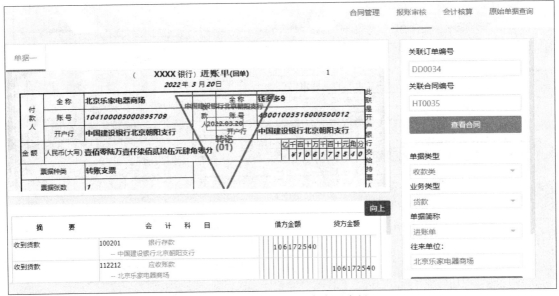

图7-206　进账单(北京乐家电器商场)(1)

借：银行存款——中国建设银行北京朝阳支行　　　　1 061 725.40
　　贷：应收账款——北京乐家电器商场　　　　　　　　　　　1 061 725.40

(38) 2022年3月20日，收到北京乐家电器商场货款432 979.84元(见图7-207)。

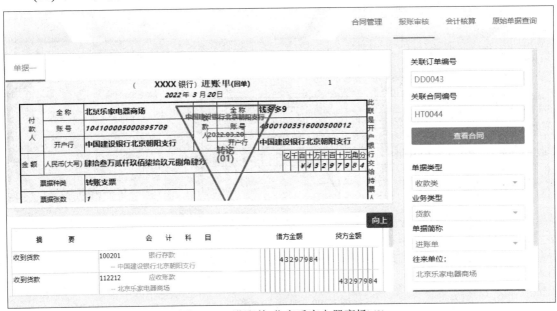

图7-207　进账单(北京乐家电器商场)(2)

借：银行存款——中国建设银行北京朝阳支行　　　　432 979.84
　　贷：应收账款——北京乐家电器商场　　　　　　　　　　　432 979.84

(39) 2022年3月20日，收到天津住友电器批发有限公司货款2 567 789.4元(见图7-208)。

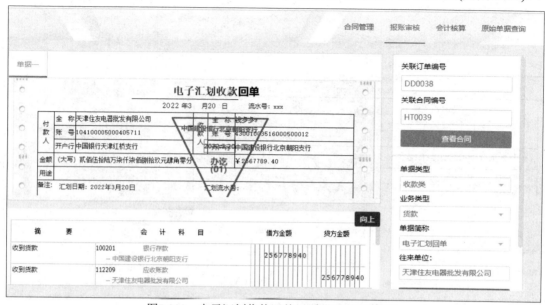

图7-208　电子汇划收款回单(天津住友电器批发)

借：银行存款——中国建设银行北京朝阳支行　　　　2 567 789.40
　　贷：应收账款——天津住友电器批发有限公司　　　　2 567 789.40

(40) 2022年3月20日，支付中国电信北京分公司通信费6 177.44元(见图7-209)。

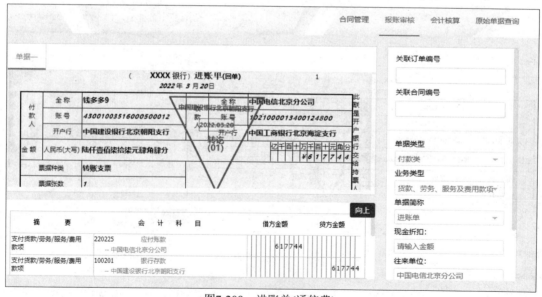

图7-209　进账单(通信费)

借：应付账款——中国电信北京分公司　　　　6 177.44
　　贷：银行存款——中国建设银行北京朝阳支行　　　　6 177.44

(41) 2022年3月20日，收到中国电信北京分公司开具的增值税专用发票，通信费5 667.38元，税率9%，税额510.06元(见图7-210)。

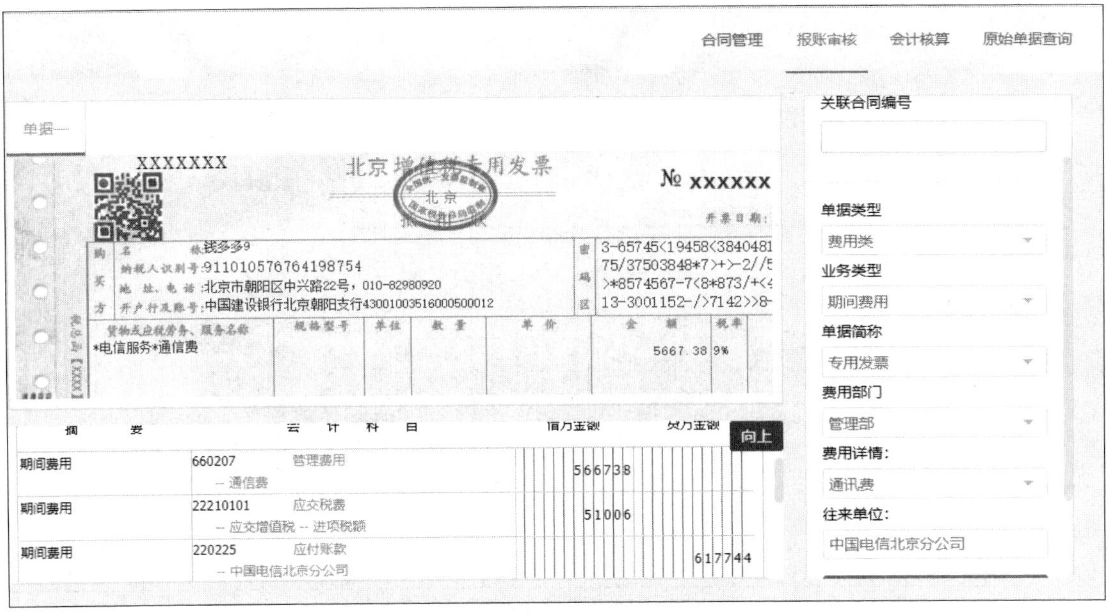

图7-210 增值税专用发票(通信费)

借：管理费用——通信费　　　　　　　　　　　　　5 667.38
　　应交税费——应交增值税——进项税额　　　　　510.06
　　贷：应付账款——中国电信北京分公司　　　　　　　　　6 177.44

(42) 2022年3月20日，提取现金50 000元(见图7-211)。

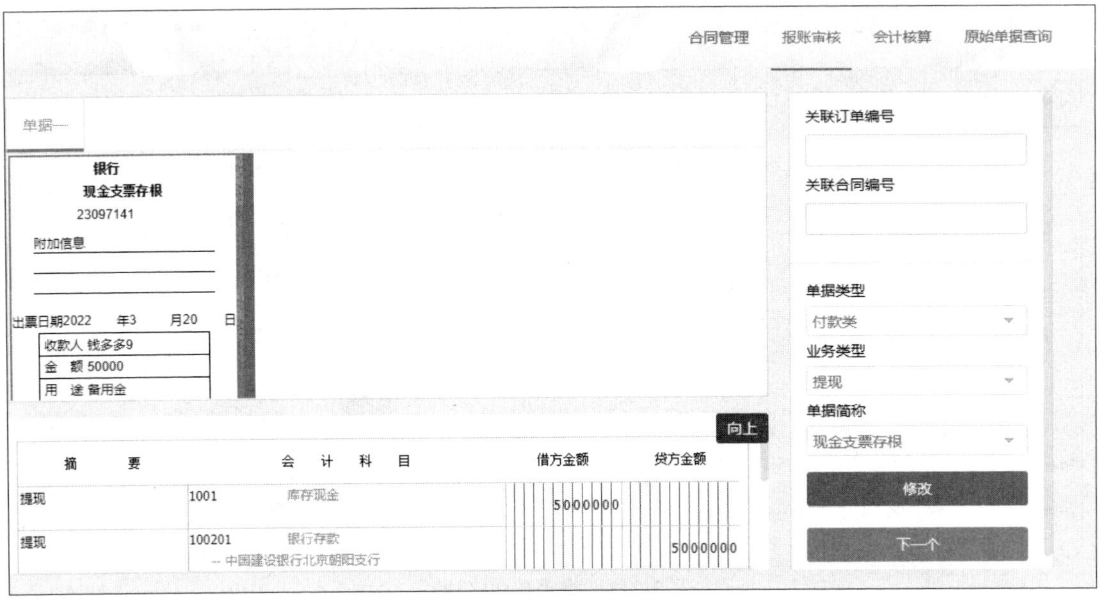

图7-211 现金支票存根

借：库存现金　　　　　　　　　　　　　　　　　　50 000.00
　　贷：银行存款——中国建设银行北京朝阳支行　　　　　　50 000.00

(43) 2022年3月20日，报销销售部钱来乐差旅费40 607.15元，以现金形式报销(见图7-212)。

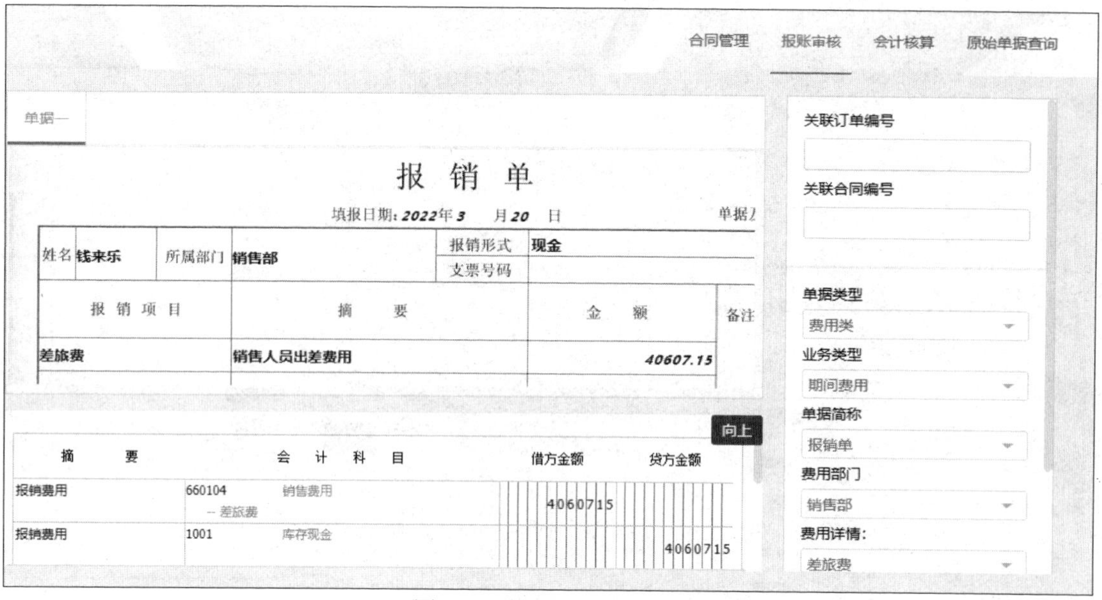

图7-212 报销单(差旅费)

借：销售费用——差旅费　　　　　　　　　　　　　　40 607.15
　　贷：库存现金　　　　　　　　　　　　　　　　　　　　40 607.15

(44) 2022年3月20日，报销综合管理部钱任性办公费9 197.87元，以现金形式报销(见图7-213)。

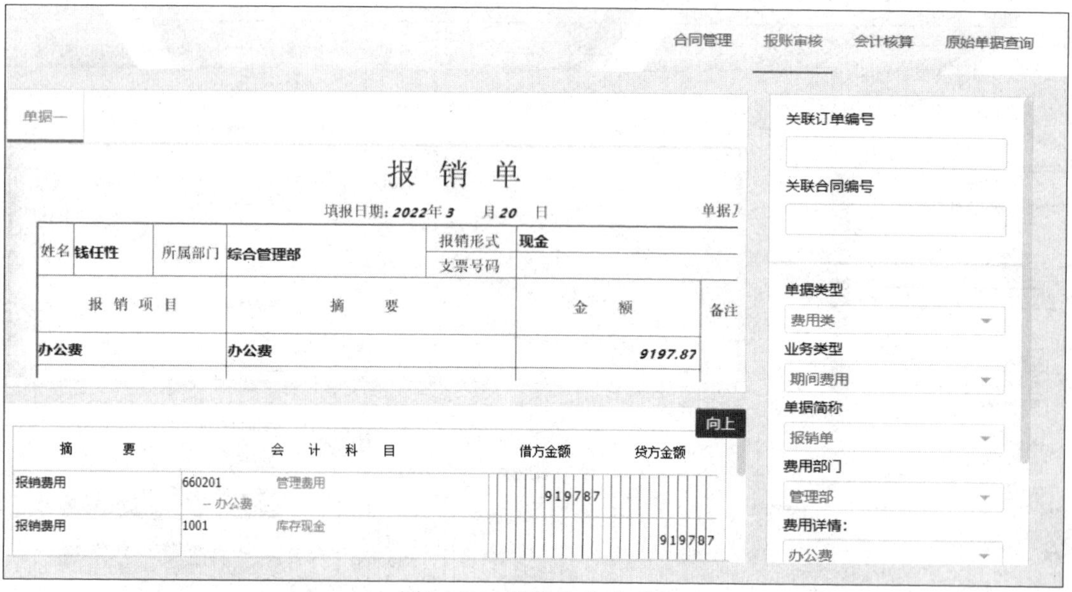

图7-213 报销单(办公费)

借：管理费用——办公费　　　　　　9 197.87
　　贷：库存现金　　　　　　　　　　9 197.87

(45) 2022年3月20日，支付北京市方大机械维修公司机械维修费52 783.72元(见图7-214)。

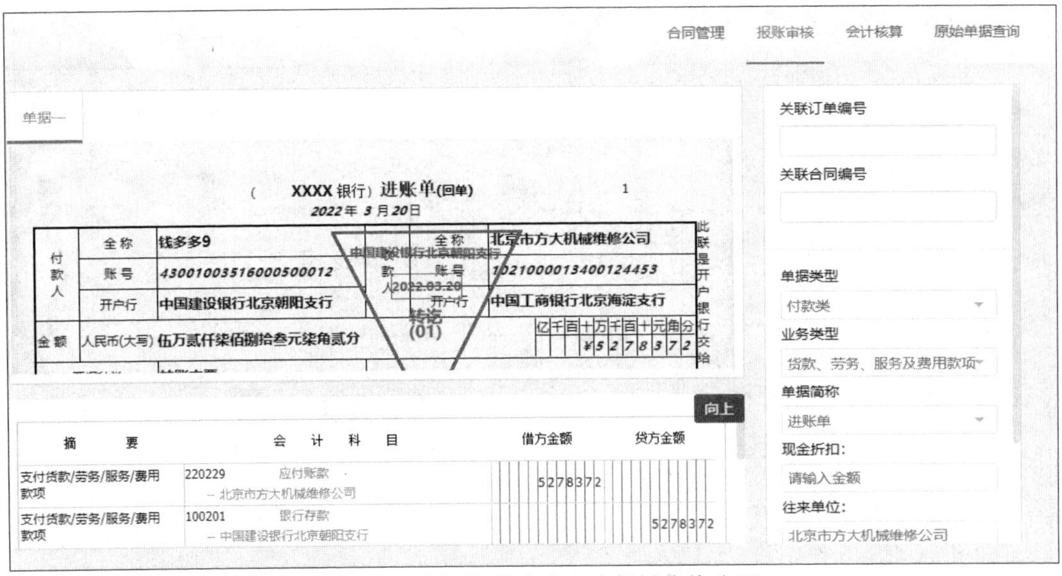

图7-214 进账单(北京市方大机械维修公司)

借：应付账款——北京市方大机械维修公司　　　　　　　　52 783.72
　　贷：银行存款——中国建设银行北京朝阳支行　　　　　　52 783.72

(46) 2022年3月20日，收到北京市方大机械维修公司开具的增值税专用发票，机械维修费46 711.26元，税率13%，税额6 072.46元(见图7-215)。

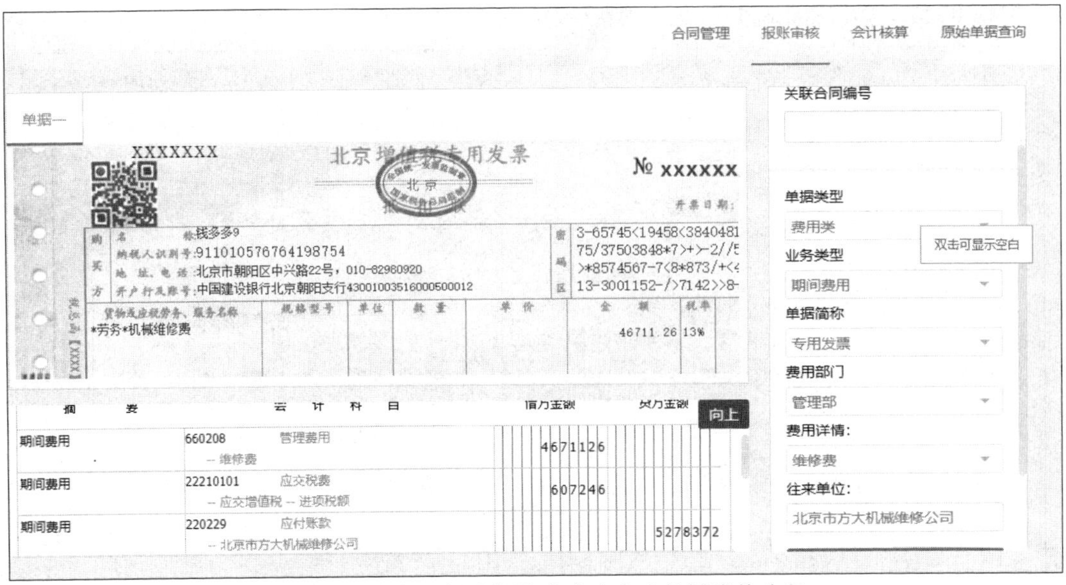

图7-215 增值税专用发票(北京市方大机械维修公司)

借：管理费用——维修费　　　　　　　　　　　　　　　　46 711.26
　　应交税费——应交增值税——进项税额　　　　　　　　 6 072.46
　　贷：应付账款——北京市方大机械维修公司　　　　　　　52 783.72

(47) 2022年3月21日，抽油烟机车间领用抽油烟机电机1 000套，单价733.382 6元；抽油烟机辅料1 000套，单价569.736 6元(见图7-216)。

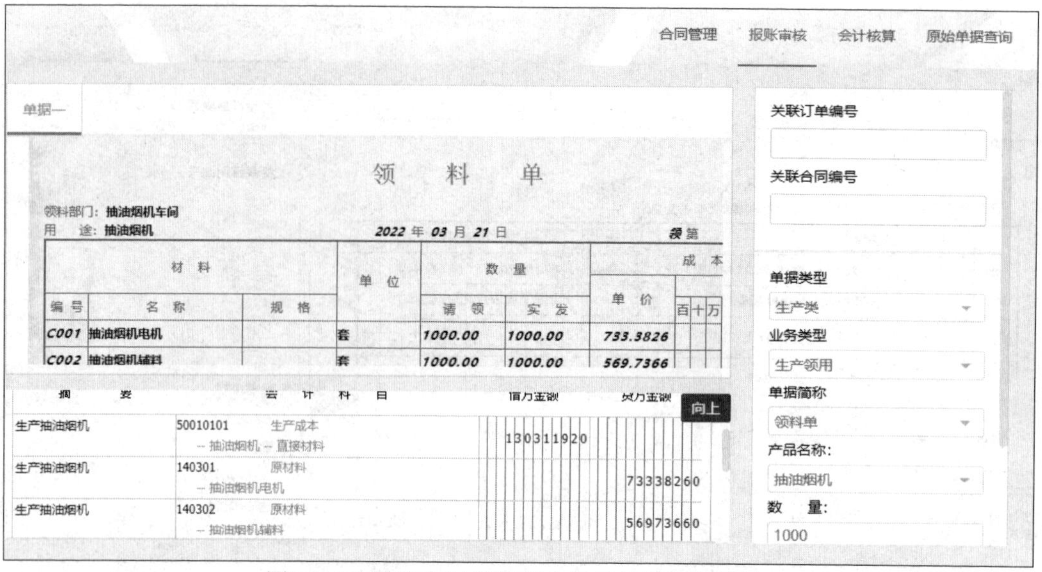

图7-216 领料单(抽油烟机电机及抽油烟机辅料)

借：生产成本——抽油烟机——直接材料　　　　　　　　　　1 303 119.20
　　贷：原材料——抽油烟机电机　　　　　　　　　　　　　　733 382.60
　　　　原材料——抽油烟机辅料　　　　　　　　　　　　　　569 736.60

(48) 2022年3月22日，电视机车间领用电视机辅料1 000套，单价729.546 8元；电视机显示屏1 000套，单价902.801 7元(见图7-217)。

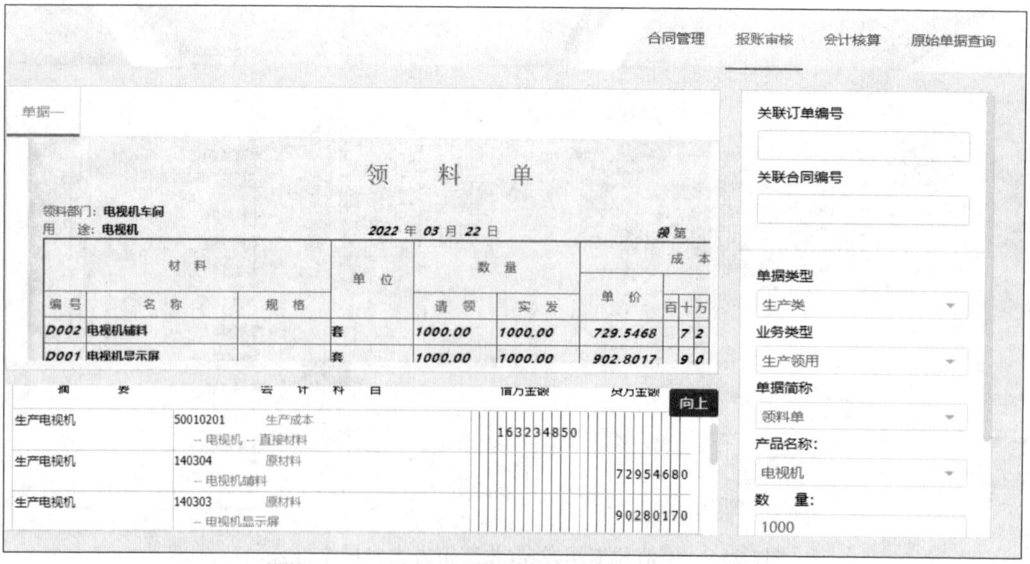

图7-217 领料单(电视机辅料及电视机显示屏)

借：生产成本——电视机——直接材料　　　　　　　　　　　1 632 348.50
　　贷：原材料——电视机辅料　　　　　　　　　　　　　　　729 546.80
　　　　原材料——电视机显示屏　　　　　　　　　　　　　　902 801.70

(49) 2022年3月23日，支付宁波飞天科技有限公司货款652 878.18元。2022年3月22

日，与宁波飞天科技有限公司签订电视机显示屏采购合同，数量600套，单价974.73元。合同签订后，宁波飞天科技有限公司5日内组织发货，甲方采用一次性付款方式，30日内支付全部价税合计款660 866.94元。甲方可享受货款的现金折扣2/10，1/10，n/30(见图7-218)。

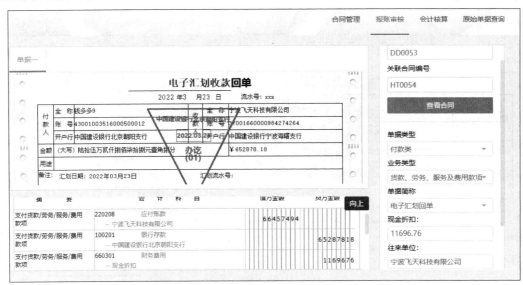

图7-218　电子汇划收款回单(宁波飞天科技)

借：应付账款——宁波飞天科技有限公司　　　　　　　664 574.94
　　贷：银行存款——中国建设银行北京朝阳支行　　　　652 878.18
　　　　财务费用——现金折扣　　　　　　　　　　　　 11 696.76

(50) 2022年3月23日，收到宁波飞天科技有限公司电视机显示屏入库，数量600套，单价980.73元(见图7-219)。

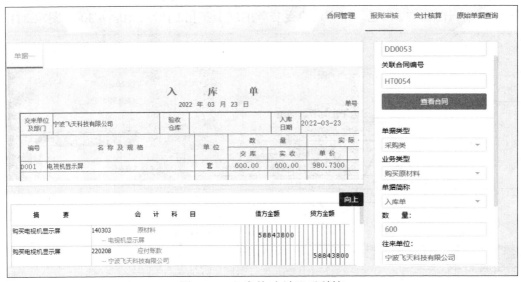

图7-219　入库单(宁波飞天科技)

借：原材料——电视机显示屏　　　　　　　　　　　　　　　　588 438.00
　　贷：应付账款——宁波飞天科技有限公司　　　　　　　　　588 438.00

(51) 2022年3月26日，收到北京麦琳电器商场货款1 731 919.36元(见图7-220)。

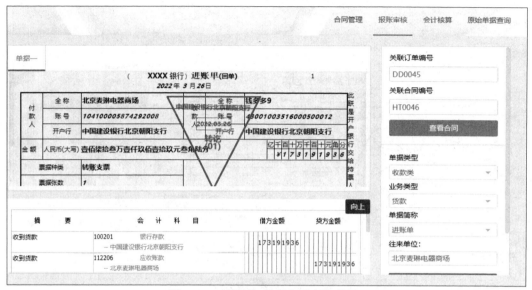

图7-220　进账单(北京麦琳电器商场)

借：银行存款——中国建设银行北京朝阳支行　　　　　　　1 731 919.36
　　贷：应收账款——北京麦琳电器商场　　　　　　　　　　1 731 919.36

(52) 2022年3月26日，支付郑州黄河科技有限公司货款449 700.76元。2022年3月22日，与郑州黄河科技有限公司签订电视机辅料采购合同，数量600套，单价762.52元。合同签订后，郑州黄河科技有限公司5日内组织发货，甲方采用一次性付款方式，30日内支付全部价税合计款457 512元。甲方可享受货款的现金折扣2/10，1/10，n/30(见图7-221)。

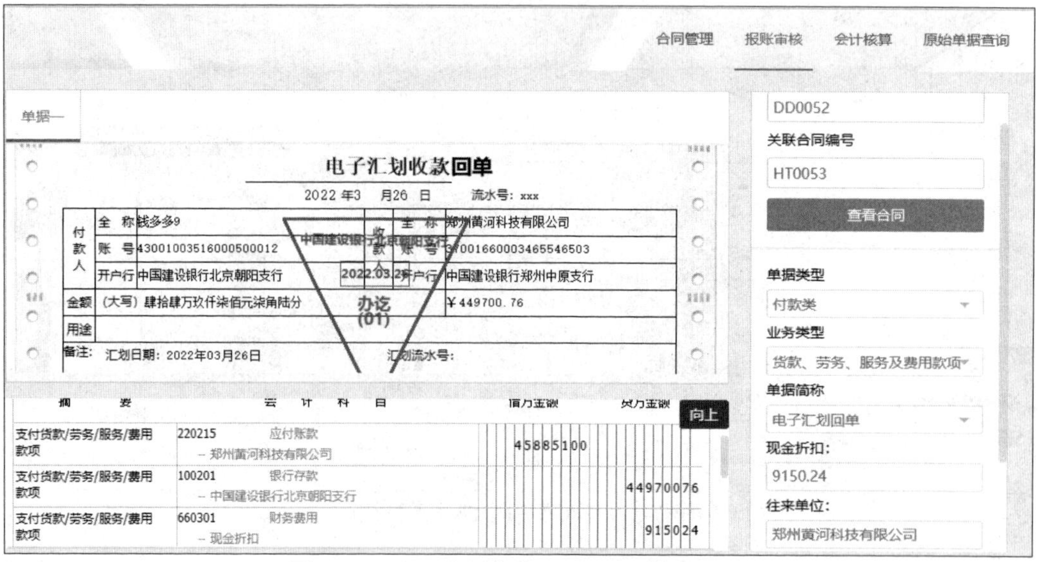

图7-221　电子汇划收款回单(郑州黄河科技)

借：应付账款——郑州黄河科技有限公司　　　　　　　　　458 851.00
　　贷：银行存款——中国建设银行北京朝阳支行　　　　　　449 700.76
　　　　财务费用——现金折扣　　　　　　　　　　　　　　9 150.24

(53) 2022年3月26日，收到郑州黄河科技有限公司电视机辅料入库，数量600套，单价764.686 7元(见图7-222)。

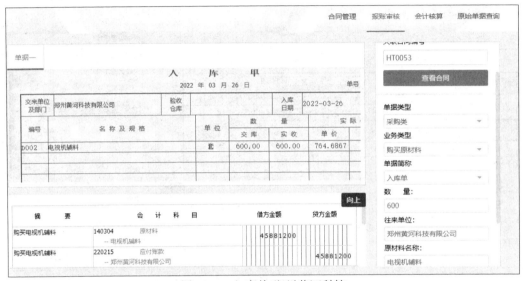

图7-222　入库单(郑州黄河科技)

借：原材料——电视机辅料　　　　　　　　　　　　　　　458 812.00
　　贷：应付账款——郑州黄河科技有限公司　　　　　　　　458 812.00

(54) 2022年3月27日，抽油烟机车间领用抽油烟机电机600套，单价733.382 6元；抽油烟机辅料600套，单价569.736 6元(见图7-223)。

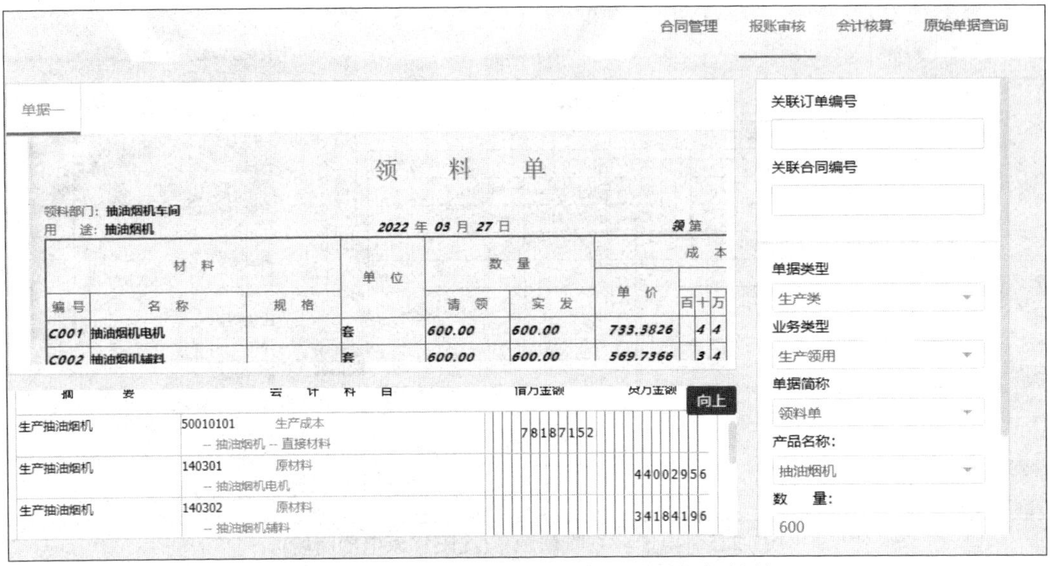

图7-223　领料单(抽油烟机电机及抽油烟机辅料)

借：生产成本——抽油烟机——直接材料　　　　　　　　781 871.52
　　贷：原材料——抽油烟机电机　　　　　　　　　　　　440 029.56
　　　　原材料——抽油烟机辅料　　　　　　　　　　　　341 841.96

(55) 2022年3月27日，收到北京麦琳电器商场货款2 103 987.68元(见图7-224)。

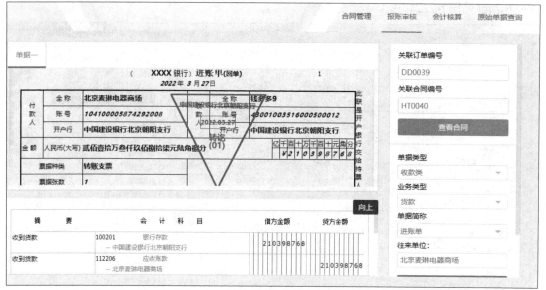

图7-224　进账单(北京麦琳电器商场)

借：银行存款——中国建设银行北京朝阳支行　　　　　2 103 987.68
　　贷：应收账款——北京麦琳电器商场　　　　　　　　　2 103 987.68

(56) 2022年3月27日，收到沈阳宜家电器商场货款513 557.88元(见图7-225)。

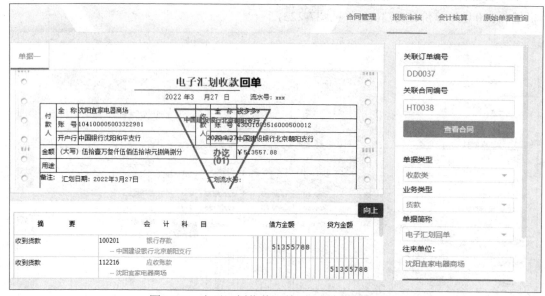

图7-225　电子汇划收款回单(沈阳宜家电器商场)

借：银行存款——中国建设银行北京朝阳支行　　　　　　　　513 557.88
　　贷：应收账款——沈阳宜家电器商场　　　　　　　　　　　513 557.88

(57) 2022年3月29日，电视机车间领用电视机辅料600套，单价759.666 7元；电视机显示屏600套，单价969.597 4元(见图7-226)。

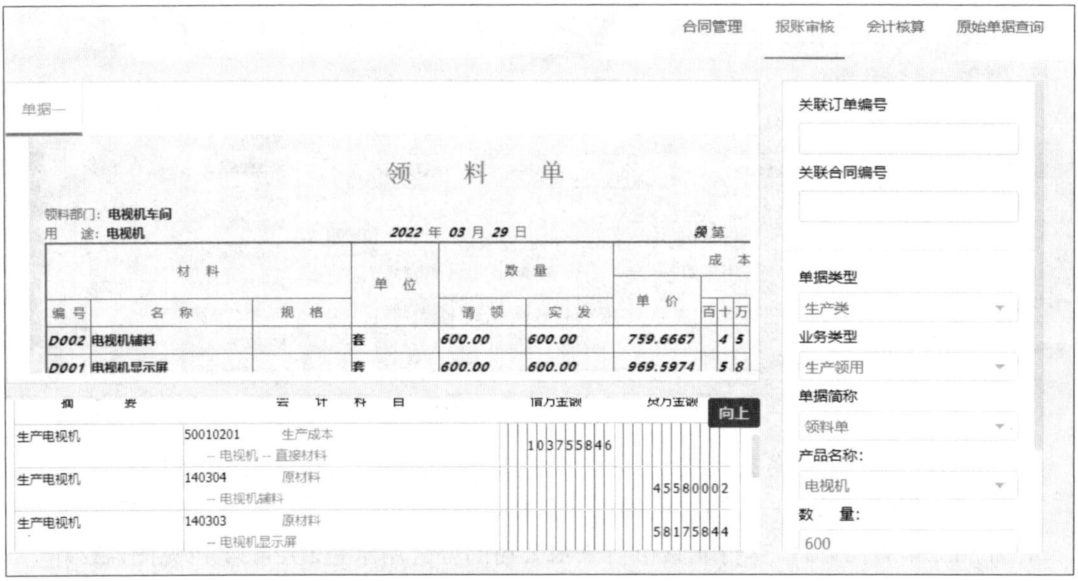

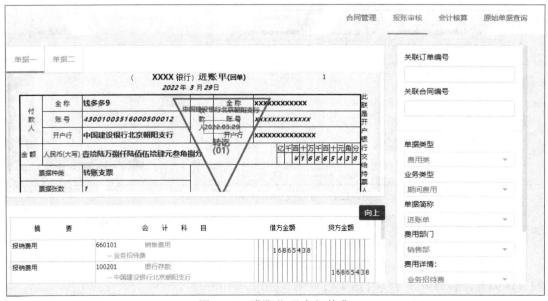

图7-226　领料单(电视机辅料及电视机显示屏)

借：生产成本——电视机——直接材料　　　　　　　　　　1 037 558.46
　　贷：原材料——电视机辅料　　　　　　　　　　　　　　　455 800.02
　　　　原材料——电视机显示屏　　　　　　　　　　　　　　581 758.44

(58) 2022年3月29日，报销销售部万金有业务招待费168 654.38元(见图7-227、图7-228)。

图7-227　进账单(业务招待费)

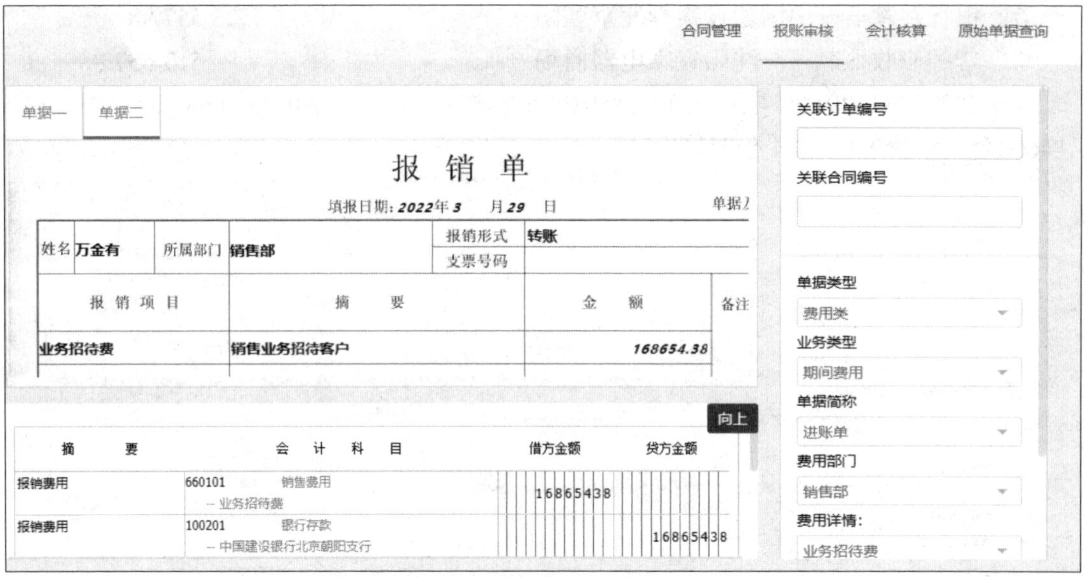

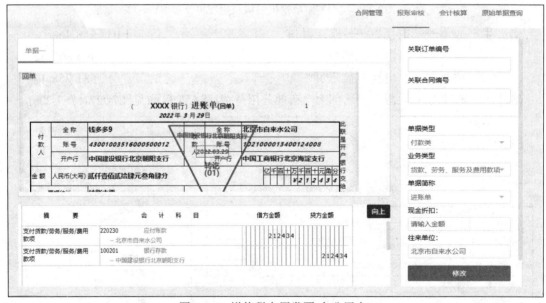

图7-228 报销单(业务招待费)

借：销售费用——业务招待费　　　　　　　　　　　　　　168 654.38
　　贷：银行存款——中国建设银行北京朝阳支行　　　　　168 654.38

(59) 2022年3月29日，支付北京市自来水公司的办公用水费2 124.34元(见图7-229)。

图7-229 增值税专用发票(办公用水)

借：应付账款——北京市自来水公司　　　　　　　　　　　2 124.34
　　贷：银行存款——中国建设银行北京朝阳支行　　　　　2 124.34

(60) 2022年3月29日，收到北京市自来水公司开具的增值税专用发票，办公用自来水费1 948.94元，税率9%，税额175.4元(见图7-230)。

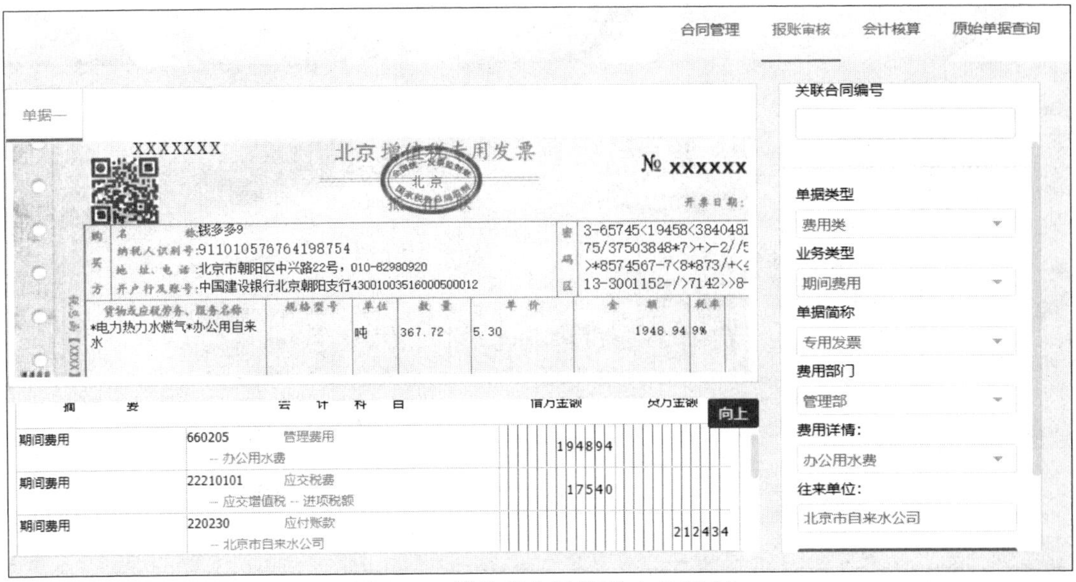

图7-230 增值税专用发票(办公用水)

借：管理费用——办公用水费　　　　　　　　　　　　　　1 948.94
　　应交税费——应交增值税——进项税额　　　　　　　　175.40
　　贷：应付账款——北京市自来水公司　　　　　　　　　2 124.34

(61) 2022年3月29日，支付北京市供电公司的生产用电费16 280元(见图7-231)。

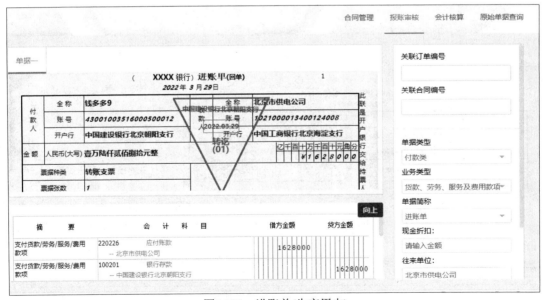

图7-231 进账单(生产用电)

借：应付账款——北京市供电公司　　　　　　　　　　　16 280.00
　　贷：银行存款——中国建设银行北京朝阳支行　　　　　16 280.00

(62) 2022年3月29日，收到北京市供电公司开具的增值税专用发票，生产用电费14 407.08元，税率13%，税额1 872.92元(见图7-232)。

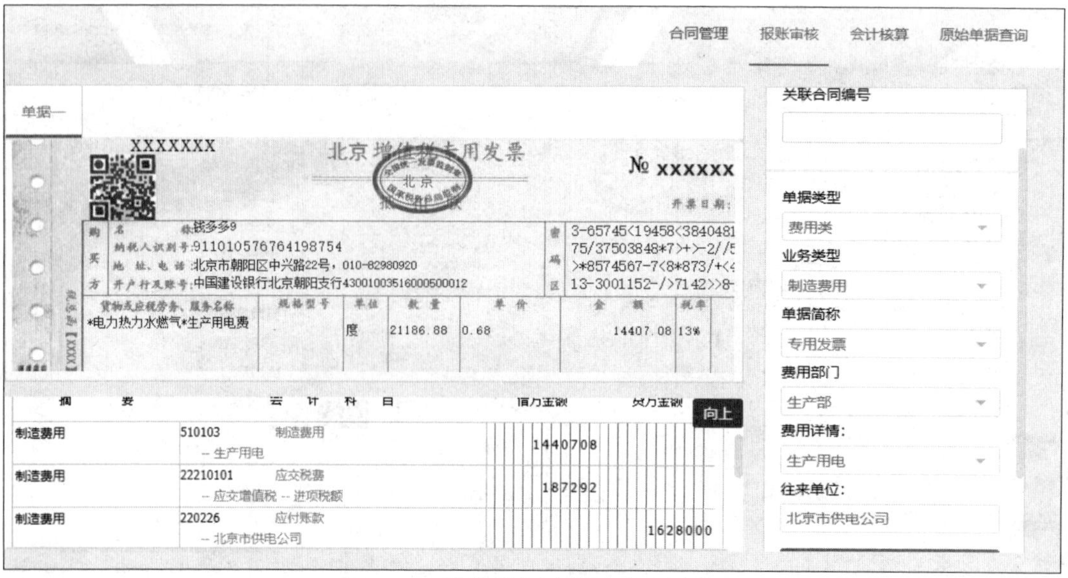

图7-232 增值税专用发票(生产用电)

借：制造费用——生产用电　　　　　　　　　　　　　　14 407.08
　　应交税费——应交增值税——进项税额　　　　　　　 1 872.92
　　贷：应付账款——北京市供电公司　　　　　　　　　　16 280.00

(63) 2022年3月29日，支付北京市供电公司的办公用电费1 334.57元(见图7-233)。

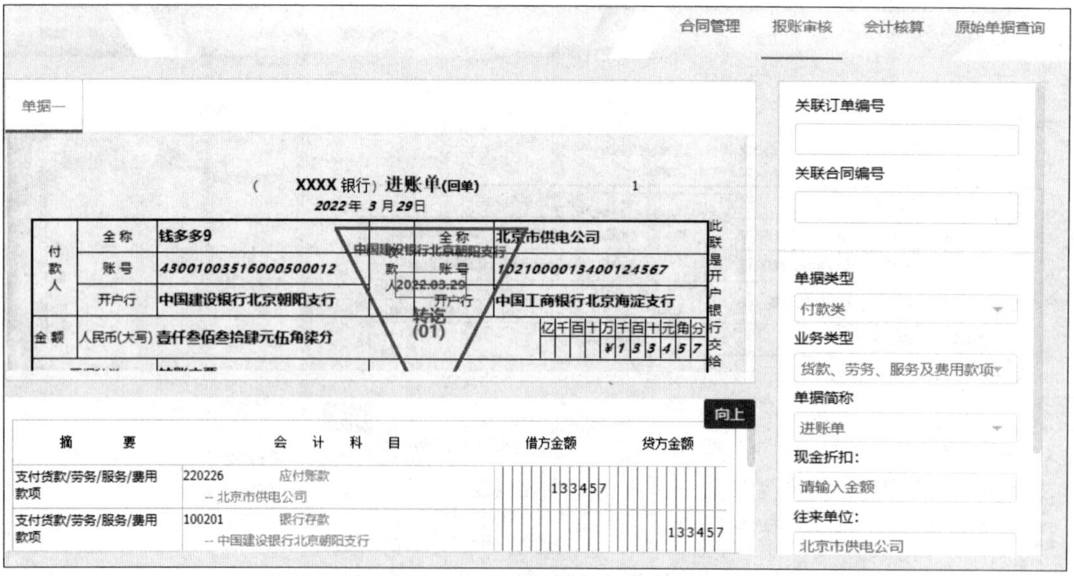

图7-233 进账单(办公用电)

借：应付账款——北京市供电公司　　　　　　　　　　　 1 334.57
　　贷：银行存款——中国建设银行北京朝阳支行　　　　　 1 334.57

(64) 2022年3月29日，收到北京市供电公司开具的增值税专用发票，办公用电费1 181.04元，税率13%，税额153.53元(见图7-234)。

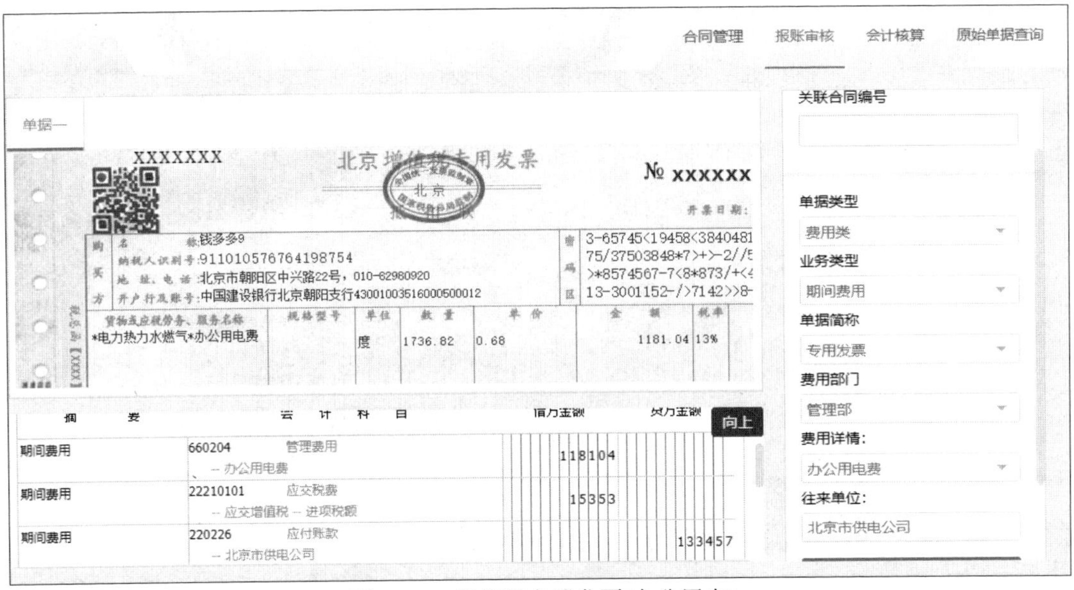

图7-234 增值税专用发票(办公用电)

借：管理费用——办公用电费　　　　　　　　　　　　　1 181.04
　　应交税费——应交增值税——进项税额　　　　　　　　153.53
　　贷：应付账款——北京市供电公司　　　　　　　　　　1 334.57

(65) 2022年3月29日，支付北京市新河里超市货款16 280元(见图7-235)。

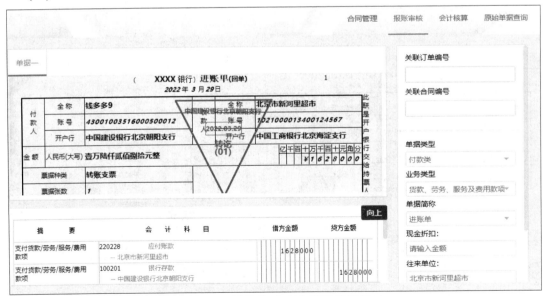

图7-235 进账单(北京市新河里超市)

借：应付账款——北京市新河里超市　　　　　　　　　　16 280.00
　　贷：银行存款——中国建设银行北京朝阳支行　　　　　16 280.00

(66) 2022年3月29日，收到北京市新河里超市开具的增值税专用发票，金额14 407.08元，税率13%，税额1 872.92元(见图7-236)。

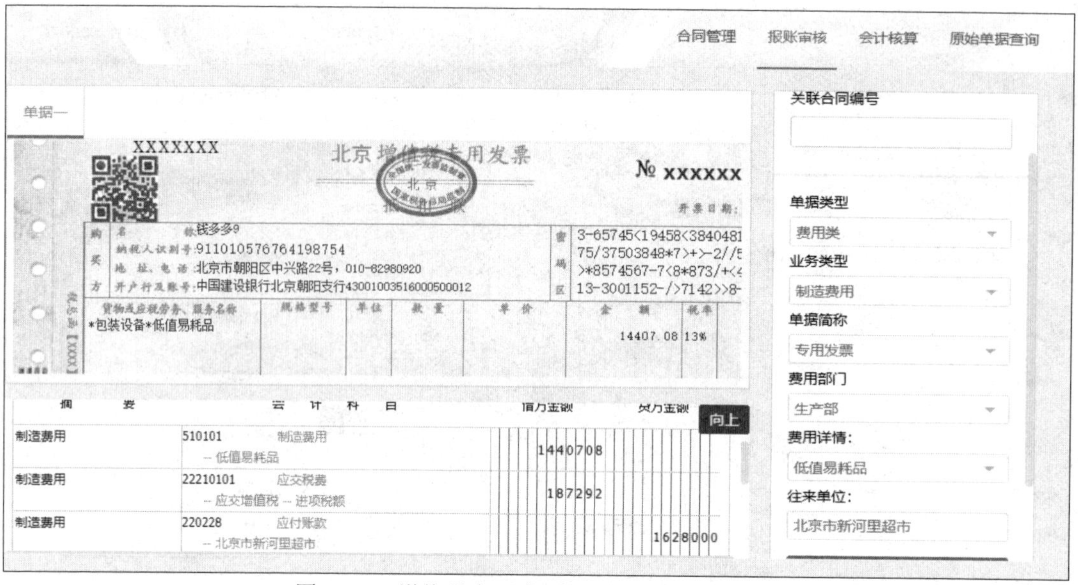

图7-236 增值税专用发票(北京市新河里超市)

借：制造费用——低值易耗品　　　　　　　　　　　　　　14 407.08
　　应交税费——应交增值税——进项税额　　　　　　　　 1 872.92
　　贷：应付账款——北京市新河里超市　　　　　　　　　　16 280.00

(67) 2022年3月29日，支付北京市自来水公司的生产用水费12 210元(见图7-237)。

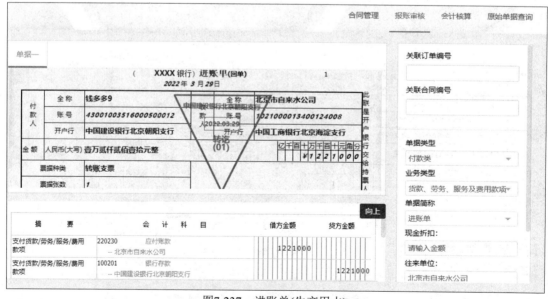

图7-237 进账单(生产用水)

借：应付账款——北京市自来水公司　　　　　　　　　　　12 210.00
　　贷：银行存款——中国建设银行北京朝阳支行　　　　　　12 210.00

(68) 2022年3月31日，收到北京市自来水公司开具的增值税专用发票，生产用自来水11 201.83元，税率9%，税额1 008.17元(见图7-238)。

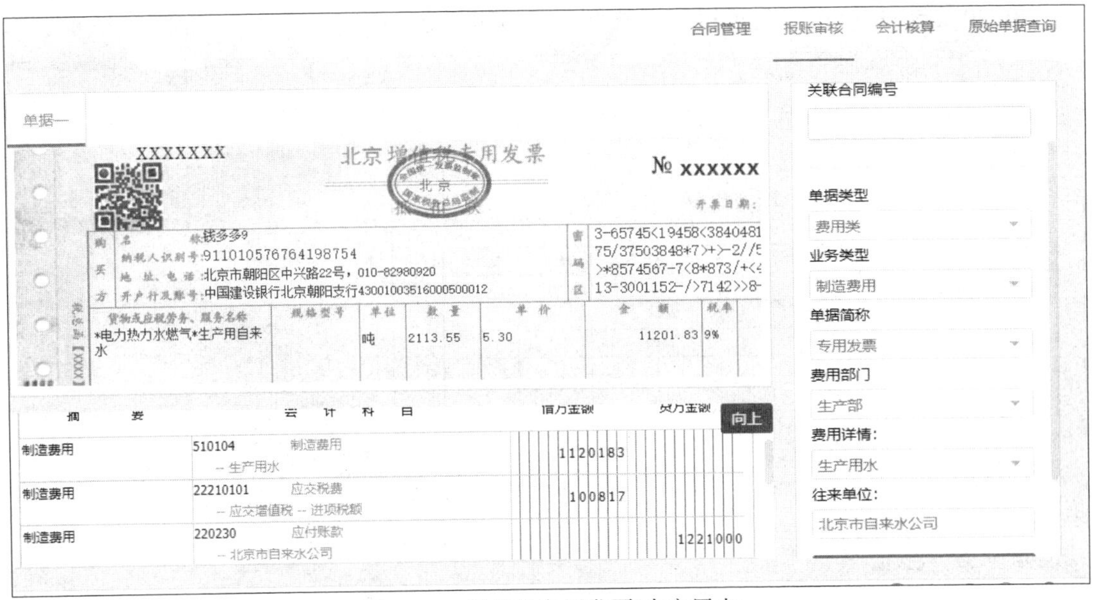

图7-238 增值税专用发票(生产用水)

借：制造费用——生产用水　　　　　　　　　　　　　　　　11 201.83
　　应交税费——应交增值税——进项税额　　　　　　　　　 1 008.17
　　贷：应付账款——北京市自来水公司　　　　　　　　　　　12 210.00

(69) 2022年3月31日，抽油烟机车间领用抽油烟机电机450套，单价733.382 6元，抽油烟机辅料450套，单价569.736 6元(见图7-239)。

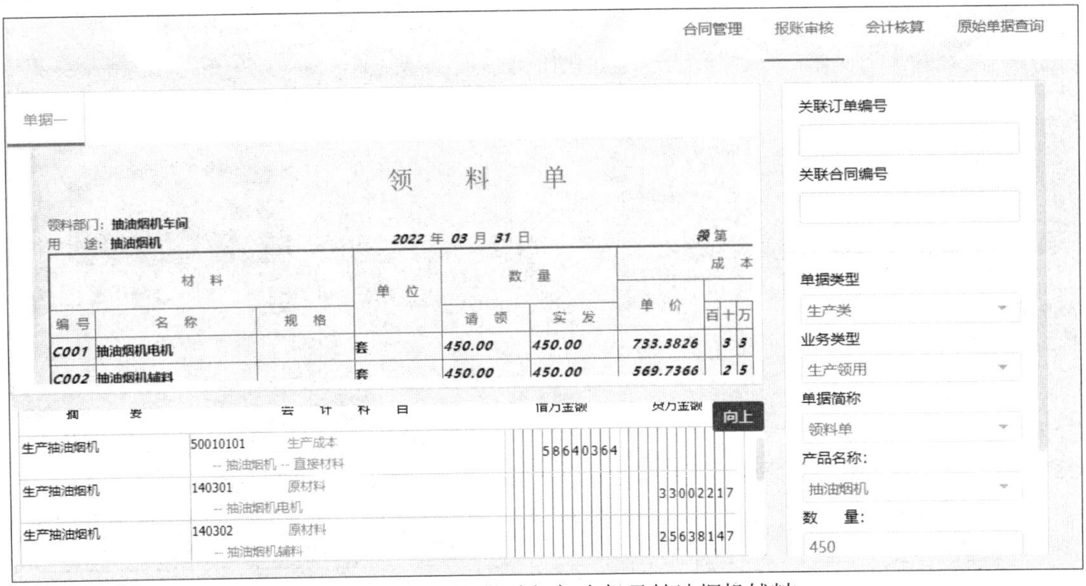

图7-239 领料单(抽油烟机电机及抽油烟机辅料)

借：生产成本——抽油烟机——直接材料　　　　　　　　　　586 403.64
　　贷：原材料——抽油烟机电机　　　　　　　　　　　　　　330 022.17
　　　　原材料——抽油烟机辅料　　　　　　　　　　　　　　256 381.47

(70) 2022年3月31日，支付银行手续费72元(见图7-240)。

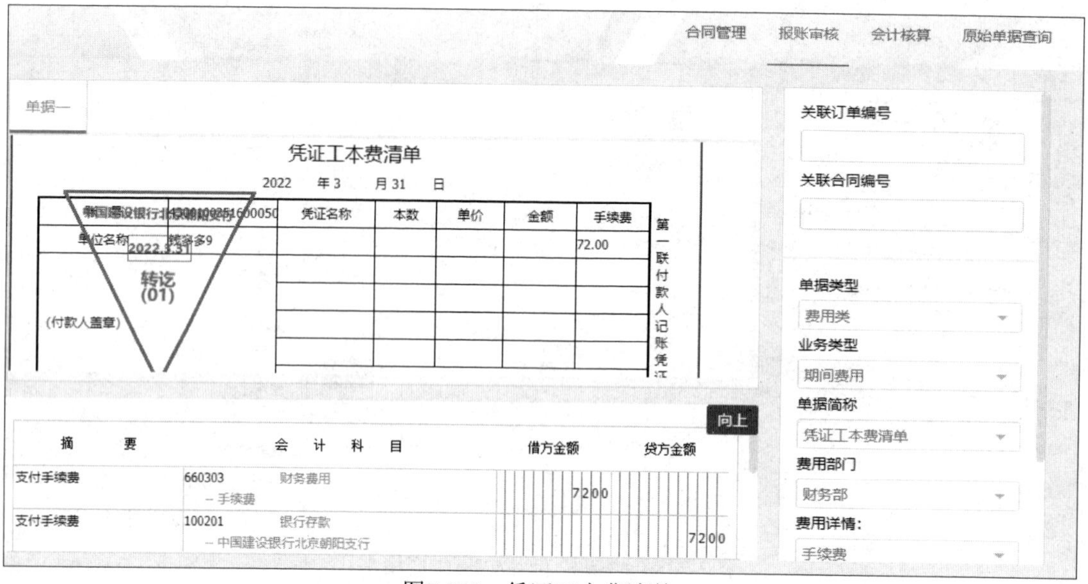

图7-240 凭证工本费清单

借：财务费用——手续费　　　　　　　　　　　　　　　　72.00
　　贷：银行存款——中国建设银行北京朝阳支行　　　　　　72.00

(71) 2022年3月31日，收到郑州黄河科技有限公司委托税局代开的增值税专用发票，运费1 300元，税率3%，税额39元(见图7-241)。

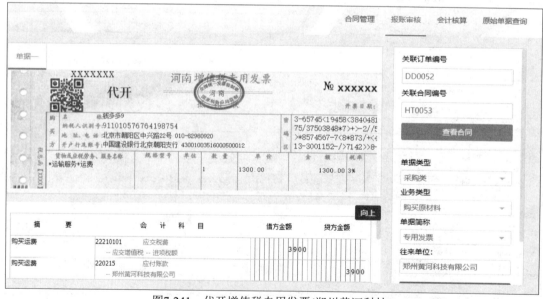

图7-241 代开增值税专用发票(郑州黄河科技)

借：应交税费——应交增值税——进项税额　　　　　　　　39.00
　　贷：应付账款——郑州黄河科技有限公司　　　　　　　　39.00

(72) 2022年3月31日，收到宁波飞天科技有限公司开具的增值税专用发票，货款金额

584 838元，税率13%，税额76 028.94元(见图7-242)。

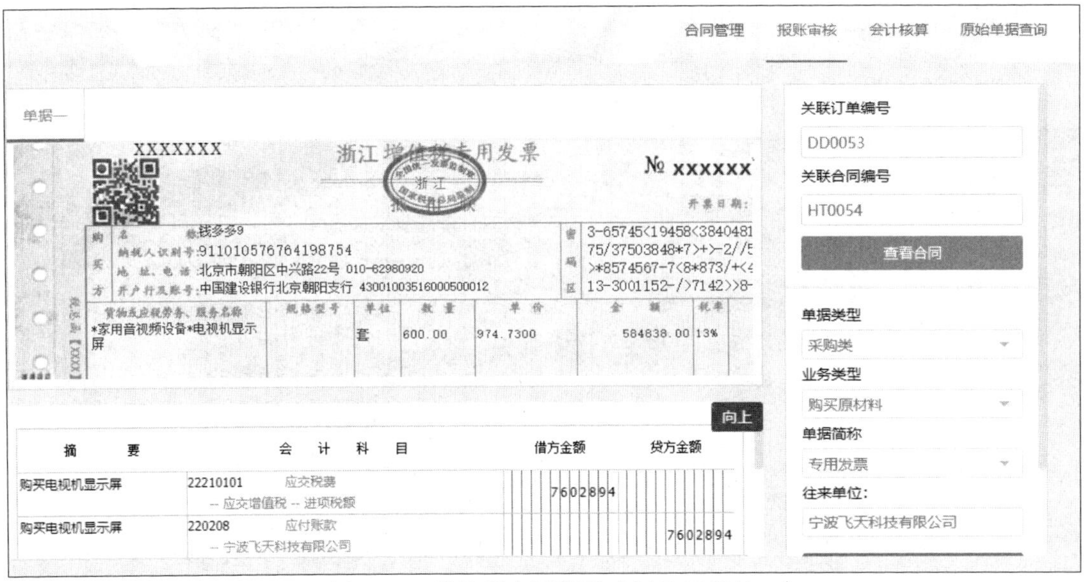

图7-242　增值税专用发票(宁波飞天科技)

借：应交税费——应交增值税——进项税额　　　　　　　　　　76 028.94
　　贷：应付账款——宁波飞天科技有限公司　　　　　　　　　　　76 028.94

(73) 2022年3月31日，收到宁波飞天科技有限公司委托税局代开的增值税专用发票，运费3 600元，税率3%，税额108元(见图7-243)。

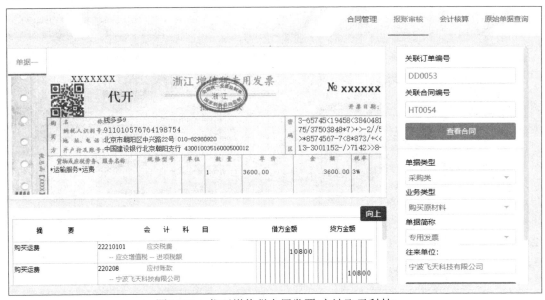

图7-243　代开增值税专用发票(宁波飞天科技)

借：应交税费——应交增值税——进项税额　　　　　　　　　　108.00
　　贷：应付账款——宁波飞天科技有限公司　　　　　　　　　　　108.00

(74) 2022年3月31日，收到江西复兴电子电器有限公司委托税局代开的增值税专用发票，运费3 750元，税率3%，税额112.5元(见图7-244)。

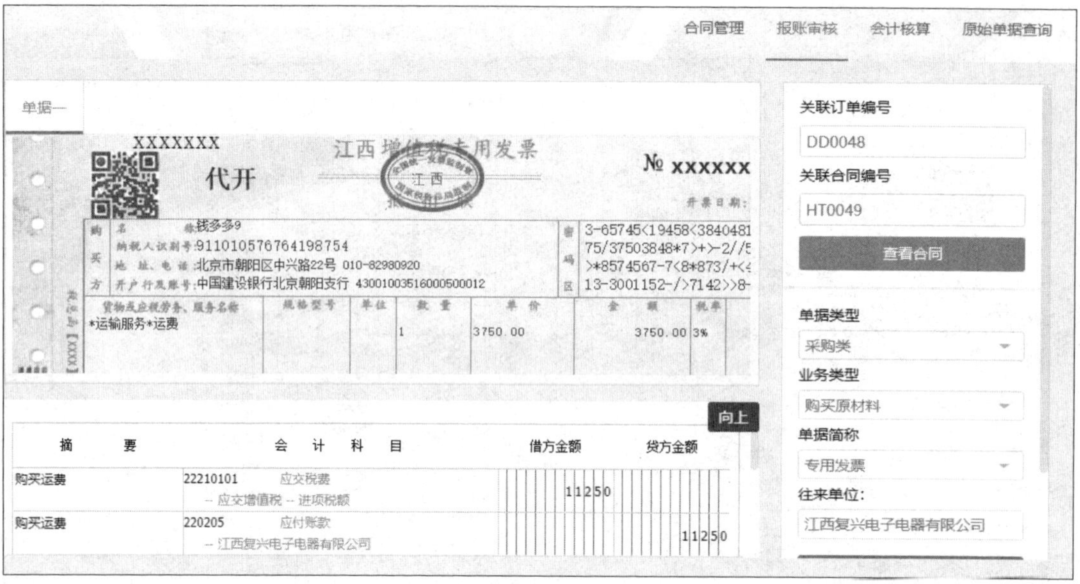

图7-244　代开增值税专用发票(江西复兴电子电器)

借：应交税费——应交增值税——进项税额　　　　　　　112.50
　　贷：应付账款——江西复兴电子电器有限公司　　　　　　112.50

(75) 2022年3月31日，收到江西复兴电子电器有限公司开具的增值税专用发票，货款金额881 510.85元，税率13%，税额114 596.41元(见图7-245)。

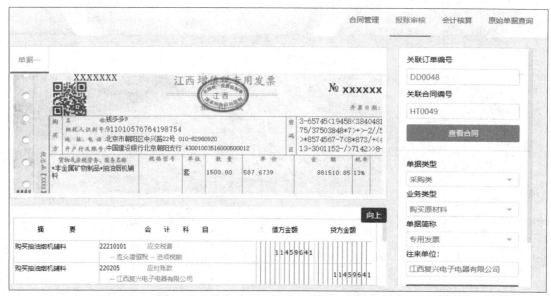

图7-245　增值税专用发票(江西复兴电子电器)

借：应交税费——应交增值税——进项税额　　　　　　　114 596.41
　　贷：应付账款——江西复兴电子电器有限公司　　　　　　114 596.41

(76) 2022年3月31日，收到济南泉城科技有限公司委托税局代开的增值税专用发票，运费1 750元，税率3%，税额52.5元(见图7-246)。

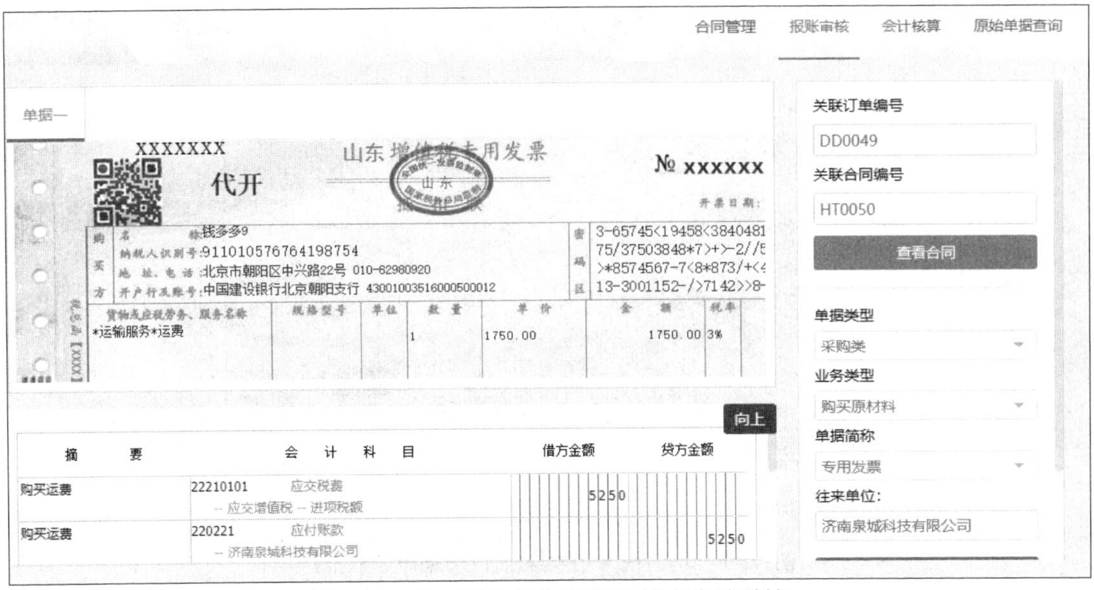

图7-246　代开增值税专用发票(济南泉城科技)

　　借：应交税费——应交增值税——进项税额　　　　　　　　　52.50
　　　　贷：应付账款——济南泉城科技有限公司　　　　　　　　　52.50

(77) 2022年3月31日，收到武汉美德电子科技有限公司委托税局代开的增值税专用发票，运费2 750元，税率3%，税额82.5元(见图7-247)。

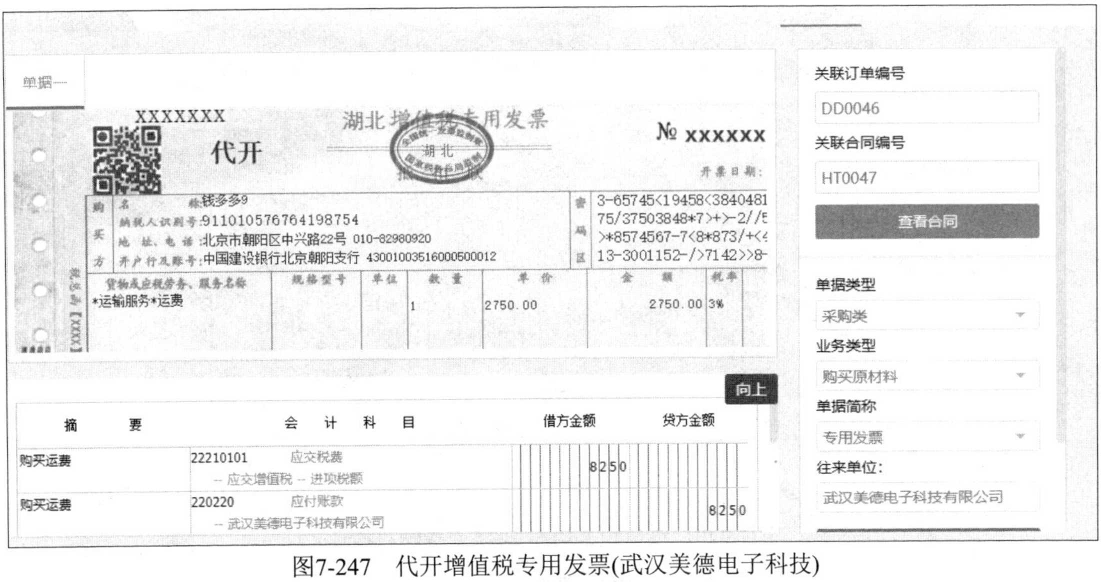

图7-247　代开增值税专用发票(武汉美德电子科技)

　　借：应交税费——应交增值税——进项税额　　　　　　　　　82.50
　　　　贷：应付账款——武汉美德电子科技有限公司　　　　　　　82.50

(78) 2022年3月31日，收到武汉美德电子科技有限公司开具的增值税专用发票，货款金额1 080 634.5元，税率13%，税额140 482.49元(见图7-248)。

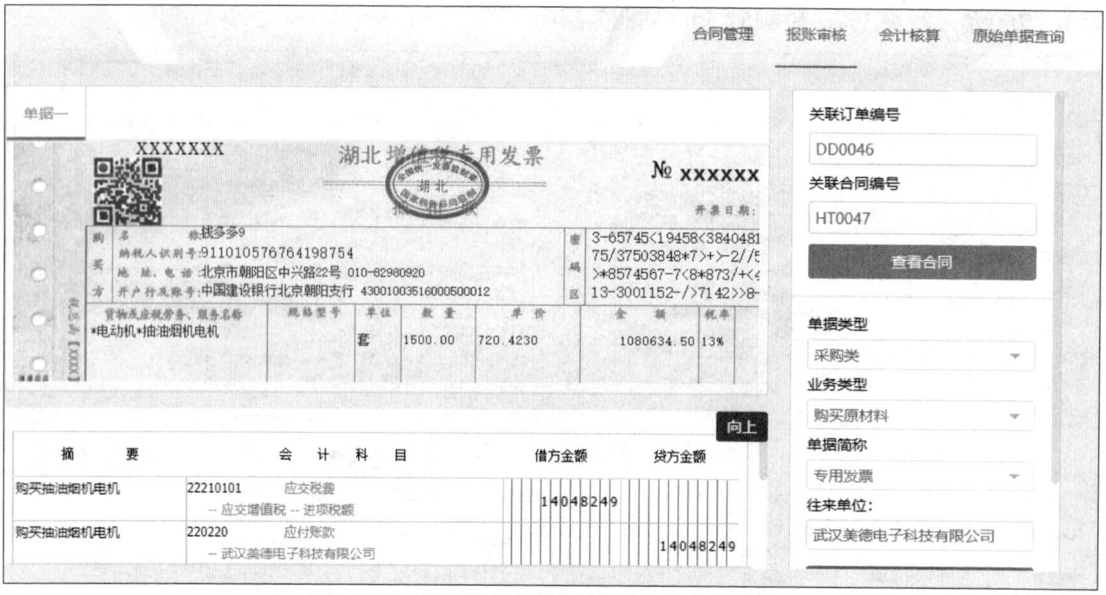

图7-248 增值税专用发票(武汉美德电子科技)

借：应交税费——应交增值税——进项税额　　　　　　　140 482.49
　　贷：应付账款——武汉美德电子科技有限公司　　　　　140 482.49

(79) 2022年3月31日，收到济南华纳科技有限公司开具的增值税专用发票，货款金额821 799元，税率13%，税额106 833.87元(见图7-249)。

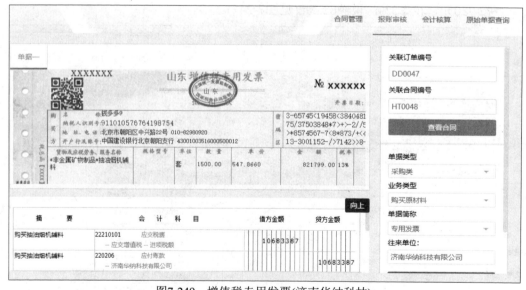

图7-249 增值税专用发票(济南华纳科技)

借：应交税费——应交增值税——进项税额　　　　　　　106 833.87
　　贷：应付账款——济南华纳科技有限公司　　　　　　　106 833.87

(80) 2022年3月31日，收到济南华纳科技有限公司委托税局代开的增值税专用发票，运费1 750元，税率3%，税额52.5元(见图7-250)。

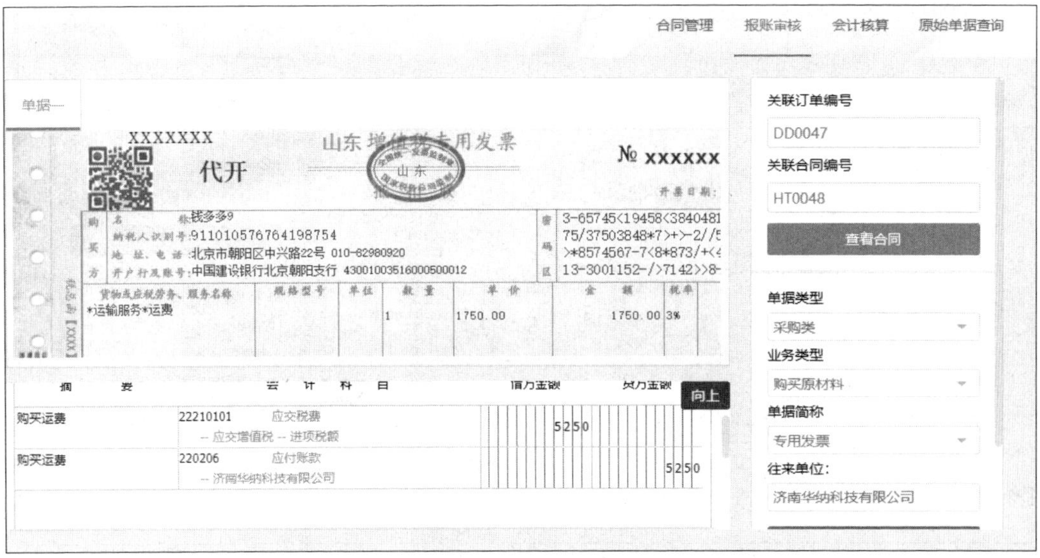

图7-250　代开增值税专用发票(济南华纳科技)

借：应交税费——应交增值税——进项税额　　　　　　　　　52.50
　　贷：应付账款——济南华纳科技有限公司　　　　　　　　　52.50

(81) 2022年3月31日，收到郑州黄河科技有限公司委托税局代开的增值税专用发票，运费2 500元，税率3%，税额75元(见图7-251)。

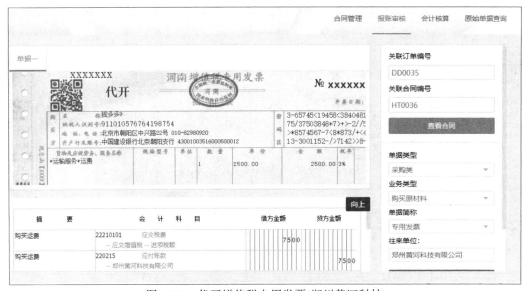

图7-251　代开增值税专用发票(郑州黄河科技)

借：应交税费——应交增值税——进项税额　　　　　　　　　75.00
　　贷：应付账款——郑州黄河科技有限公司　　　　　　　　　75.00

(82) 2022年3月31日，收到宁波创投科技有限公司委托税局代开的增值税专用发票，运费4 800元，税率3%，税额144元(见图7-252)。

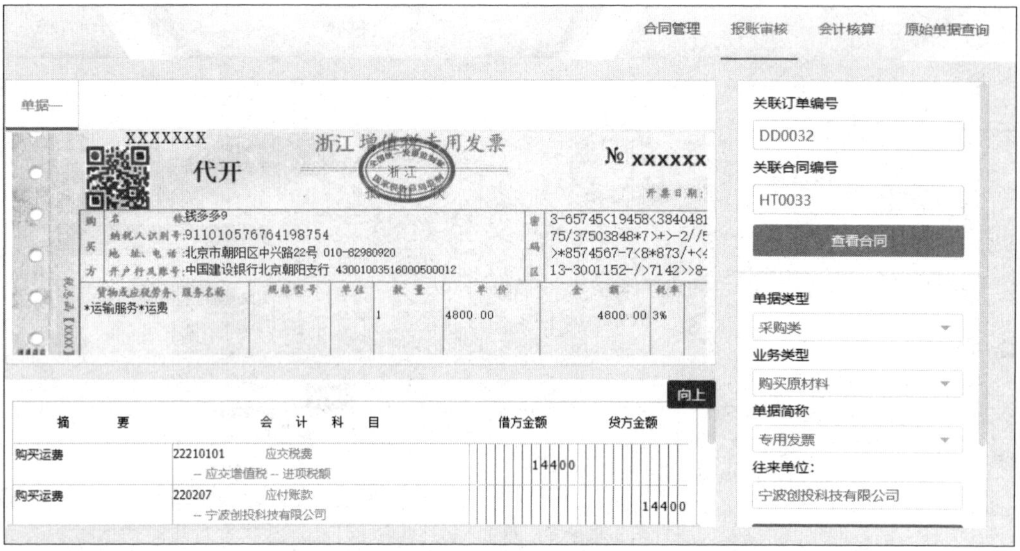

图7-252 代开增值税专用发票(宁波创投科技)

　　借：应交税费——应交增值税——进项税额　　　　　　　　　144.00
　　　　贷：应付账款——宁波创投科技有限公司　　　　　　　　　144.00

(83) 2022年3月31日，收到济南泉城科技有限公司委托税局代开的增值税专用发票，运费2 000元，税率3%，税额60元(见图7-253)。

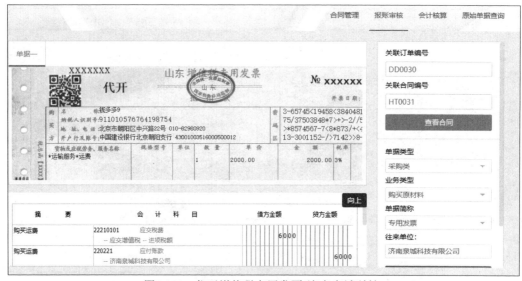

图7-253 代开增值税专用发票(济南泉城科技)

　　借：应交税费——应交增值税——进项税额　　　　　　　　　60.00
　　　　贷：应付账款——济南泉城科技有限公司　　　　　　　　　60.00

(84) 2022年3月31日，向北京麦琳电器商场销售抽油烟机，开具增值税专用发票，货款金额1 098 396元，税率13%，税额142 791.48元(见图7-254)。

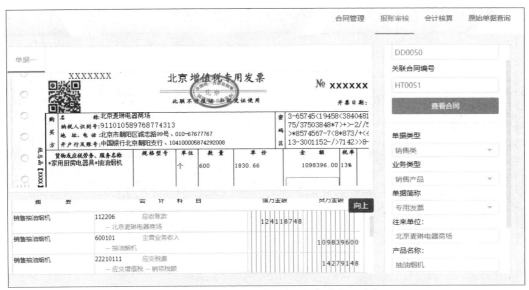

图7-254 增值税专用发票(北京麦琳电器商场)

借：应收账款——北京麦琳电器商场　　　　　　　　　　　1 241 187.48
　　贷：主营业务收入——抽油烟机　　　　　　　　　　　1 098 396.00
　　　　应交税费——应交增值税——销项税额　　　　　　142 791.48

(85) 2022年3月31日，向北京乐家电器商场销售电视机，开具增值税专用发票，货款金额432 614元，税率13%，税额56 239.82元(见图7-255)。

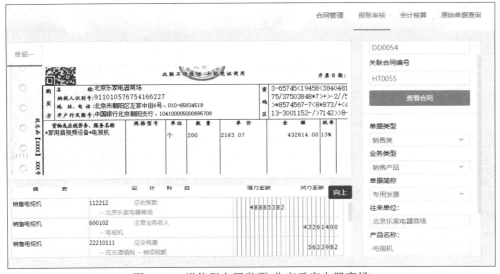

图7-255 增值税专用发票(北京乐家电器商场)

借：应收账款——北京乐家电器商场　　　　　　　　　　　488 853.82
　　贷：主营业务收入——电视机　　　　　　　　　　　　432 614.00
　　　　应交税费——应交增值税——销项税额　　　　　　56 239.82

(86) 2022年3月31日，向苏宁电器北京旧宫店销售电视机，开具增值税专用发票，货款金额1 831 424元，税率13%，税额238 085.12元(见图7-256)。

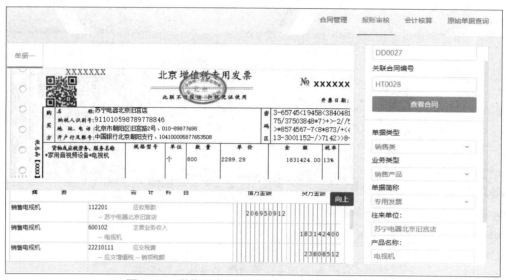

图7-256　增值税专用发票(苏宁电器北京旧宫店)

借：应收账款——苏宁电器北京旧宫店　　　　　　　　　2 069 509.12
　　贷：主营业务收入——电视机　　　　　　　　　　　　1 831 424.00
　　　　应交税费——应交增值税——销项税额　　　　　　238 085.12

(87) 2022年3月31日，向宁波广达电器商场销售抽油烟机，开具增值税专用发票，货款金额1 464 528元，税率13%，税额190 388.64元(见图7-257)。

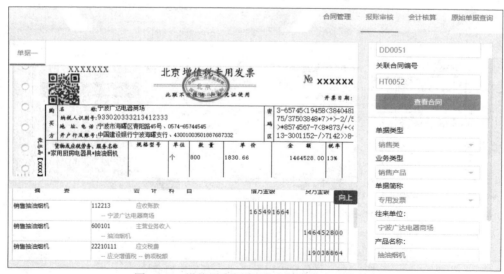

图7-257　增值税专用发票(宁波广达电器商场)

借：应收账款——宁波广达电器商场　　　　　　　　　　1 654 916.64
　　贷：主营业务收入——抽油烟机　　　　　　　　　　　1 464 528.00
　　　　应交税费——应交增值税——销项税额　　　　　　190 388.64

(88) 2022年3月31日，向郑州美达电器批发有限公司销售抽油烟机，开具增值税专用发票，货款金额1 149 504元，税率13%，税额149 435.52元(见图7-258)。

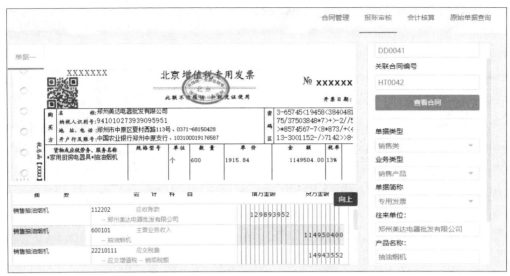

图7-258　增值税专用发票(郑州美达电器批发)

借：应收账款——郑州美达电器批发有限公司　　　　　　　1 298 939.52
　　贷：主营业务收入——抽油烟机　　　　　　　　　　　　1 149 504.00
　　　　应交税费——应交增值税——销项税额　　　　　　　149 435.52

(89) 2022年3月31日，向沈阳宜家电器商场销售电视机，开具增值税专用发票，货款金额454 476元，税率13%，税额59 081.88元(见图7-259)。

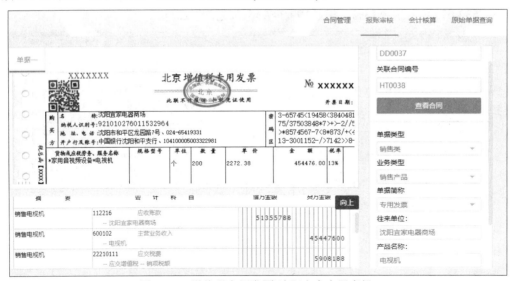

图7-259　增值税专用发票(沈阳宜家电器商场)

借：应收账款——沈阳宜家电器商场　　　　　　　　　　　513 557.88
　　贷：主营业务收入——电视机　　　　　　　　　　　　　454 476.00
　　　　应交税费——应交增值税——销项税额　　　　　　　59 081.88

(90) 2022年3月31日，向北京麦琳电器商场销售电视机，开具增值税专用发票，货款金额1 861 936元，税率13%，税额242 051.68元(见图7-260)。

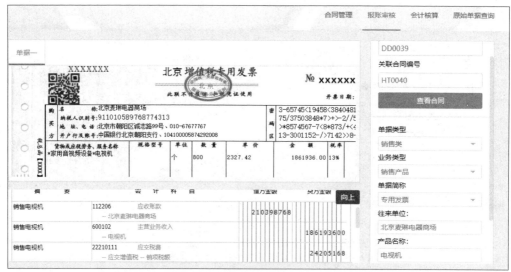

图7-260　增值税专用发票(北京麦琳电器商场—电视机)

借：应收账款——北京麦琳电器商场　　　　　　　　　　　2 103 987.68
　　贷：主营业务收入——电视机　　　　　　　　　　　　　1 861 936.00
　　　　应交税费——应交增值税——销项税额　　　　　　　242 051.68

(91) 2022年3月31日，向北京麦琳电器商场销售抽油烟机，开具增值税专用发票，货款金额1 532 672元，税率13%，税额199 247.36元(见图7-261)。

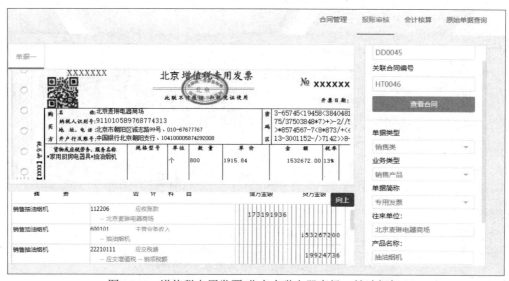

图7-261　增值税专用发票(北京麦琳电器商场—抽油烟机)

借：应收账款——北京麦琳电器商场　　　　　　　　　　　1 731 919.36
　　贷：主营业务收入——抽油烟机　　　　　　　　　　　　1 532 672.00
　　　　应交税费——应交增值税——销项税额　　　　　　　199 247.36

(92) 2022年3月31日，向北京乐家电器商场销售抽油烟机，开具增值税专用发票，货款金额383 168元，税率13%，税额49 811.84元(见图7-262)。

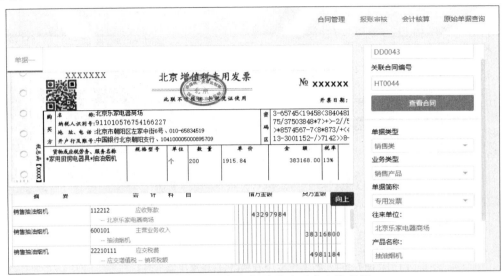

图7-262　增值税专用发票(北京乐家电器商场)

借：应收账款——北京乐家电器商场　　　　　　　　　　　　432 979.84
　　贷：主营业务收入——抽油烟机　　　　　　　　　　　　　383 168.00
　　　　应交税费——应交增值税——销项税额　　　　　　　　 49 811.84

(93) 2022年3月31日，向上海易德电器批发有限公司销售抽油烟机，开具增值税专用发票，货款金额383 168元，税率13%，税额49 811.84元(见图7-263)。

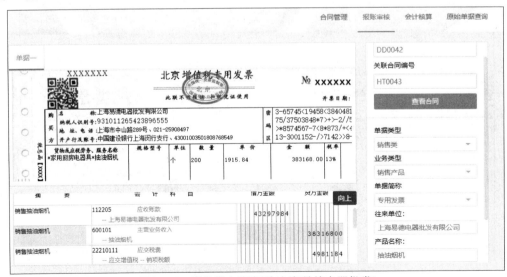

图7-263　增值税专用发票(上海易德电器批发)

借：应收账款——上海易德电器批发有限公司　　　　　　　　432 979.84
　　贷：主营业务收入——抽油烟机　　　　　　　　　　　　　383 168.00
　　　　应交税费——应交增值税——销项税额　　　　　　　　 49 811.84

(94) 2022年3月31日，向北京乐家电器商场销售抽油烟机，开具增值税专用发票，货款金额939 580元，税率13%，税额122 145.4元(见图7-264)。

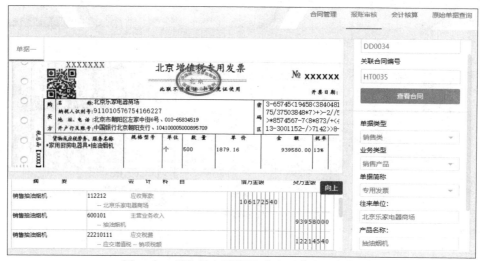

图7-264　增值税专用发票(北京乐家电器商场)

借：应收账款——北京乐家电器商场　　　　　　　　　1 061 725.40
　　贷：主营业务收入——抽油烟机　　　　　　　　　　939 580.00
　　　　应交税费——应交增值税——销项税额　　　　　122 145.40

(95) 2022年3月31日，向天津住友电器批发有限公司销售电视机，开具增值税专用发票，货款金额2 272 380元，税率13%，税额295 409.4元(见图7-265)。

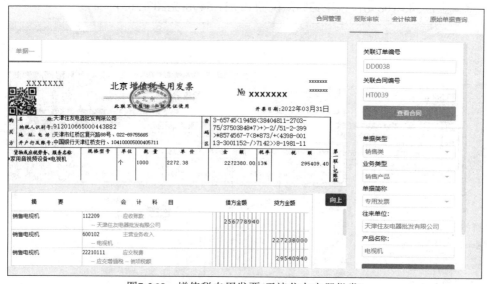

图7-265　增值税专用发票(天津住友电器批发)

借：应收账款——天津住友电器批发有限公司　　　　　2 567 789.40
　　贷：主营业务收入——电视机　　　　　　　　　　2 272 380.00
　　　　应交税费——应交增值税——销项税额　　　　　295 409.40

(96) 2022年3月31日，向济南国贸电器商场销售抽油烟机，开具增值税专用发票，货款金额1 915 840元，税率13%，税额249 059.20元(见图7-266)。

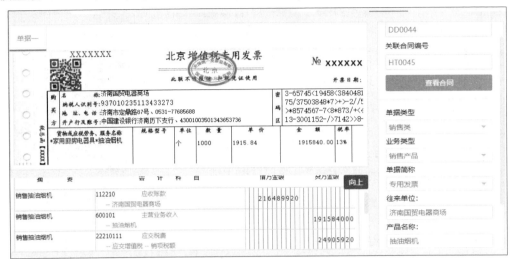

图7-266 增值税专用发票(济南国贸电器商场)

借：应收账款——济南国贸电器商场　　　　　　　　　　　　2 164 899.20
　　贷：主营业务收入——抽油烟机　　　　　　　　　　　　1 915 840.00
　　　　应交税费——应交增值税——销项税额　　　　　　　　249 059.20

(97) 2022年3月31日，向宁波广达电器商场销售电视机，开具增值税专用发票，货款金额1 817 904元，税率13%，税额236 327.52元(见图7-267)。

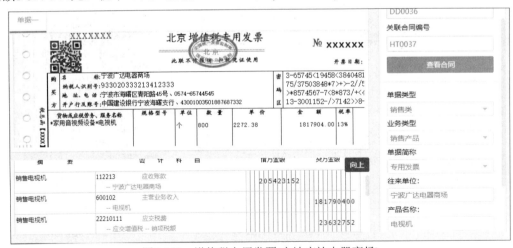

图7-267 增值税专用发票(宁波广达电器商场)

借：应收账款——宁波广达电器商场　　　　　　　　　　　　2 054 231.52
　　贷：主营业务收入——电视机　　　　　　　　　　　　　1 817 904.00
　　　　应交税费——应交增值税——销项税额　　　　　　　　236 327.52

(98) 2022年3月31日，向上海信达电器批发有限公司销售电视机，开具增值税专用发票，货款金额457 856元，税率13%，税额59 521.28元(见图7-268)。

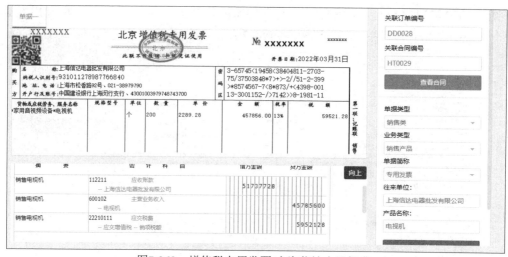

图7-268　增值税专用发票(上海信达电器批发)

借：应收账款——上海信达电器批发有限公司　　　　　517 377.28
　　贷：主营业务收入——电视机　　　　　　　　　　　457 856.00
　　　　应交税费——应交增值税——销项税额　　　　　 59 521.28

(99) 2022年3月31日，向天津住友电器批发有限公司销售抽油烟机，开具增值税专用发票，货款金额1 123 326元，税率13%，税额146 032.38元(见图7-269)。

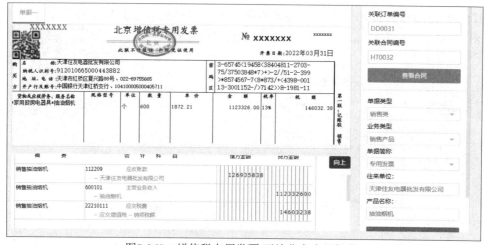

图7-269　增值税专用发票(天津住友电器批发)

借：应收账款——天津住友电器批发有限公司　　　　　1 269 358.38
　　贷：主营业务收入——抽油烟机　　　　　　　　　　1 123 326.00
　　　　应交税费——应交增值税——销项税额　　　　　　146 032.38

7.3.3　3月发出存货成本核算

本平台采用月末加权平均发出存货计量方法，根据运营管理的3月业务内容，3月发出存货成本核算如下(见图7-270、图7-271)。

完工产品与月末在产品成本分配表
2022年03月31日

产品：电视机

成本项目	月初在产品成本	本月生产费用	合计	完工产品产量	月末在产品产量	月末在产品约当产量	单位成本	月末在产品成本	完工产品成本
直接材料	1498702.24	5934603.96	7433306.20	3897.00	600.00	600.00	1652.95	991768.67	6441537.53
直接人工	38293.55	647435.71	685729.26	3897.00	600.00	300.00	163.39	49015.67	636713.59
制造费用	18944.38	285539.37	304483.75	3897.00	600.00	300.00	72.55	21764.39	282719.36
合计	1555940.17	6867579.04	8423519.21	--	--	--	1888.89	1062548.73	7360970.48

图7-270　完工产品与月末在产品成本分配表—电视机

3月期初电视机成本(2月末电视机结存成本)=2月电视机完工产品成本-2月主营业务成本=4 091 574.94-3 684 258=407 316.94元

3月电视机的单位成本=(3月期初电视机成本+3月电视机完工产品成本)/(3月期初电视机数量+3月电视机完工产品数量)=(407 316.94+7 360 970.48) /(199+3 897) =1 896.55元

3月电视机主营业务成本=3月电视机单位成本×3月电视机销量=1 896.55×4 000=7 586 200元

完工产品与月末在产品成本分配表
2022年03月31日

产品：抽油烟机

成本项目	月初在产品成本	本月生产费用	合计	完工产品产量	月末在产品产量	月末在产品约当产量	单位成本	月末在产品成本	完工产品成本
直接材料	697859.21	6576300.56	7274159.77	5134.00	450.00	450.00	1302.68	586205.57	6687954.20
直接人工	0.00	806404.29	806404.29	5134.00	450.00	0.00	157.07	0.00	806404.29
制造费用	0.00	257978.63	257978.63	5134.00	450.00	0.00	50.25	0.00	257978.63
合计	697859.21	7640683.48	8338542.69	--	--	--	1510	586205.57	7752337.12

图7-271　完工产品与月末在产品成本分配表—抽油烟机

3月抽油烟机的单位成本=(3月期初抽油烟机成本+3月抽油烟机完工产品成本)/(3月期初抽油烟机数量+3月抽油烟机完工产品数量)=(479 832.27+7 752 337.12) /(298+5 134)=1 515.5元

3月抽油烟机主营业务成本=3月抽油烟机单位成本×3月抽油烟机销量=1 515.5×5 300=8 032 150元

第 8 章　教学设计实施

8.1　平台教学设计

教学设计是根据教学对象和教学目标，确定合适的教学起点与终点，将教学诸要素有序、优化地安排，形成教学方案的过程。目的是提高教学效率和教学质量，使学生在单位时间内学到更多的知识，提高学生各方面的能力，从而使学生获得良好的发展。

"不谋全局者，不足谋一域。不知整体教材者，不能教好一节课。"因此，教师在授课前需对实训平台有一个全面深刻的理解认识，尤其是平台的设计理念、各子系统功能结构、平台中整合的知识体系等。教师在进行教学设计时应立足于整体，每个子系统应协调于整个教学系统，做到整体与部分辩证的统一，最终达到教学系统的整体优化。

1. 教学对象

本课程适合高等院校会计、金融学、国际贸易、管理学、财务管理等专业学生。学习本课程前，要求学生基本具备基础会计、财务会计、成本会计、税务会计、财务管理、会计电算化、管理学基础、市场营销学、金融学等相关知识。

2. 教学目标

1) 知识和技能目标

(1) 基础层面：掌握企业运作的基本流程及各环节的基本关系。

(2) 技术层面：熟悉企业的资产结构、物流结构和现金流结构及其周转变化的特点与核算。

(3) 决策层面：了解企业的战略规划、执行要求和细节安排。

2) 能力目标

(1) 迅速处理信息的能力；

(2) 准确把握关键问题的能力；

(3) 归纳发现基本规律的能力；

(4) 合理运用竞争策略的能力；

(5) 评估控制风险的能力；

(6) 妥善处理团队关系的能力；

(7) 深入思考和创新的思维能力。

3. 教学要求

1) 掌握流程化管理的理念并亲身实践

(1) 要点：业务衔接流程、工作执行流程、战略决策流程。

(2) 难点：企业战略决策流程的制定与执行；采购计划与产能、产量、库存的匹配管控；资金的计划与控制；财务管理服务业务发展的需要。

2) 理解效率化管理的理念，掌握资源管理与规划的理念和基本方法

(1) 要点：资产结构及其变化、资金周转与效率、资金规划与控制、权益控制、企业效率。

(2) 难点：资产结构的规划；资金的规划与控制、资金运用效率的提升。

3) 体验职位工作关系和团队管理理念，掌握分工与协作的理念和基本方法

(1) 要点：关键岗位职责、工作分工与任务分配、工作衔接与沟通、员工绩效。

(2) 难点：员工工作效率的提升、绩效的考核与员工激励机制、人力资源成本的控制。

4) 理解制定战略的理念和基本方法，掌握战略与效率之间的关系

(1) 要点：战略性思维、战略定位与战略性风险、策略制定与策略性风险、决策执行与执行性风险。

(2) 难点：以战略性思维运作企业；经营风险的预计与防范；决策方案的评估与选择。

5) 要求不断改进工作方法

(1) 要点：区分完成什么任务和完成任务的过程、准确完成任务的方法、提高工作效率的方法、妥善储存经营决策数据的方法、数据共享与沟通的方法、改进工作流程。

(2) 难点：明确工作流程，提高数据信息管理功效，改进工作流程。

6) 要求进行创新工具设计

(1) 要点：操作工具设计(如操作记录、计算用的表单、排产记录)、分析工具设计(如市场、成本分析的表单)、决策工具设计(如现金预算与控制的表单)。

(2) 难点：根据企业运营及资金管理控制、成本计算的需要，进行系统工具集成设计，提高工作效率。

8.2 平台教学实施

8.2.1 教师的组织

传统的"一对一"教学模式(即一位专业教师对应一个专业教学班的一门专业课程)不适应新型的平台综合模拟教学，建议采用新的教学组织形式，成立专门的相关专业教师组成的综合性课题教学小组，采用"协作式"教学，共同设计、集体备课、交流协作等方式，共同承担财务决策平台教学任务，只有这样，才能有良好的教学效果。

8.2.2 学生的组织

以班级为单位组织教学,是大家惯用的教学组织形式。教学中可将班级学生按平台规则进行分组;条件许可的情况下,也可以将不同专业的学生混合编组,每个学习小组都是一个具有相对完整知识结构的学习群体,这样可以为模拟公司经营提供多重角色资源,为自主式、协作式学习提供必要的组织保障。各小组成员按企业角色岗位设置进行体验,使每个学生既能全面把握企业的运作和工作流程,又能在链接相关专业知识的环境下深化专业知识与专业技能的学习,从而将专业知识学习与相关知识学习、专业技能培养与基本技能培养有机地结合起来。

8.2.3 教学过程的组织

教学过程可采用阶段性教学,使学生在完全了解实训平台模拟教学过程的前提下,有足够的时间对所学知识进行梳理和归纳。教学过程可分为两个阶段:情景模拟阶段、知识重建阶段。

第一阶段学生已经掌握了许多专业基础知识,但学生的知识仍然是凌乱的、松散的。通过第一阶段的情景模拟教学,可以将学生所学的知识系统化,将零散的知识有机组合起来。这不仅有利于以往知识的调用,而且有利于未来新知识的吸收,更有利于整体知识的系统构架。通过第一阶段的情景模拟、教师的点评、问题的提出,使学生带着问题进入第二阶段的专业知识学习。学生在这个知识重建阶段可以轮换角色,旨在让每个学生都感受到完整的决策体验,进而深刻体会到决策在企业经营成败中的重要作用。采用小组学习的方式,可以促进同学之间的融合,优势互补,互相学习,从而提高他们探索知识和自主学习知识的能力。

8.2.4 教学计划进度

1. 财务决策平台简介(4学时)

(1) 了解平台创作背景与意义;
(2) 理解平台特点和平台运作环节;
(3) 掌握4个角色设置及其分工。

2. 运营管理实践(4学时)

(1) 了解各个岗位之间的决策流程;
(2) 掌握企业经营的基本要求和具体运营规则;
(3) 掌握岗位分工与职责。

3. 资金管理实践(4学时)

(1) 熟练掌握各类典型业务操作;
(2) 掌握企业资金管理各阶段的业务类型。

4. 财务总监实践(4学时)

(1) 熟练掌握企业财务总监各阶段业务运营及财务处理;

(2) 熟练运用财务指标对企业运营结果进行分析。

5. 成本管理实践(4学时)

(1) 熟练掌握企业成本管理各阶段业务处理；
(2) 熟练掌握增值税与印花税的纳税申报。

6. 稽查(4学时)

熟练掌握账务及税务稽查处理。

7. 会计业务实践(6学时)

熟练掌握企业经营3个月相关业务流程与岗位分工。

8. 教学设计实施(2学时)

(1) 了解财务决策平台界面操作；
(2) 熟练掌握平台教师端操作。

8.2.5 教学实施建议

本实训要求完成一个企业主体实训，即经营一个虚拟企业的运作，内容包括全过程操作和各分项实训及研究如何处理企业经营竞争过程中的关键问题。教学中以学生自主学习、亲历实践为主，教师负责指导、核查、评判、解析，学生在平台使用中通过完成虚拟企业设置的工作任务来加深对理论知识的理解和反思，不断通过复习、拓展理论知识来指导虚拟企业的运作，最终实现知识和能力的融会贯通。教师亦不再单纯地采用知识灌输的教学方式，而是作为一名导师，指点学生运作企业的思路；作为一名咨询师，帮助学生分析解决企业运作的难题；作为一名裁判，判断学生经营企业面临的内外部矛盾。具体教学过程如下。

(1) 教学分成两个阶段：第一阶段为情景模拟阶段，教师引导学生了解企业的内外部环境，了解每个角色的工作职责，并通过实例引导学生熟悉平台规则；第二阶段为知识重建阶段，学生分组自行完成平台操作，详见教学进度计划。

(2) 期末成绩由分组操作成绩(平台自动打分)、实践经验总结和教师稽查评分组成。

(3) 教学进度计划中的课时分为教师课堂指导时间和学生课堂实训时间。在学校网络条件允许的情况下，可开放平台，鼓励学生在课后多次重复进行平台实践操作。运营规划不同，实际执行的情况也不同，随机事件的出现都会让每次实践有不同的收获。

(4) 学生可以选择1月至3月或者10月至12月的企业数据进行实践操作，不同企业数据所能经历的经营情况会有所不同。完成10月至12月的实践操作还可以体验年度企业所得税汇算清缴业务的操作流程。

8.3 平台教师操作指南

8.3.1 导入学生账号

导入学生账号的操作流程具体如下。

(1) 系统管理员新增教师后，教师登录自己的账号进入教师管理界面，如图8-1所示。

图8-1　教师登录界面

(2) 单击"班级管理"，在"班级名称""班级备注"框内输入新建的班级相关信息，单击"录入提交"按钮，如图8-2所示。

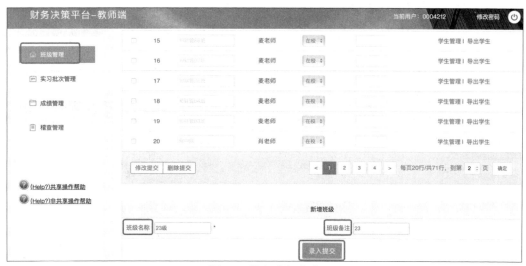

图8-2　输入班级信息

(3) 找到对应的班级，单击其后相应的"批量生成学号"按钮或者"导入学生"按钮，如图8-3所示。

图8-3　在对应班级下批量生成学号或导入学生

(4) 若单击"批量生成学号"按钮,则在"请输入学号前缀""请输入起始学号"和"请输入结束学号"处输入相应的内容,单击"生成学生学号"按钮。初始密码为123456,一次最多可生成300个学号,如图8-4、图8-5所示。

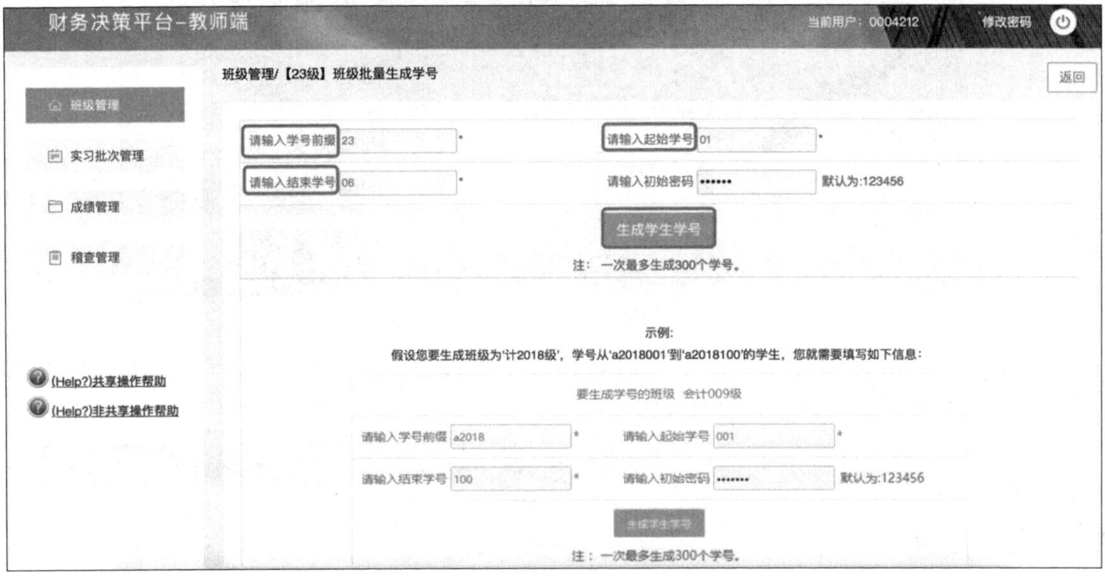

图8-4 批量生成学号(1)

图8-5 批量生成学号(2)

(5) 若单击"导入学生"按钮,则需单击"下载模板"按钮,在文档中按格式要求填写相关信息后,单击"选取文件"按钮,选择对应的文件,然后单击"上传导入"按钮,如图8-6所示。

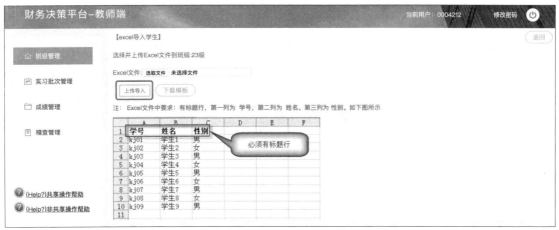

图8-6 导入学生

8.3.2 新增实习批次

新增实习批次的操作流程具体如下。

(1) 依次单击"实习批次管理""新增实习批次"按钮,如图8-7所示。

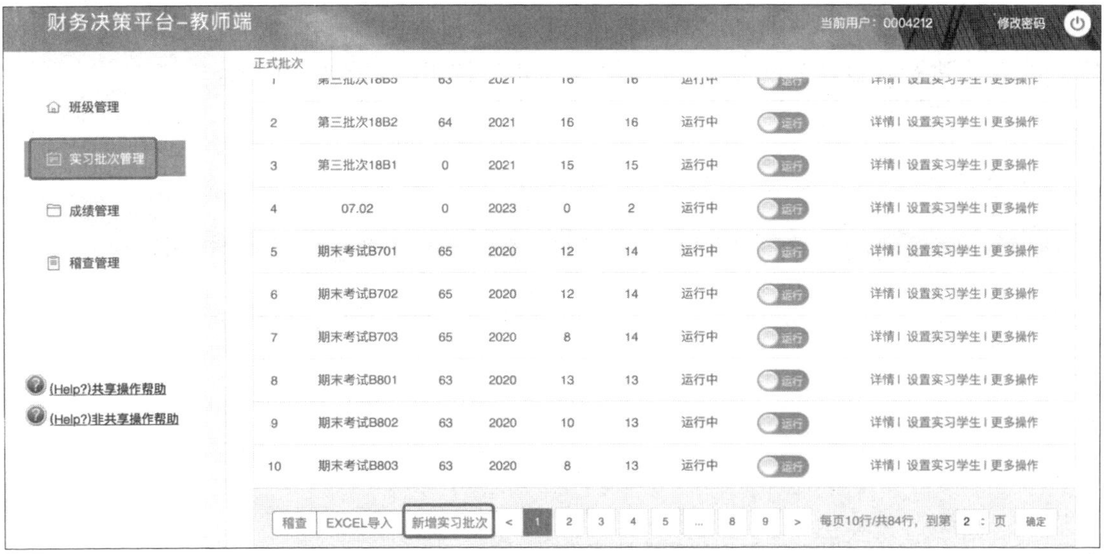

图8-7 新增实习批次操作界面

(2) 在新增实习批次界面,选择相应的实习企业,单击"下一步"按钮,如图8-8所示。

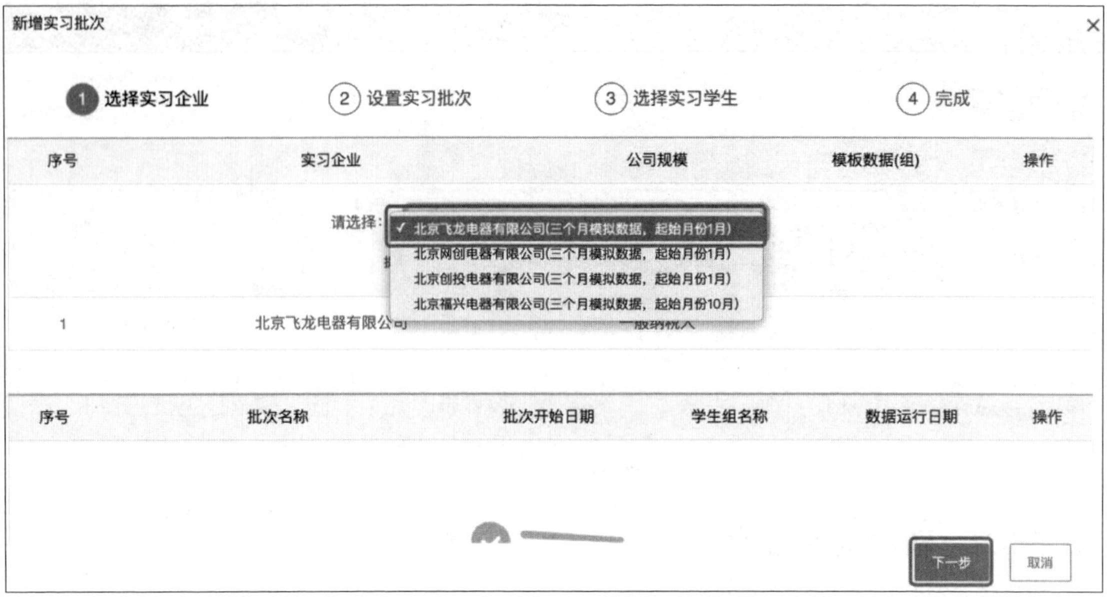

图8-8 选择实习企业

(3) 填写"批次名称""开始年份",选择"平台版本"和"增值税及所得税年申报截止时间",并在左下方选择"勾选我进行批次参数设置",单击"下一步"按钮,如图8-9所示。进行参数开关设置后,单击"下一步"按钮,如图8-10所示。

图8-9 设置实习批次(1)

图8-10 设置实习批次(2)

【注意】图8-10中,"财务预算控制开关"开启后,在进行企业经营前,可根据学生学情选择是否进行财务预算;"角色控制开关"开启后,一个账号可进行4个角色的切换;"学生端生成成绩开关"开启后,学生完成每个月经营时,可查看经营成绩。

(4) 在新增实习批次界面中输入"实习组数",并在右侧选择实习学生所在的班级,单击"查询"按钮,如图8-11所示。

图8-11 输入实习学生信息

(5) 单击"批量加入本批次实习"按钮,单击"下一步"按钮,如图8-12所示。

图8-12 批量加入本批次实习

(6) 单击"下一步"按钮后,进入实习批次创建成功提示界面,单击"马上开始运行"按钮,完成选择实习学生操作,如图8-13、图8-14所示。

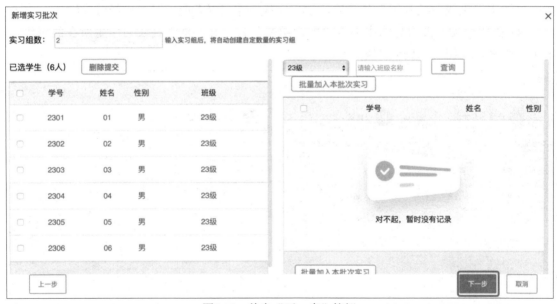

图8-13 单击"下一步"按钮

图8-14 实习批次创建成功提示界面

(7) 在新增的批次右侧依次单击"更多操作""管理实习组"按钮,在对应的组的右侧单击"设置组学生"按钮,选中待加入的学生,单击"批量加入本实习批次组"按钮,单击"返回"按钮,如图8-15至图8-23所示。

图8-15 新增批次操作界面(1)

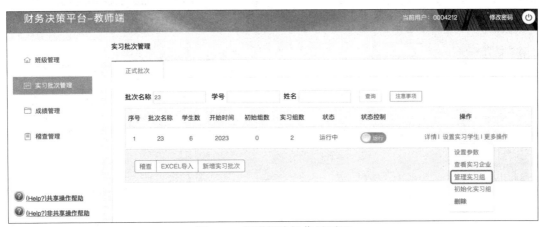

图8-16 新增批次操作界面(2)

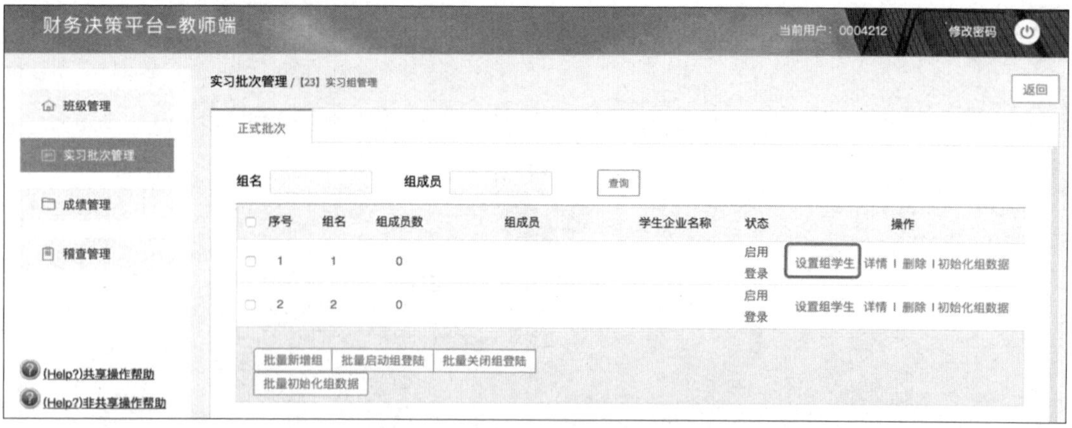

图8-17 新增批次操作界面(3)

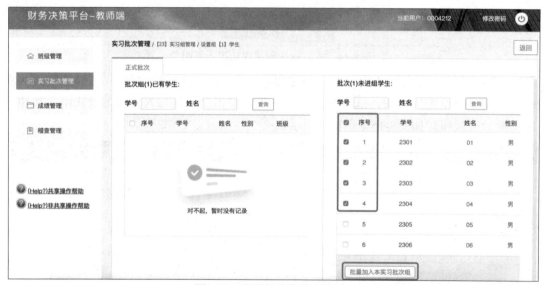

图8-18 新增批次操作界面(4)

图8-19 新增批次操作界面(5)

第 8 章 教学设计实施 | 279

图8-20　新增批次操作界面(6)

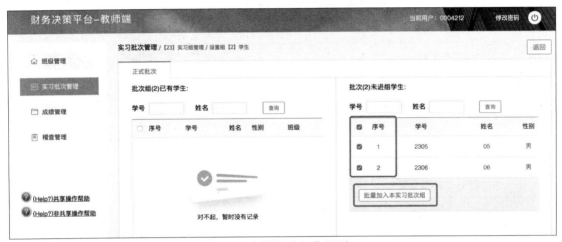

图8-21　新增批次操作界面(7)

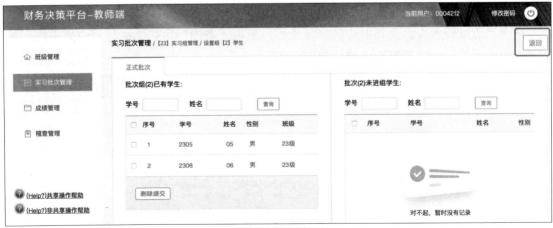

图8-22　新增批次操作界面(8)

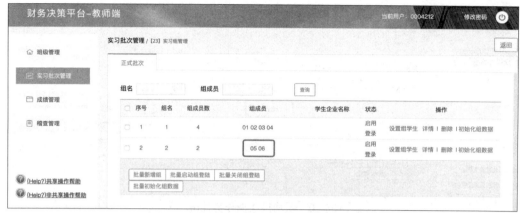

图8-23　新增批次操作界面(9)

此时，学生使用学号和密码即可登录并操作，如图8-24所示。

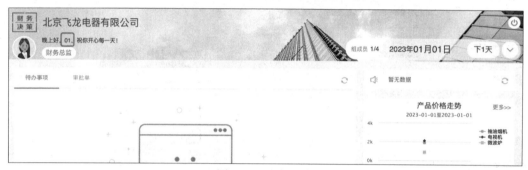

图8-24　学生登录

8.3.3　成绩查询

成绩查询的操作流程具体如下。

单击"成绩管理"，选择对应的"批次"，单击"查询"按钮，选择对应的小组，单击"生成成绩"按钮即可查询成绩，如图8-25所示。

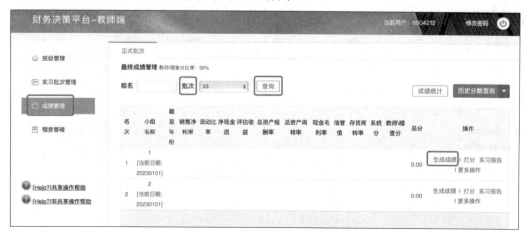

图8-25　成绩查询操作界面

8.3.4 重置账号

重置账号的操作流程具体如下。

单击"实习批次管理",输入"批次名称",单击"查询"按钮,找到对应的批次,依次单击"更多操作""管理实习组"按钮,找到待重置账号的小组,单击右侧的"重置组数据"按钮即可查询,如图8-26至图8-28所示。

图8-26　重置账号操作界面(1)

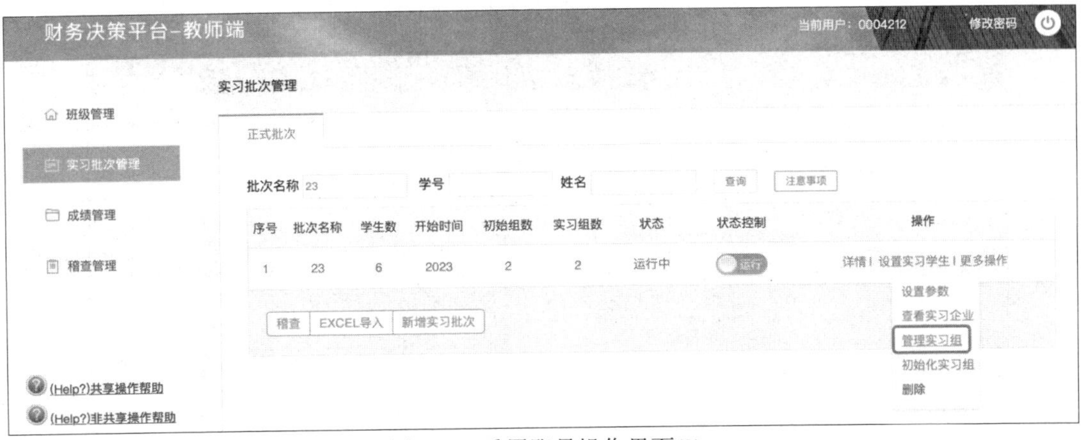

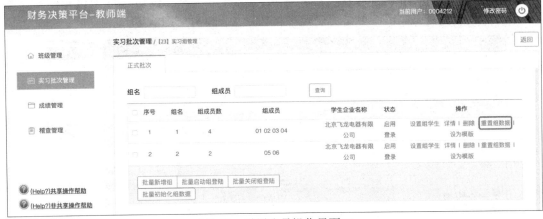

图8-27　重置账号操作界面(2)

图8-28　重置账号操作界面(3)

8.3.5 学生账号管理

实训时，经常会出现学生进错组的情况，可以先在错误组中删除该账号，后将账号添加到正确组。下面介绍删除和添加学生账号的操作。

1. 删除某组中的学生账号

删除学生账号的操作流程具体如下。

(1) 单击"实习批次管理"，输入"批次名称"，单击"查询"按钮。依次单击"更多操作""管理实习组"按钮，如图8-29、图8-30所示。

图8-29 账号管理操作界面(a1)

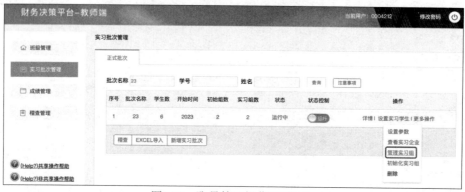

图8-30 账号管理操作界面(a2)

(2) 找到待删除学生账号所在的组，单击"设置组学生"按钮，选中待删除学生账号，单击"删除提交"按钮，单击"确定"按钮，如图8-31至图8-35所示。

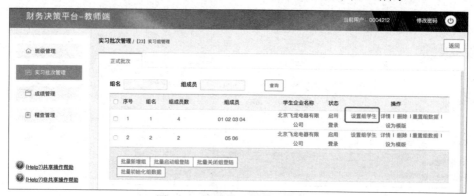

图8-31 账号管理操作界面(a3)

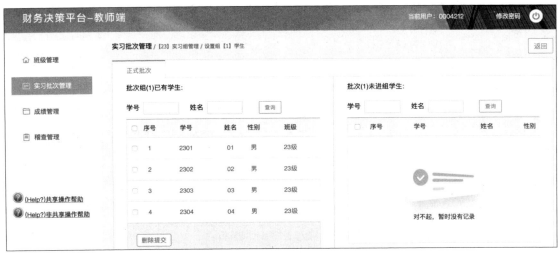

图8-32 账号管理操作界面(a4)

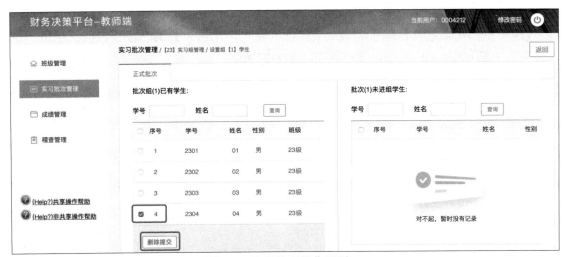

图8-33 账号管理操作界面(a5)

图8-34 账号管理操作界面(a6)

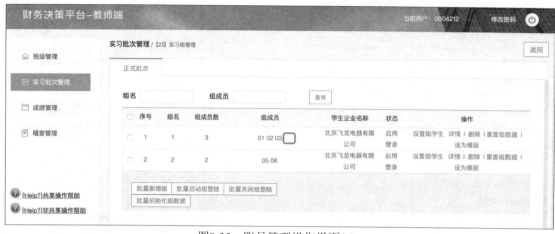

图8-35　账号管理操作界面(a7)

2. 添加学生账号到某一组

添加学生账号的操作流程具体如下。

(1) 单击"实习批次管理",输入"批次名称",单击"查询"按钮。依次单击"更多操作""管理实习组"按钮,如图8-36、图8-37所示。

图8-36　账号管理操作界面(b1)

图8-37　账号管理操作界面(b2)

(2) 找到待添加学生账号所在的组,单击"设置组学生"按钮,选中待添加学生账号,单击"批量加入本实习批次组"按钮,单击"确定"按钮即可,如图8-38至图8-42所示。

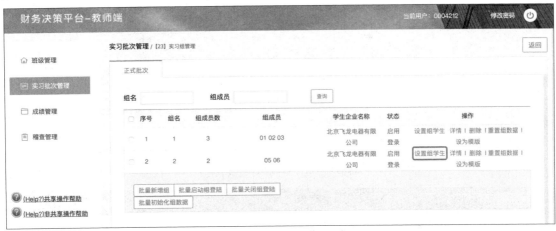

图8-38 账号管理操作界面(b3)

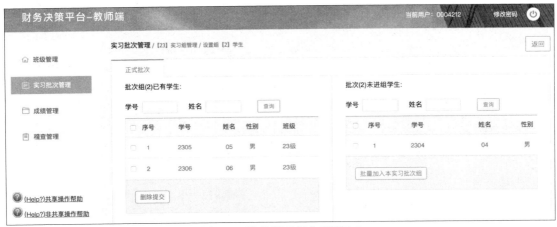

图8-39 账号管理操作界面(b4)

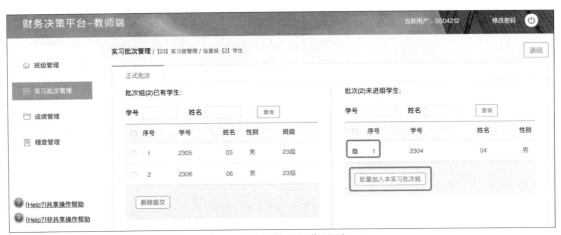

图8-40 账号管理操作界面(b5)

图8-41　账号管理操作界面(b6)

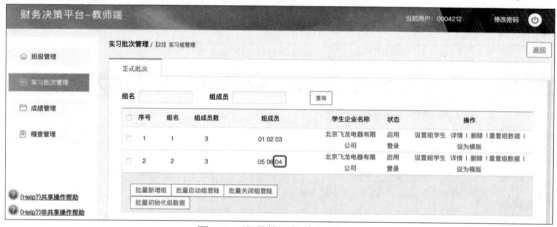

图8-42　账号管理操作界面(b7)